LA DÉMATÉRIALISATION DE L'ARGENT

Logiques économiques

Collection dirigée par Marie-Claude Esposito

La collection regroupe désormais « Logiques économiques » fondée par Gérard Duthil et « Questions économiques » fondée par Xavier Richet †, sous la direction de Marie-Claude Esposito.
Elle couvre tous les domaines de l'économie au sens large (macroéconomie, microéconomie, finance, stratégie d'entreprise, ressources humaines, etc…) et publie également des ouvrages qui s'efforcent de répondre aux grandes questions actuelles. Elle s'adresse aux universitaires, aux étudiants, aux professionnels de l'entreprise et aux lecteurs intéressés par les bouleversements économiques du monde contemporain en pleine mutation.

Dernières parutions

Jean-Luc BAILLY, *Revenu, travail et monnaie. De la genèse du capitalisme*, 2024.
Patrick THOUROT, *L'État face aux risques, De la crise à la gestion prévisionnelle*, 2023.
Christine GALAVIELLE, *La finance : un prisme fragile. Des visions changeantes*, 2017.
Claire EL MOUDDEN, *Redistribution équitable et régimes de retraite*, 2006.
Gérard DUTHIL, *Economie du travail et des ressources humaines*, 2004.
TRUTOS-PETERSON Claudia, *L'émergence de l'arbitrage commercial interna-tional en Amérique latine : l'efficacité de son droit*, 2003.
DIEBOLT C., ESCUDIER J-L., *La croissance économique dans le long terme*, 2002.
MAHIEU François-Régis, *Ethique économique. Fondements anthropologiques*, 2001.
SADIGH Elie, *Du libéralisme ou la loi du plus fort à l'économie politique*, 2001.
FIGUERA Stefano, *Théorie monétaire dans l'économie capitaliste*, 2001.

Gabin KENKO

Claire CHOUKEM

Vincent De Paul ENGA

LA DÉMATÉRIALISATION DE L'ARGENT

Penser les monnaies cryptographiques

L'Harmattan

5-7, rue de l'École polytechnique, 75005 Paris

www.harmattan.fr

ISBN : 978-2-336-46043-7
EAN : 9782336460437

SOMMAIRE

Introduction **9**
Gabin KENKO

PREMIÈRE PARTIE **15**
Facteurs explicatifs de la cryptophobie chez les Camerounais **16**
Gustave Georges MBOE
Mariette Nathalie TCHEUTCHOUA

L'émergence de la cryptomonnaie : le contrecoup du néolibéralisme et de ses relents hyper modernistes **51**
Daniel Joël SIKATI

DEUXIÈME PARTIE **77**
Cryptomonnaie : de la lune de miel à la descente aux enfers **78**
Gilles Brice M'BAKOB

L'évolution de la monnaie et son émission dans le temps **115**
Alain-Alexis MUSENGIE KAMANDA OMOY

TROISIÈME PARTIE **161**
Le circuit bancaire à l'épreuve de l'expansion de la cryptomonnaie dans les transactions économiques **162**
Brondone TABOULA TOUSSE

Le duel numismatique : les cryptomonnaies contre les monnaies fiduciaires **187**
Jean Paul DJAKDJING

Cryptomonnaies, droit bancaire et inclusion financière en Afrique subsaharienne 226
Girès SOFACK BOPDA

Glossaire des cryptomonnaies 259
Claire CHOUKEM
Gabin KENKO

INTRODUCTION

Gabin KENKO
Institut Universitaire de la Côte, Douala, Cameroun

Selon le Professeur[1], acteur principal de la série à succès *La Casa Del Papel* du réalisateur espagnol Alex Pina, ce qui motive le plus les humains, c'est l'argent. On peut vite crier au truisme, mais une telle thèse a des implications philosophiques, anthropologiques, politiques, culturelles et économiques qu'on aurait tort de ne pas conceptualiser. Que disait Marx en effet sinon que, ce qui définit l'homme, c'est, tout compte fait, l'argent, au moins la matière ramenée à son acception économique. Cette pensée, chacun a pu la lire chez cet auteur sous cette forme : ce n'est pas la conscience des hommes qui détermine leur être social, c'est au contraire leur être social qui détermine leur conscience. Nous avons voulu faire œuvre utile en questionnant pour éclairer et faire entendre un sens particulier du réel qui nous engloutit toujours de plus en plus sans nous laisser le temps de prendre la mesure de ce qui se joue là, devant nous, s'épanouissant à l'ombre de nos considérations classiques sur l'argent. Il s'est agi de penser cet aspect de la technologie *blockchain* relatif aux monnaies dites cryptographiques ou numériques et communément désignées sous l'appellation de cryptomonnaies. Celles-ci se jouent de nous, exactement comme internet, à son point de départ, s'était joué de nous ; elles modifient, sinon ébranlent peu ou prou nos certitudes et notre confort ; elles déconcertent par l'idée que l'argent, ce puissant levier de motivation qui nous oblige au

1 Connu dans cette série télévisuelle sous le nom de Sergio Marquina, de son vrai nom Alvaro Morte, acteur espagnol né le 3 février 1975.

mouvement, n'est plus viable sous sa seule forme matérielle classique. Il y a bien matière à penser, le nouveau conduisant bien trop souvent au misonéisme ainsi que le faisait remarquer Gilbert Simondon[2]. Pour ne pas être dépassé par cette nouvelle vague/vogue du digital qui nous engloutit, et pour ne pas verser dans la « peur » ou le « ressentiment » du fait du « nouveau », il faut prendre ce phénomène technique de cryptomonnaies au sérieux, à l'effet de l'endiguer si davantage on le sentait nuisible ou de l'épanouir dans le sens du bonheur des hommes, du plus grand nombre d'entre eux, sans discrimination, si davantage encore on le sentait humanisant.

Travaillé sous le prisme de la transdisciplinarité, le présent ouvrage est le fruit des réflexions conjuguées d'économistes, philosophes, psychologues et juristes. Ces réflexions s'articulent autour de trois parties distinctes allant des sciences sociales au droit en passant par les sciences économiques. S'inscrivant dans le giron des sciences sociales, Georges Gustave Mboe et Mariette Nathalie Tcheutchoua ont réfléchi sur les facteurs explicatifs de la cryptophobie chez les Camerounais. À partir d'une enquête par questionnaire réalisée dans deux villes du Cameroun, à savoir Yaoundé et Dschang, et bien aidé par l'analyse statistique, ces deux chercheurs posent que le facteur prépondérant qui explique la réticence des Camerounais à investir dans les actifs numériques est l'arnaque, c'est-à-dire la peur de se voir dépouiller de ses actifs sans que cela ne soit le fait sinon l'effet d'une tendance baissière du marché. Les deux chercheurs bonifient leur étude en proposant aux prestataires de service d'actifs numériques

[2] Gilbert Simondon, *Du mode d'existence des objets techniques*, Paris, Aubier, 1958.

d'amplifier la qualité des communications dans le sens d'une éducation des masses sur les garanties de sécurité des investissements. De son côté, Daniel Joel Sikati pense la cryptomonnaie en la situant dans le prolongement du projet néolibéral. En s'appuyant sur une posture bien connue de Friedrich Ayek formulée dans *Pour une vraie concurrence des* monnaies et qui postule l'existence au sein des États de monnaies concurrentes frappées par des prestataires privés, il établit que ces monnaies numériques peuvent servir de levier pour la libération des peuples noirs du joug du néocolonialisme. Il place la condition de réalisation de cette solution dans la volonté propre des dirigeants africains à prendre connaissance des ramifications de ce nouveau phénomène technique afin de ne pas se positionner à leur égard par imitation, mais bien plutôt d'une manière éclairée.

La seconde partie de l'ouvrage aborde la question des monnaies numériques à partir des sciences économiques. Au-delà de la métaphore bien formulée qu'elle recouvre, l'article de Gilles Brice M'bakop montre, à partir d'une étude serrée d'une vingtaine d'actifs numériques comment la vague des cryptomonnaies conduit, en raison de leur volatilité, à des rendements exceptionnels. L'auteur établit cependant que de tels rendements sont le plus souvent l'effet de bulles spéculatives qui confinent très vite au tragique ; c'est pourquoi les cryptoactifs fonctionnent par cycle, avec une alternance fulgurante entre lune de miel, période de haut rendement, et lune de fuel, période de très bas rendement sinon de perte. L'étude de l'auteur permet d'éclairer peu ou prou l'avenir en indiquant des signaux fondamentaux et techniques en faveur d'une prochaine lune de miel en 2025, de quoi susciter de nouveau positionnement. Alain-Alexis Musengie Kamanda Omoy, fonctionnaire à la banque centrale du Congo, a travaillé sur l'évolution de la monnaie et son émission à travers le temps. Son article retrace les mutations successives de l'entité « argent » en montrant les figures successives qu'il a revêtues. L'étude est très bien contextualisée, et son auteur signe l'originalité de son travail en postulant un lien ontologique entre l'histoire de l'humanité et l'histoire de l'argent d'une part, et en infléchissant de la nécessaire évolution des signes monétaires les arguments en faveur d'un dépassement conservation de la monnaie scripturale par les monnaies numériques.

La troisième partie de l'ouvrage contient un ensemble de texte dont le fondement de l'étude provient des sciences juridiques. Brondone Taboula Tousse a voulu répondre à une question lancinante, celle de savoir si la vogue des cryptoactifs aurait pour effet de sonner le glas des actifs fiduciaires. À l'analyse, il apparaît que non, car bien qu'étant déjà très usités dans les transactions économiques, ces cryptoactifs fonctionnent encore comme dans l'ombre, échappant aux contrôles institutionnels et recouvrant par le fait même la possibilité de nourrir le terrorisme et biens d'activités illicites. Pour cette raison, l'auteur plaide pour une complémentarité d'existence entre les deux formes de monnaies au sein des États, sous le contrôle bien vigilant de celui-ci.

De son côté, et comme par prolongement de l'article de Taboula Tousse, Jean Paul Djakdjing analyse les raisons de l'évolution constante des signes monétaires. On pourrait retenir comme raison, l'évolution permanente des besoins des consommateurs, l'évolution fulgurante des technologies du numérique, mais il faudrait surtout retenir la défiance à l'égard du système monétaire classique. C'est dans cette dernière case que l'auteur place le présupposé de son étude. Il arrive à la conclusion qu'un tel duel des monnaies ne peut qu'être épisodiquement bénéfique pour l'une ou l'autre, la monnaie fiduciaire triomphant en temps ordinaire d'accalmie et la monnaie numérique triomphant en temps de crise. Pour sortir du duel numismatique indiqué, l'auteur propose une pharmacologie à double application : application d'abord à la monnaie fiduciaire qui bénéficiera à s'adapter régulièrement aux besoins des consommateurs et au rythme des progrès technologiques, applications aussi aux actifs numériques qui doivent, pour être supplétives aux monnaies fiduciaires, s'intégrer dans le cours légal des réglementations en vigueur.

Girès Sofack Bopda, après avoir analysé les mécanismes qui président à l'exclusion financière en Afrique subsaharienne, et ce malgré la bonne volonté des pouvoirs publics, indique les pistes en faveur d'une inclusion plus juste, qui pourrait s'opérationnaliser à partir de la technologie *blockchain* sur laquelle s'adossent les monnaies numériques. Selon cet auteur, les banques classiques devraient tirer avantage des potentialités de la *blockchain* en intégrant leur propre *process* dans le circuit numérique de celle-ci. Cela pourrait non seulement favoriser l'inclusion financière, mais aussi être porteur d'effet positif pour les entreprises.

Le texte de renvoi est un glossaire qui n'avait pour seul but que de faciliter la compréhension de quelques termes techniques en vogue chez les utilisateurs de monnaies numériques.

Enfin, qu'il nous soit permis de remercier chaleureusement les collègues et amis qui nous ont particulièrement encouragés dans cette aventure et qui ont révisé avec sagacité les différents manuscrits ; la qualité de l'ouvrage en aurait été diminuée sans leur apport. Nous pensons particulièrement à Fouokeng Yannick, Jacob Cléophas Defo Nzikou, Armel Fofou, Ricardo Tchinda et Davy Gael Djomeni.

PREMIÈRE PARTIE

FACTEURS EXPLICATIFS DE LA CRYPTOPHOBIE CHEZ LES CAMEROUNAIS

Gustave Georges MBOE
Psychologue des organisations, URPHISSA-Université de Dschang
Président de la Société Camerounaise de Psychologie (Socapsy)

Mariette Nathalie TCHEUTCHOUA
Psychologue sociale du travail et des organisations
Université de Dschang

Résumé
Cette étude a pour objectif d'analyser le phénomène de la cryptophobie chez les Camerounais en mettant l'accent sur ses facteurs explicatifs. Au plan méthodologique, une enquête par questionnaire a été réalisée auprès de 238 personnes des deux sexes dans les villes de Yaoundé et Dschang. Les résultats obtenus sur la base de la statistique descriptive montrent clairement que les Camerounais craignent d'investir dans la cryptomonnaie (Moyenne = 46.50). Aussi, parmi les facteurs explicatifs dudit comportement, celui qui l'explique le mieux est la crainte de se faire arnaquer (Moyenne = 3.62 ; Ecart-Type = 1.31). En clair, cette étude renseigne sur le fait que, les promoteurs des monnaies virtuelles doivent davantage travailler à garantir la sécurité des investissements de leurs clients par une communication persuasive savamment bien orchestrée, afin de susciter une vive adhésion.

Mots-clés : facteurs explicatifs, cryptophobie, cryptomonnaie, cryptophonie, Cameroun

INTRODUCTION

Progressivement, la cryptomonnaie évolue aussi bien dans les pays taxés de pré carrés d'anciennes puissances coloniales qui n'ont de cesse d'exploiter l'Afrique, mais également dans les mentalités des ressortissants de ces pays ô combien frappés par une pauvreté endémique. Le vent favorable que devrait susciter l'introduction de la cryptomonnaie dans un espace fortement embrigadé par le chômage, la rareté de l'emploi, des salaires insuffisants difficilement acquis, une politique de sécurité sociale ostraciste, etc., s'est malencontreusement mué en une aversion sur fond d'institutionnalisation et d'instrumentalisation savamment orchestrée. Ainsi, pouvoirs publics, médias, autorité monétaire sous régionale, banques commerciales et universitaires ont composé en un laps de temps, l'hymne du dénigrement à l'encontre de la cryptomonnaie et de leurs promoteurs ou défenseurs. Cet hymne discriminant la cryptomonnaie a davantage été raffermi avec quelques cas désastreux d'expériences analogues dans les initiatives favorables au marketing de réseau. Par conséquent, la cryptomonnaie semble donc traîner avec elle, dans un pays comme le Cameroun où les séquelles des plaies ouvertes par les entreprises du marketing de réseaux sont encore bien béantes, les germes de sa propre déconstruction. Toutes les tentatives imaginées çà et là pour renverser la tendance (paiement des ristournes, célébrations des tops leaders, remise des gains aux meilleurs souscripteurs…) semblent ne point parvenir à renverser la courbe ou la tendance défavorable chez les potentiels consommateurs de la cryptomonnaie. Cette attitude négative sur fond d'aversion motivée rentre en droite ligne du comportement des consommateurs face à un produit de consommation en général.

Autant la littérature dans les Sciences de Gestion en général et dans le marketing en particulier a fait un large écho à partir des travaux pionniers de Hirschmann (1970) sur la résistance du (ou chez le) consommateur, autant ceux des travaux tentant de cerner les raisons défavorables à l'adoption de la cryptomonnaie ou plus exactement ceux portant sur la cryptophobie sont très peu nombreux et ce, même en psychologie, science qui a pour objet d'étude le comportement sous toutes ses valences : normale, anormale ou pathologique, biologique et sociale (Demoulin, 2022).

Cette recherche a donc pour but de contribuer à l'enrichissement de la littérature scientifique en général et celle psychologique en particulier. Elle étudie les facteurs explicatifs de la cryptophobie chez les Camerounais si tant est que ceux-ci, bien que baignant dans un univers socioculturel à forte influence, dispose également des prédispositions psychologiques, indispensables à son autodétermination en tant qu'être humain, objet de son auto déploiement terrestre. Nourrit par la conviction qu'aucun comportement n'est fortuit chez un être humain, encore moins chez un consommateur, mais qu'il est quelque chose de toujours motivé, programmé, la présente étude veut donc mettre en exergue, les facteurs militant significativement en faveur de la cryptophobie, entendue comme la peur d'investir dans la cryptomonnaie, en dépit de ses avantages et de ses opportunités reconnus à l'échelle planétaire (Demoulin, 2022).

Nous commençons par clarifier le concept de cryptomonnaie puis de la cryptophobie en mettant l'accent sur les aspects que recèle la littérature consultée sans omettre l'apport de la théorie explicative de la résistance chez le consommateur. Ensuite, la méthodologie est abordée pour déboucher aussi bien sur la présentation des résultats que sur leur discussion. Nous terminons par les limites, la perspective pour d'autres recherches et enfin, nous concluons.

1. DE LA CRYPTOMONNAIE

Les monnaies dites virtuelles ont connu un essor phénoménal ces dernières années, elles sont appelées cryptomonnaie pour les distinguer des monnaies électroniques ou numériques qui ne sont qu'une version dématérialisée des devises traditionnelles, selon la directive européenne de 2009. La Banque Centrale Européenne (BCE), dans son rapport 2012, définit quant à elle les monnaies virtuelles comme un type de monnaie numérique non régulée, créée et généralement contrôlée par ses développeurs, et utilisée et acceptée au sein des membres d'une communauté virtuelle spécifique (Tichit *et al.*, 2017). Gbêmèho (2021) la définit comme une monnaie numérique dont le support repose sur un réseau décentralisé d'utilisateurs faisant usage des techniques cryptographiques pour régler les transactions entre pairs sans recourir à une institution financière, à l'instar de la banque. Dans le même ordre d'idées, Ichbiah et Lefranc (2021) disent que la cryptomonnaie est une monnaie virtuelle, utilisable sur les réseaux informatiques décentralisés par pair à pair. Pour eux, cette monnaie virtuelle est fondée sur les principes de la cryptographie et intègre l'utilisateur dans les processus d'émission et de règlement des transactions. Selon un article publié par la BBC news en 2021[3], la cryptomonnaie est fabriquée par codage et les transactions en cryptomonnaie sont stockées dans une sorte de base de données appelée *blockchain*.

Pour Chabal (2017), le Bitcoin a été la première cryptomonnaie ; inventé en 2008 par Satoshi Nakamoto, il est à la fois une monnaie cryptographique sur un réseau et un système de paiement de pair à pair, donc sans passer par une banque (Chabal, 2017). Depuis lors, il y'a eu des milliers de cryptomonnaies, comme le Litecoin, l'Ethéreum, le Dogecoin, le Cround1, etc. (BBC NEWS, 2021).

1.1 Du fonctionnement de la cryptomonnaie

Il est nécessaire de décrire le fonctionnement du protocole Bitcoin et sa monnaie pour comprendre le fonctionnement d'autres cryptomonnaies alternatives. Selon Jonchères (2015), le système Bitcoin, fonctionne sur le modèle Peer-to-Peer. C'est un logiciel libre développé sous la licence MIT (Open Source) qui permet d'échanger de l'argent numérique sans passer par le réseau bancaire. Bitcoin s'appuie sur la technologie du Peer-to-Peer, qui est une forme de système fonctionnant à la façon d'une collectivité organisée (Grinberg, 2012). En effet, le Bitcoin permet à plusieurs ordinateurs de communiquer au travers d'un réseau afin de partager des fichiers, des flux multimédias continus, de faire du calcul réparti ou d'utiliser un service sur Internet (Hajdarbegovic, 2014). De ce fait, cette technologie d'échange de fichiers entre internautes permet au Bitcoin de fonctionner sans autorité centrale

[3] Bitcoin : qu'est-ce que c'est ? Un guide en huit étapes sur la crypto-monnaie, 29 avril 2022 <http://www.bbc.com>afrique>mode.61260847

(Quentson, 2014). Ainsi, le traitement des transactions et la création des Bitcoins sont donc pris en charge collectivement par le réseau, par la communauté. Grâce à ses propriétés uniques, le Bitcoin rend possible des usages prometteurs qui ne pouvaient pas être couverts par les systèmes de paiement précédents (Jonchères, 2015).

Certains auteurs se sont attelés à présenter les avantages que représente l'utilisation de la cryptomonnaie. Parmi ceux-ci, nous avons Nathan (2021) pour qui aujourd'hui, l'on a plus besoin d'être un pro de la finance pour faire du *trading*. En effet, il suffit de choisir une plateforme d'échange pour que, en quelques clics, l'on puisse acheter et revendre des actifs. En résumé, la cryptomonnaie permet de faire des transactions simples et rapides. Pour ce même auteur, tandis que les bourses traditionnelles ferment et ouvrent à certaines heures, le système de la cryptomonnaie permet d'échanger à tout moment. En effet, aucune autorité centrale ne régit les transactions entre acheteurs et vendeurs, il suffit qu'un autre utilisateur soit actif pour qu'un échange se fasse. De plus, la cryptomonnaie est accessible aux petits capitaux et, aussi, son système est sécurisé et anonyme. Pour Spy (2019), cette monnaie peut être utilisée comme moyen de paiement, elle garantit la transparence des transactions et ne dépend d'aucune institution. En fait, les transactions se font directement entre utilisateurs, sans intermédiaire, et chaque transaction effectuée est enregistrée dans la blockchain.

Les monnaies à l'instar du Bitcoin sont sources de nombreux soucis pour les États, relativement à leur potentiel criminogène. Bien que les monnaies numériques ne soient pas en elles-mêmes des biens illégaux, celles-ci peuvent parfois favoriser certains objets criminels et certaines transactions illicites à travers le monde (Jonchères, 2015).

Ainsi, comme inconvénients, la cryptomonnaie n'a pas de surveillance réglementaire (Cahen, 2021). Le Bitcoin est utilisé pour acheter les biens et des services auprès des professionnels qui l'acceptent. Cependant, l'une des caractéristiques marquantes du Bitcoin est qu'il permet de réaliser des transactions de manière anonyme. Avec une monnaie classique, les transactions doivent passer par une banque qui connaît le nom et les coordonnées de ses clients ainsi que des personnes et des organismes avec lesquels ils réalisent des transactions. Le Bitcoin fonctionne au contraire selon un système décentralisé et grâce à des clefs de chiffrage qui ne nécessitent aucune identification (Cahen, 2021).

Le principe de non- immixtion du banquier dans les affaires de son client a été fortement limité par la législation relative à la lutte contre le blanchiment des capitaux, le financement des activités illicites, terroristes, et loteries et paris prohibés ; le banquier doit faire preuve de prudence dans la gestion quotidienne, notamment auprès d'une autorité compétente, une déclaration de soupçon lorsque les sommes déposées paraissent provenir de l'une des activités susvisées (Cahen, 2021).

Tel n'est pas le cas en matière de Bitcoin. En effet, l'utilisation du Bitcoin est une véritable innovation pour les criminels, elle permet de financer les activités terroristes par le blanchiment d'argent, le caractère non contrôlé des autorités favorise ce financement (Cahen, 2021). En effet, l'un des principaux risques de la généralisation de l'utilisation du Bitcoin est donc qu'il favorise les transactions criminelles ainsi que le blanchiment d'argent et la fraude fiscale. En

2013, les activités illégales représentaient en effet, 90 % des transactions en cryptomonnaie (Cahen, 2021).

1.2 Facteurs explicatifs de la réticence à l'égard de la cryptomonnaie

L'étude des facteurs expliquant la réticence, la résistance vis-à-vis de la cryptomonnaie n'a pas suffisamment bénéficié d'un intérêt particulier de la part des chercheurs. Au Cameroun, les journalistes d'opinion sont davantage ceux qui ont le plus écrit sur la question. Certes, la littérature au niveau du marketing se montre déjà assez prolixe quant à la mise en exergue des facteurs explicatifs de l'attitude des consommateurs ou des clients à l'égard des marques ou de la promotion des marques ou de nouveaux produits. Les facteurs déjà recensés et codifiés sont respectivement d'ordres psychologiques, psychosociologiques et individuels. En l'absence d'une littérature psychologique au niveau du Cameroun traitant des facteurs défavorables à la cryptomonnaie, nous faisons nôtre, la quintessence de quelques travaux issus d'occidentaux sur la cryptophobie.

Le journal français en ligne, capital, lu le 12 avril 2022, évoque trois raisons principales expliquant pourquoi les gens ont du mal à se lancer dans les investissements en lien avec la cryptomonnaie. Ces raisons sont principalement la question du budget, l'incapacité à trouver un interlocuteur de confiance et l'excès de risques que présentent les cryptomonnaies.

LiteBit (2022) reconnaît comme le premier frein évoqué par les français ayant peur des cryptomonnaies, le budget. En effet, pour beaucoup d'épargnants, les sommes nécessaires à un investissement dans ces produits sont bien trop importantes. Durant les débuts de l'année 2022 (janvier, février) par exemple, la valeur financière du Bitcoin était fixée à plus de 40.000 euros, 3000 euros pour Ethéreum (les deux cryptomonnaies les plus assises du monde actuellement selon Demoulin (2022), il est facile de se dire que ces cryptomonnaies sont hors de portée pour bien de potentiels intéressés.

Pour ce qui est de trouver un interlocuteur de confiance, autant les cryptomonnaies et le concept de blockchain sont jugés très techniques, leur mode de fonctionnement très difficile à appréhender, voire obscur, autant les cryptomonnaies ont été régulièrement associées aux activités illégales. C'est ce qui a favorisé ou favorise encore la construction d'un imaginaire populaire défavorable à ces produits. En clair, selon le journal français *Capital,* « mystère et méfiance entourent les cryptomonnaies ».

Enfin, *Capital* reconnaît que, les cryptomonnaies constituent un placement trop risqué. En effet, les cryptomonnaies sont totalement versatiles. En un clin d'œil, tout peut être stoppé en matière de croissance ou alors, au mieux, les faire chuter. Par exemple, en mai 2021, Elon Musk a laissé échapper un sous-entendu sur Tesla sur son éventualité de vendre ses parts de Bitcoin, le cours a dégringolé. Ainsi, alors que l'unité affichait une valeur d'environ 45000 dollars, la monnaie avait alors chuté aux environs de 30.000 dollars. Par conséquent, les monnaies virtuelles représentent beaucoup de risques comme tous les placements offrant des possibilités de gains phénoménales.

Allant dans la même logique, le blog n26.com/fr met en exergue cinq (05) inconvénients de la cryptomonnaie susceptibles de sous-tendre le phénomène de la cryptophobie. Il s'agit tour à tour des idées suivantes :

1. comprendre les cryptomonnaies demande du temps et des efforts pour comprendre le jargon et son univers ;
2. les cryptomonnaies peuvent être un investissement instable ;
3. les cryptomonnaies n'ont pas encore prouvé qu'elles constituaient un investissement à long terme ;
4. les cryptomonnaies ont de vrais problèmes d'évolutivité ;
5. les novices dans les cryptomonnaies sont plus vulnérables aux attaques de sécurité.

Dans une tribune qu'elle signait en 2018 sur le fait que « la cryptomonnaie pourrait conquérir l'Afrique », Pavithra énumère des raisons favorables à la peur d'y investir chez les africains.

Primo, « la cryptomonnaie est un mécanisme risqué et instable ». À titre d'illustration, elle évoque la chute de valeur du Bitcoin de temps en temps. Ainsi, alors qu'il était de 20 000 dollars US en décembre 2017, le Bitcoin est descendu à 8700 dollars US.

Secundo, elle fonde la peur des africains à investir dans la cryptomonnaie en raison de l'absence de réglementation. Pour elle, « sans réglementation, la cryptomonnaie est une arme à double tranchant » dans la mesure où « elle peut rapporter des bénéfices de temps à autre, mais toute chute soudaine de sa valeur risque de laisser les investisseurs sans alternative ».

Tercio, la mauvaise publicité, mieux, le lien incestueux entre la cryptomonnaie et les activités criminelles ne sont point de nature à diminuer la crypto phobie. D'après elle, « en 2011, le Bitcoin était la monnaie de prédilection des trafiquants de drogue ». Citant un rapport du Ministère de la Justice des États-Unis d'Amérique, elle révèle que ce ministère a saisi pour 48 millions de dollars de marchandises de contrebande et a découvert que les responsables avaient réalisé des transactions en utilisant des Bitcoins pour environ 130 millions de dollars américains.

Dans son mémoire de maîtrise en Sciences de Gestion, soutenu à l'Université du Québec à Montréal, Danglades (2020, p. ii), en faisant parler les *leaders* d'opinion, met en exergue le fait que « Certains évènements extérieurs à l'individu motiveraient et freineraient ce dernier dans son processus décisionnel quant à investir et acheter de la cryptomonnaie ». Lesdits leaders d'opinion, selon Flynnet *et al.* (1994) se trouvent essentiellement dans l'entourage des cryptophobes constitués entre autres de la famille, des amis, des collègues de travail, qui sont à considérer dans le processus décisionnel en faveur ou non de la cryptomonnaie.

Globalement, on peut également évoquer parmi les facteurs explicatifs de la cryptophobie, des facteurs psychologiques à l'instar de la motivation et de la croyance.

Considérée par Weiner (1980) comme le comportement important pour la compréhension de plusieurs comportements, la motivation correspond aux forces internes et externes qui agissent sur la personne et la poussent à émettre un comportement précis. En psychologie, la motivation est un antécédent susceptible de justifier le comportement de l'individu ce d'autant plus qu'il permet de comprendre le « pourquoi », le « comment » du comportement, quelle que soit sa valence. Toujours de Weiner (1980), l'acte motivationnel est enclenché par un évènement ou une situation qu'un individu interprète comme étant négatif ou positif. Ainsi, l'individu va réagir en fonction de ce stimulant. Cependant, ce processus motivationnel est également influencé par les connaissances antérieures de l'individu et de ses valeurs et croyances.

Dans le cas de notre étude, la cryptomonnaie constitue le stimulus devant enclencher le comportement favorable ou non du potentiel investisseur. Au plan théorique, la théorie de l'autodétermination de Deci et Ryan (1985, 1991) apparaît idoine, elle qui met en lumière, deux grandes catégories de motivation qui permettent d'expliquer le comportement des humains à l'instar des consommateurs, des investisseurs ou clients de la cryptomonnaie. Il s'agit de la motivation intrinsèque et de la motivation extrinsèque.

Dans la motivation intrinsèque, les comportements de l'individu sont uniquement motivés en fonction de l'intérêt et du plaisir qu'il trouve dans l'investissement vis-à-vis d'une interpellation, sans attendre de récompense extrinsèque à l'activité encore moins à éviter un potentiel sentiment de culpabilité. La motivation intrinsèque explique qu'un consommateur puisse pratiquer une activité pour le plaisir et la satisfaction qu'il retirerait (Deci et Ryan, 2000). Dans le cas de la cryptomonnaie, on suppose l'existence des cryptophiles qui cherchent les avantages de la cryptomonnaie pour l'intérêt et le plaisir qu'ils retirent. Mais en cas d'insatisfaction à la suite d'un investissement sur la cryptomonnaie, les personnes se transformeraient en cryptophobes.

Quant à la motivation extrinsèque, la théorie de Deci et Ryan postule que l'individu agit dans l'intention d'obtenir une conséquence qui se trouve en dehors de l'activité même : un cadeau, une récompense. Tel est le cas de la cryptomonnaie. Y investir procure à la personne, des avantages financiers énormes, des récompenses certaines en termes de gains pécuniaires et d'autres garanties. Des assurances liées à ces gains extérieurs favorisent positivement l'attrait de l'individu pour son investissement, son engagement, son implication affective, tandis que le doute ou l'insatisfaction entraîne la distance, le refus, le désintérêt.

La croyance est aussi un des éléments des facteurs dits psychologiques. Pour Dussart (1983), la croyance est l'ensemble des caractéristiques qu'un consommateur perçoit ou attribue à un produit ou à un objet. Darpy et Volle (2007) la définissent comme l'ensemble des connaissances qu'un individu possède à propos d'un objet. Pour un psychologue intéressé par le comportement des consommateurs, les croyances qui intéressent le plus sont fondées sur les attributs et les bénéfices. Les croyances envers la promotion sont multiples, mais cinq croyances en découlent à partir des approches rendues par la littérature. Ainsi, la promotion donne la possibilité d'effectuer des achats en payant moins cher, d'augmenter les quantités achetées, d'acheter des produits de meilleure qualité, d'explorer de nouveaux produits et de bénéficier des avantages hédoniques. En lien avec la cryptomonnaie, on pourra dira que la forte promotion en faveur des investissements pour ces nouvelles monnaies donne la possibilité aux investisseurs d'effectuer des achats riches et variés en payant juste, d'augmenter les quantités achetées à bonne source, d'acheter des produits de meilleure qualité (et selon nos envies) et d'explorer de nouveaux produits et bénéficier des avantages hédoniques. Dans ce champ, certaines cryptomonnaies paraissent inaccessibles à certaines catégories d'investisseurs. Et même après avoir investi, la chute soudaine de la valeur n'est pas totalement maîtrisée ou prévisible. La volatilité ne garantit point une certaine ataraxie chez les investisseurs et la réputation des promoteurs n'est guère une certitude. Toutes ces raisons viennent augmenter le camp des cryptophobes au fil du temps.

Comme dernier élément psychologique, on cite la conscience. En effet, la conscience de l'existence d'un produit ou service ainsi que la façon dont un individu prend conscience d'un produit ou service influence sa décision d'y investir (Campbell *et al*, 2016). La présence des cryptomonnaies dans l'univers cognitif et social des camerounais en particulier et des africains en général titille effectivement leur prise de conscience d'elles avec leur cortège d'avantages, mais aussi d'inconvénients. Selon que cette conscience est négative ou fondée sur des connaissances relatives aux échecs connus ou subis par des personnes connues dans notre entourage, les attitudes à l'égard de la cryptomonnaie seront davantage négatives. En clair, la conscience que la cryptomonnaie peut entraîner des échecs renforce l'idée de cryptophobie chez de potentiels investisseurs pourtant touchés par la grande et déferlante publicité déployée en faveur de ces nouvelles monnaies virtuelles.

Enfin, parmi les facteurs susceptibles d'expliquer la cryptophobie, on cite les facteurs individuels. En effet, certaines variables comme le sexe, l'âge, la situation matrimoniale, l'activité professionnelle, le niveau d'éducation, le revenu, la classe sociale constituent des facteurs de base des comportements de consommateurs (Dubois et Jolibert, 2005). Dans le domaine du marketing, les facteurs individuels ont intéressé un certain nombre de chercheurs et Webster

(1965) est le premier chercheur à avoir étudié les caractéristiques sociodémographiques d'un consommateur pour comprendre l'influence de la sensibilité et le recours à la promotion. Dans cette lancée, nous nous permettons aussi de chercher à comprendre l'effet de certaines variables sociodémographiques sur la cryptophobie.

En somme, l'univers des cryptomonnaies est favorable aux risques réels. Cependant, le temps finit par avoir raison tout comme la diversification des mises sur différents projets permet de les limiter. Sans être l'exclusivité des seules cryptomonnaies, force est de reconnaître que, comme tout investissement sans garantie, il faut penser ses placements en devises virtuelles sur le long terme pour multiplier ses chances de gain (Capital.fr, 2022).

Au Cameroun, il y'a eu une mise en demeure contre les opérations de cryptomonnaie. Selon Mbog Pibasso (2020). En effet, l'autorité monétaire a sommé les sociétés de collecte de fonds par appel public à l'épargne qui fonctionnent en marge de la réglementation de cesser immédiatement leurs activités et de rembourser sans délai l'argent collecté auprès du public sous peine de sanction (Mbog Pibasso, 2020).

Dans le débat sur la cryptomonnaie, le Bitcoin en particulier, la théorie du plus grand fou encore appelée la théorie du survivant a été citée à de nombreuses reprises, ce d'autant plus que la cryptomonnaie s'inscrit en droite ligne de la finance et de l'économie. Pour le postulat de cette théorie, c'est l'aptitude des agents à s'auto-leurrer rationnellement qui est en jeu. Ainsi, un acheteur peut acheter un objet au-dessus de sa valeur (en connaissance de cause ou non) dans l'espoir de le revendre plus tard à un prix encore plus élevé. En effet, l'étincelle initiale montre que des valorisations irrationnelles s'appuient sur des stratégies rationnelles (Ordonneau, 2018). Dans le cas des monnaies cryptées et du Bitcoin, cette théorie démontre pourquoi, un actif qui n'a aucun sous-jacent plausible, peut se permettre des cours incroyables (Ordonneau, 2018). En effet, les investisseurs rationnels s'appuient sur des analyses mettant en scène des résultats en regard avec des perspectives de marché. Tandis que l'irrationnel va accepter d'acquérir des actifs à des prix insensés par rapport à leur valeur concrète. En conclusion, les personnes qui investissent dans la cryptomonnaie ne raisonnent pas sur sa valeur en s'appuyant sur l'utilité économique et l'efficacité opérationnelle de ce qu'ils nomment une monnaie. De ce qui précède, le cadre conceptuel de notre étude se présente comme suit :

Figure 1. Cadre conceptuel de notre étude

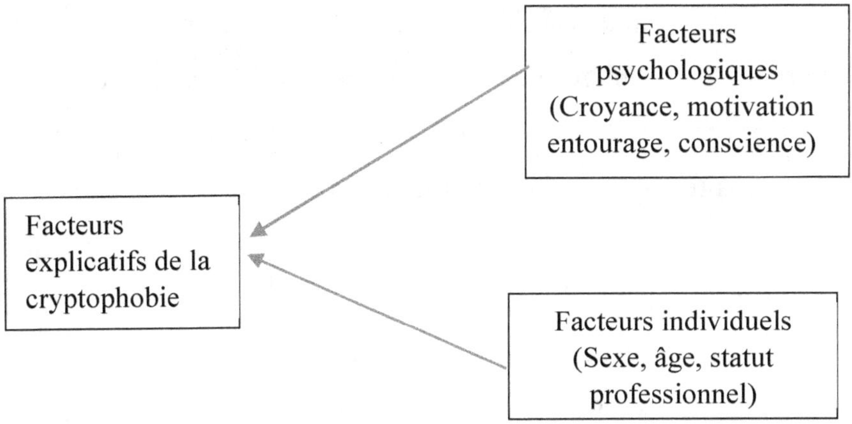

Source : Conception des auteurs à partir de la littérature

Hypothèse

La présente recherche tente de tester la prédiction selon laquelle il existe le phénomène de la cryptophobie chez les Camerounais. De cette hypothèse générale, il en découle l'hypothèse de recherche spécifique suivante : les camerounais craignent d'investir dans la cryptomonnaie sur la base des facteurs explicatifs d'ordre psychologique (HR1) et individuel (HR2).

2. MÉTHODOLOGIE

2.1 Participants et Caractéristiques de l'échantillon

Dans le cadre de cette recherche, 238 personnes ont pris part, soit 139 hommes et 99 femmes. Ils ont été sélectionnés selon la technique d'échantillonnage aléatoire simple. Les critères d'inclusion qui prédestinaient à leur sélection étaient les suivantes : être un homme ou une femme, accepter de répondre au questionnaire. Ils ont marqué leur accord pour participer à l'étude. Globalement, les participants ont été interrogés de manière aléatoire dans leurs différents lieux où ils se trouvaient au moment de la collecte des données. Ils complétaient le questionnaire auto-administré et le retournaient à l'enquêteur.

2.2 Outil de collecte des données.

Dans le cadre de ce travail de recherche, nous avons opté pour un questionnaire. Celui-ci est issu de la littérature réalisée respectivement sur l'audace d'investir dans les monnaies virtuelles, et aussi sur la peur de s'y lancer. Pour cette raison, nous nous retrouvons avec une échelle évaluant le concept de cryptophobie. Elle comporte 16 *items* repartis en deux sous-dimensions. Concrètement, la première sous dimension évalue l'audace à investir avec les questions allant de Q1 « Je pense qu'avec la cryptomonnaie, si j'investis, je peux effectuer des transferts d'argent en toute sécurité, sans aucune crainte » à Q9 « Je peux investir dans la cryptomonnaie parce que c'est un système sécurisé et anonyme ». Quant à la seconde dimension qui évalue la crainte d'investir, les questions vont de Q10 « J'ai peur d'investir dans la cryptomonnaie parce que les valeurs sont volatiles » à Q16 « J'ai peur d'investir dans la cryptomonnaie parce que pour moi, c'est un réseau de financement du terrorisme ». Toutes les réponses s'effectuent sur une échelle Likert à 5 points, sur laquelle les répondants doivent indiquer leur niveau d'accord ou de désaccord (1= Pas du tout d'accord, 2= Plutôt pas d'accord, 3= D'accord, 4= Plutôt d'accord, 5= Tout à fait d'accord.). L'analyse de l'indice de cohérence interne (α) nous a permis d'obtenir une valeur de Cronbach intéressante ($\alpha = .72$). Ce score paraît très acceptable pour une première utilisation.

En somme, ce questionnaire est composé de trois parties. La première porte sur le préambule. Ce dernier introduit la raison d'être dudit outil, son objectif et se termine par la consigne aux répondants. La seconde partie porte sur les 16 *items* également répartis entre l'audace d'investir (9 premiers *items* et les raisons de la crainte d'investir dans la cryptomonnaie d'où la cryptophobie (7 derniers *items*). La troisième et dernière partie porte sur les variables sociodémographiques de nos répondants.

2.3 Procédure de collecte

Les données ont été collectées dans la région du Centre, plus précisément dans la ville de Yaoundé pendant le mois de mars 2022. Après avoir soumis le questionnaire au répondant, l'enquêteur rappelait la manière par laquelle celui-ci devrait répondre et récupérait le questionnaire après que celui-ci eut terminé. Les données collectées ont fait l'objet de traitement à travers le logiciel Statistical Package for Social Science (SPSS) d'IBM version française .22.

2.4 Résultats.

Les données collectées à l'issue de cette étude sont présentées dans le tableau ci- dessous et montre l'analyse descriptive qui permettra d'évaluer la moyenne et l'écarts-types des répondants ayant donné leur degré d'accord aux *items* soumis à leur appréciation.

- **Situation globale du phénomène de cryptophobie chez les répondants**

Tableau 1. Statistique relative à la cryptophobie

Variables	N	M	E-T	Variance
Cryptophobie	238	46,50	7,08	31,70

Source : Notre étude

Les données dans ce tableau 1 indiquent une moyenne de 46,50 obtenue par les répondants avec un écart-type élevé, communiquant le fait que, notre échantillon est cryptophobe. Aussi, au regard de la valeur de l'écart-type, nous pouvons conclure que les données se dispersent adéquatement.

- **Des facteurs individuels en lien avec la cryptophobie**

Dans cette partie, nous faisons intervenir les résultats du test de l'ANOVA (Analyse de la variance). Ainsi, la validation du résultat passe par la lecture des valeurs de F et Signification (Sig). La valeur de base est de 0,05. Par conséquent, au cas où la valeur de Sig est supérieure à 0,05, on conclut à une absence de différence entre les groupes étudiés. Par contre, avec une valeur Sig inférieure à 0,05, on dit qu'il y a différence entre les groupes.

- **Le sexe vis-à-vis de la cryptophobie**

Sur un total de 139 hommes ayant répondu à l'instrument de collecte de données, 72 ont obtenu un score supérieur à la moyenne. En d'autres termes ceci traduit le fait que les hommes ne sont pas cryptophobes, ils ne craignent point et ne manifestent aucune réticence à se lancer dans l'utilisation de la cryptomonnaie.

Pour ce qui concerne les femmes dont l'effectif total est de 99, 48, elles ont obtenu un score supérieur à la moyenne. Ceci veut dire que les femmes sont cryptophobes, mieux, le genre féminin manifeste beaucoup de réserves quant il s'agit de traiter avec la monnaie virtuelle en général ou de s'y investir particulièrement. Toutefois, à la lecture du Tableau 2, qui correspond à la différence entre les hommes et les femmes, on observe clairement que F = .004 et Sig = ,951 soit supérieur à 0,05, on peut donc conclure qu'il n'y a pas de différence significative entre les scores obtenus par les Hommes et les Femmes par rapport à la cryptophobie.

Tableau 2. Différence entre les hommes et les femmes

Cryptophobie			
Quel est votre sexe	Moyenne	N	Écart-type
Masculin	19,9419	139	5,30772
Féminin	20,0000	99	5,88922
Total	19,9543	238	5,42132

Source : Notre étude

Tableau 3. ANOVA

			Somme des carrés	ddl	Carré moyen	F
rypto phobie Quel est votre exe	Inter-groupes	(Combinée)	0,111	1	0,111	0,004
	Intra-groupes		5760,477	237	29,541	
	Total		5760,589	238		

Source : Notre étude

- **L'âge et la cryptophobie**

Les tableaux 4 et 5 montrent qu'il n'y a pas de différence fondamentale entre les tranches d'âge. Cette position est davantage soutenue par la statistique présente dans le tableau 5. En effet, en regardant la statistique F= (0,885) et l'indice Sig sur le tableau 5, on constate que ce dernier est supérieur à 0,05 (Sig = 0,474), ce qui laisse supposer que la statistique F est considérée petite. Cela nous amène à conclure qu'il n'existe pas de différence significative sur la cryptophobie entre les sous-groupes, liés à l'âge.

Tableau 4. Rapport des scores selon la tranche d'âge

Rapport			
Cryptophobie selon tranche d'âge			
Tranche d'âge	**Moyenne**	**N**	**Écart-type**
moins de 20 ans	20,0600	50	5,12461
21-30 ans	20,2500	134	5,50776
31-40 ans	18,3889	29	6,03069
41-50 ans	19,0000	12	4,24264
51-60 ans	16,0000	13	1,00000
Total	19,9543	238	5,42132

Source : Notre étude

Tableau 5. ANOVA

			Somme des carrés	**ddl**	**Carré moyen**	**F**	**Sig.**
rypto hobie * ranch d'âge	**Inter-groupes**	**(Combinée)**	104,241	4	26,060	0,885	0,474
	Intra-groupes		5656,348	234	29,460		
	Total		5760,589	238			

Source : Notre étude

- **Le statut social vis-à-vis de la cryptophobie**

À la lecture des scores et résultats des tableaux 6 et 7, on conclut aisément que, en dépit de l'existence réelle d'une cryptophobie selon le statut socioprofessionnel, il ne demeure pas moins vrai qu'il y a une absence de différence entre les statuts socioprofessionnels. En effet, avec une valeur de F = ,883 et celle de Sig= ,508 largement supérieure à la moyenne exigible qui est de 0,05, on conclut à une absence de différence de la cryptophobie selon les catégories socioprofessionnelles de nos répondants.

Tableau 6. Scores sur la cryptophobie en fonction du statut socioprofessionnel

Rapport			
Cryptophobie selon statut social			
Profession	**Moyenne**	**N**	**Écart-type**
Sans emploi	19,4839	36	3,94859
Étudiant	20,2319	143	5,54121
Employer à la fonction publique	21,2222	16	6,92419
Commerçant/e	18,4000	19	5,89161
Salarié dans le privé	14,3333	8	1,52753
Personne occupée à une AGR	20,3333	8	5,68624
Autre (préciser)	18,6667	8	9,07377
Total	19,9543	238	5,42132

Source : Notre étude

Tableau 7. ANOVA

			Somme des carrés	ddl	Carré moyen	F	Sig
ophobie ession	Inter-groupes	(Combinée)	156,312	6	26,052	0,883	0,5
	Intra-groupes		5604,277	232	29,496		
	Total		5760,589	238			

Source : Notre étude

- **La cryptophobie en fonction de l'obédience religieuse**

Certes, la lecture des scores des moyennes au tableau 8 laisse apparaître un soupçon de différence en matière de cryptophobie selon l'obédience religieuse des répondants. Cependant, quant à se prononcer sur la différence significative entre ces obédiences, il apparaît que les scores de F= 1,473 et de Sig= ,179 soit une valeur supérieure à 0,05, nous permettent de conclure à une absence de différence fondamentale quant à la cryptophobie en fonction de l'obédience religieuse.

Tableau 8. Récapitulatif des scores en lien avec l'obédience religieuse

La cryptophobie selon l'obédience religieuse			
Religion	**Moyenne**	**N**	**Écart-type**
Catholique	20,8077	83	5,34779
Protestant	19,6000	75	5,77952

Musulman	19,4583	29	4,39347
Église réveillée	21,8750	13	5,96268
Animiste	17,5000	13	4,40779
Religion traditionnelle africaine	13,0000	8	0,00000
Pentecôtiste	19,1667	13	5,03653
Témoin de Jéhovah	13,0000	6	.
Total	19,9543	238	5,42132

Source : Notre étude

Tableau 9. ANOVA

			Somme des carrés	ddl	Carré moyen	F
ryptophobie religion	**Inter-groupes**	**(Combinée)**	298,007	7	42,572	1,473
	Intra-groupes		5462,582	231	28,903	
	Total		5760,589	238		

Source : Notre étude

- **Les raisons favorables à la cryptophobie**

Dans cette section, nous nous appesantissons exclusivement sur les *items* traitant de la cryptophobie. Ceux-ci vont de *l'item* 9 à 16. Le tableau 12 ci-après revient plus spécifiquement sur les scores des moyennes et de l'écart-type.

Tableau 10. Moyenne et écart-type de chaque *item*.

Item	**Moyenne**	**Ecart type**
Item 1	2,31	1,198
Item 2	2,73	1,209
Item 3	2,28	1,339
Item 4	2,88	1,274
Item 5	2,96	1,248
Item 6	3,18	1,215
Item 7	2,85	1,178
Item 8	2,49	1,233
Item 9	3,31	1,268
Item 10	**3,62**	**1,311**
Item 11	3,33	1,293
Item 12	**3,41**	**1,218**
Item 13	3,30	1,368
Item 14	**3,43**	**1,239**
Item 15	2,41	1,290
Item 16	2,03	1,184

Source : Notre étude

Les données du tableau 10 présentent la moyenne et l'écart-type de chaque *item* portant autant sur l'audace d'investir que sur la crainte ou la peur vis-à-vis de la cryptomonnaie. Ainsi, comme on peut le constater, les *items* allant de 10 à 16 sont ceux qui portent sur les facteurs/déterminants ou causes de la cryptophobie. De ces 7 *items* expliquant le phénomène de la cryptophobie, 5 ont une valeur (la moyenne) supérieure ou égale à 3 contre 2 seulement qui soient en dessous. Ces résultats des 5 *items* montrent clairement le caractère cryptophobe de nos répondants dans le cadre de cette recherche.

Plus spécifiquement, *l'item* 10 (M = 3.62 ; E-T = 1.31) suivi de l'*item* 14 (M = 3.43 ; E-T = 1.23) et de l'*item* 12 (M = 3.41 ; E-T = 1.21) correspondant respectivement à la peur du hacking (se faire arnaquer), la non-législation de la cryptomonnaie par les banques de référence de l'Afrique centrale (BEAC, COBAC) et l'absence de contrôle dans les transactions (elles sont irréversibles) ; ces *items* expliquent le mieux le phénomène de cryptophobie étudié dans cet article. L'*item* 16 (M = 2.03 ; E-T = 1.18) faisant allusion à un financement du terrorisme est la raison expliquant le moins cette cryptophobie chez les individus.

3. DISCUSSION

La présente étude exploratoire avait pour objectif d'analyser le phénomène de cryptophobie chez les camerounais. Autrement dit, elle voulait connaître, non seulement, le regard qu'ont les camerounais vis-à-vis de la monnaie virtuelle en général, mais surtout, savoir les raisons susceptibles de justifier la peur vis-à-vis de cette monnaie nonobstant l'actualité mondiale de plus en plus favorable à son attraction. L'hypothèse de recherche qui prédisait que les camerounais craignent d'investir dans la cryptomonnaie pour un certain nombre de raisons l'expliquant ou encore que les camerounais se montrent cryptophobes sur la base d'un certain nombre de facteurs explicatifs a été confirmée.

En effet, les Camerounais redoutent les monnaies virtuelles parce que les textes qui les régissent ne sont pas suffisamment organisés et précis, garantissant une quelconque assurance pour ceux qui s'y adonneront. Bien plus, ceux-ci trouvent qu'avec un gouvernement hésitant sur l'adoption d'une législation en faveur de ces nouvelles monnaies virtuelles, il vaut mieux s'abstenir. Sur un autre plan, la cryptophobie trouve sa justification au Cameroun à partir des expériences locales néfastes ou négatives d'il y'a quelques années, même si ces allusions du passé portent sur des expériences différentes.

En effet, l'histoire socio-économique garde encore fraîche dans les mémoires, les expériences foireuses des entreprises promouvant le marketing de réseau à l'instar de Mekit, Sauri, Highlife, Qnet, etc. (Mboe & Mbiedop Wandji, 2020). Il s'agit des initiatives qui consistaient, pour les souscripteurs, à verser une somme d'argent pour avoir un *pack* qui devait correspondre à un montant à récupérer après une courte durée (7-10 jours) ou longue durée (mensuelle). En faisant aligner des personnes derrière soi, la personne avait droit à des bonifications au pourcentage et son gain de départ augmentait progressivement. Seulement, toutes ces initiatives salutaires au début se sont soldées par les grincements de dents et des procès en cascades, mais sans jamais entrer en possession du montant investi de départ, comme cela était présenté. Cette logique de montage pyramidal semble être également le modèle adopté par les défenseurs de la cryptomonnaie. La réticence de certains camerounais est légitime comme le dit si bien le vieil adage « ce qui s'est passé avec les poules se fera avec les canards ». Et même en restant collé à l'actualité sur les entreprises promouvant la cryptomonnaie dans l'espace CEMAC en général et au Cameroun en particulier, les atermoiements du promoteur camerounais Émile Parfait Simb avec Liyeplimal renforceraient également cette peur avérée des potentiels souscripteurs à l'égard de la cryptomonnaie. En effet, alors que des cas de réussite de cet entrepreneur en faveur de la cryptomonnaie faisaient déjà large écho en Afrique avec des réalisations visibles et palpables, des gains avérés et une communauté de cryptophiles richement implantée, on s'est réveillé un bon matin avec les mêmes sirènes de désespoir, de l'arnaque, de la filouterie judicieusement orchestrée. Des souscripteurs n'arrivaient plus à être payés suivant le calendrier des échéances pourtant préalablement convenues entre l'entreprise ou son système et les clients. Pire, l'entrepreneur s'est retrouvé dans des démêlées avec la justice du Cameroun et à l'heure actuelle, le Cameroun – son pays natal- ainsi que l'Afrique –son continent d'origine où il a réussi l'exploit d'accompagner la RCA à fonder désormais l'avenir de son économie et de son développement sur la monnaie virtuelle- ne font plus partie de ses destinations. De telles situations renforcent la rigidité mentale tant chez les sceptiques attitrés que chez les potentiels souscripteurs qui avaient fini par se faire une idée positive de la cryptomonnaie.

En mettant l'accent sur les facteurs défavorables à l'adoption de la cryptomonnaie, nos résultats s'inscrivent en droite ligne du concept de résistance du consommateur[4] dont les travaux pionniers remontent à l'économiste Hirschmann en 1970. Des trois comportements majeurs mis en exergue à savoir : la fidélité, l'expression d'un mécontentement et la défection ou fuite du consommateur, les facteurs explicatifs de la cryptophobie correspondent au troisième comportement de Hirschmann ce d'autant plus qu'ils fondent la résistance vis-à-vis de la

[4] Par définition, Roux (2009, p. 131) conçoit la résistance du consommateur comme « un état motivationnel qui pousse le consommateur à s'opposer à des pratiques, des logiques ou des discours marchands perçus comme dissonants ».

cryptomonnaie chez les répondants. En effet, la cryptomonnaie, depuis un certain temps, constitue bien un mouvement logico-communicationnel sur fond de persuasion auprès des communautés de peuples pratiquement habitués à une forme spécifique de l'argent ou de la monnaie comme moyen de change et d'échanges commerciaux, mais à qui il est désormais demandé ou proposé de muter vers une nouvelle monnaie virtuelle à la volatilité avérée.

Enfin, prenant appui sur les travaux de Ram et Sheth (1989) qui mettent en exergue les dimensions fonctionnelles de la résistance, à savoir respectivement : la barrière d'utilisation (incompatibilité de l'offre avec les habitudes et les expériences passées du consommateur) ; la barrière valeur (basée sur la valeur monétaire d'une offre en se référant à l'idée que si le produit/service offert ou proposé n'offre pas une forte performance-prix, il n'y a aucune motivation pour les consommateurs pour qu'ils l'adoptent) et ; la barrière risque considéré par Gerrard *et al.* (2006) comme le principal facteur explicatif de la non adoption d'un produit/service, fut-il nouveau ou innovant chez les consommateurs. Dans le cas de la cryptophobie, c'est le risque fonctionnel qui expliquerait le mieux les facteurs de la cryptophobie. Il agit davantage dans le cas où le produit/service offert ne fonctionne pas d'une manière fiable ou dans le cas où il est défectueux. Les répondants ont mis en exergue, la peur de l'arnaque, la volatilité de cette monnaie virtuelle et l'absence de législation. Ces trois raisons ou facteurs sont suffisamment considérables pour légitimer la réticence à adopter la cryptomonnaie chez bien de camerounais et d'africains, au moins encore pour quelque temps.

Certes, une certaine littérature scientifique se montre plus rassurante pour légitimer l'orientation positive ou favorable à la cryptomonnaie chez certains africains et, de plus en plus, par certains pays à l'instar de la République centrafricaine (Bidjoka, 2022). Pour cet universitaire camerounais, non seulement la cryptomonnaie n'est qu'une monnaie locale comme le sont bien de monnaies dans le monde et en occident, se cacher derrière les principes monétaires de la BEAC (dont on connaît bien les ramifications avec la puissance colonisatrice qu'est la France, instigatrice du franc CFA qui est en vigueur dans l'espace francophone) « la loi reste perfectible », par conséquent, les populations camerounaises en particulier et celles africaines en général, devraient se faire à l'idée que tôt ou tard, les lois vont s'ajuster indiscutablement pour permettre à la cryptomonnaie de faire son entrée dans les mœurs financières, attitudinales, sociologiques, culturelles et psychologiques des résistants d'aujourd'hui.

Au plan managérial, les résultats de cette étude semblent trahir la difficulté des responsables, à mettre en place, une stratégie fiable assurant la sécurité des différents échanges et investissement des clients, qui pourrait constituer un véritable point d'attraction et de fidélisation de sa clientèle. De même, il serait judicieux que les gouvernements mettent en place un système juridique en matière de réglementation communautaire sur les cryptomonnaies, les monnaies électroniques afin de lui donner un pouvoir libératoire et de faciliter les transactions internes.

Cette contribution présente des limites qui constituent autant de pistes pour d'autres chercheurs. En effet, certains chercheurs pourraient mener l'étude avec un plus grand échantillon, étendre la collecte des données dans plusieurs autres régions du Cameroun où l'expérience en faveur de la cryptomonnaie ou l'intérêt tout comme le désintérêt vis-à-vis de ces monnaies virtuelles est sans cesse grandissant/e. D'autres pourraient le faire avec des fonctionnaires du privé et/ou du secteur public uniquement, pour la simple raison que ces individus jouissent des sources de revenus assez stables contrairement aux étudiants et autres sans emplois. Enfin, l'on pourrait penser à la validation d'une échelle mesurant les facteurs explicatifs de la cryptophobie en contexte camerounais et pourquoi pas africain.

CONCLUSION

Plusieurs articles se sont attelés à démontrer l'importance d'investir dans la cryptomonnaie. Pour ces auteurs, la cryptomonnaie fonctionne suivant le modèle pair par pair. Autrement dit, c'est un système qui fonctionne à la façon d'une collectivité organisée, le Bitcoin permet ainsi à plusieurs ordinateurs de communiquer au travers d'un réseau (Tichit *et al.*, 2017 ; Chabal, 2017 ; Jonchères, 2015 ; Grinberg, 2012). Certains travaux ont mis en évidence les avantages d'utiliser la cryptomonnaie (Nathan, 2021 ; Spy, 2019). Tandis que d'autres ont précisé les inconvénients et les risques auxquels l'on s'expose en utilisant cette monnaie (Cahen, 2021). Cependant, aucun travail scientifique sur le plan psychologique, à notre connaissance, n'a encore porté sur le phénomène de cryptophobie en contexte camerounais. La présente contribution a donc eu pour objectif de mettre en exergue, le phénomène de cryptophobie chez les camerounais. À travers une enquête par questionnaire, nous espérons enrichir la littérature scientifique à partir de la connaissance du phénomène de cryptophobie chez les camerounais. Cette étude a permis de mettre en lumière la crainte qui anime les camerounais à s'investir dans la cryptomonnaie. Ces résultats attirent l'attention des responsables de ces entreprises promotrices des cryptomonnaies à travailler davantage sur plusieurs fronts dont les plus importants paraissent, selon les orientations des réponses des répondants, la législation en faveur du secteur, la communication persuasive, la communication institutionnelle, le marketing dans le but de garantir les investissements des individus considérés comme sceptiques aujourd'hui et attirer davantage les personnes à adopter la cryptomonnaie comme moyen d'échange dans un futur très proche.

Références

Auer Raphael et Stijn Claessens, « Réglementation des cryptomonnaies : évaluation des réactions du marché », *Rapport trimestriel BRI*, Septembre 2018, <https://www.bis.org/publ/qtrpdf/r_qt1809f_fr.pdf> consulté le 30 octobre 2022.

Banque Centrale Européenne, Rapport annuel, 2012, <https : //www.bce.com », 2012> consulté le 30 octobre 2022.

Becker Amanda, *Canadian class-action lawsuit filed against Mt.Gox, Mizuho*, March, 2014, <https : //www. reuters.com> consulté le 13 novembre 2022.

BBC News Afrique, « Bitcoin : cette cryptomonnaie est- elle le meilleur moyen de transférer des fonds ? », <https : //www.bbc.com>, 2021> consulté le 30 octobre 2022.

Cahen Murielle, *Les Dangers et les avantages du Bitcoin,* 12 avril 2021, <https://www.murielle-cahen.fr/les-dangers-et-les-avantages-du-bitcoin/> consulté le 30 octobre 2022.

Campbell Arthur, Mayzlin Dina, Shin Jiwoong, *Managing Buzz*, RAND *Journal of Economics*, 1 March 2017, p. 203-219.

Chabal Audrey, « Classement des 10 cryptomonnaies dans le monde », 15 avril 2017,

<https://www.forbes.fr/finance/classement-des-10-crypto-monnaies-dans-le-monde/> consulté le 30 octobre 2022.

Danglades Yoni, *Les éléments motivateurs et freins des processus décisionnels d'achat et d'investissement en crypto monnaie*, Maîtrise en sciences de la gestion, Université du Québec à Montréal, 2020.

Darpy Denis et Volle Pierre, *Comportements du consommateur,* 2ème édition, Paris, Dunod, 2007, 370 p.

Deci Edward, Ryan Richard, "A motivational approach to sell: Integration in personality", in Richard Dienstbier (Ed.), *Nebraska symposium on motivation, Vol. 38, Perspectives on motivation,* University of Nebraska, Lincoln NE, 1991, p. 237-288.

Deci Edward, Ryan Richard, *Intrinsic motivation and self-determination in human behavior*, New York, Springer, 2013, 372 p.

Demoulin Julien, *Quels sont les facteurs influençant le succès des ICOs dans le cadre d'un financement de projet au travers les cryptomonnaies*, Master en Science de Gestion, Université de Liège, 2022, <https://matheo.uliege.be/bitstream/2268.2/14349/4/M%C3%A9moire_JulienDemoulin_s203653.pdf>.

Dussart Christian, *Comportement du consommateur et stratégie de marketing*, Montréal, Mc Graw-Hill, 1983, 554 p.

Gerrard Philip, Barton Cunningham, Devlin James, "Why consumers are not using Internet Banking: A Qualitative Study", *Journal of Services Marketing*, Vol. 20, No 3, 2006, p. 160-168.

Grinberg Reuben, "Bitcoin: An innovative alternative digital currency", *Hasting Science and Technology Law Journal,* Vol. 4, 2012, p. 159-175.

Hajdarbegoric Nerwin, "Bitcoin miners ditch ghash pool over fears of 51% attack", CoinDesk, « https://www.coindesk.com/markets/2014/01/09/bitcoin-miners-ditch-ghashio-pool-over-fears-of-51-attack/», 09/01 2014. Consulté le 28 octobre 2022.

Ichbiah Daniel, Lefranc Jean- Martial, *Le Bitcoin et les cryptomonnaies pour les nuls,* Paris, *First Interactive*, 2023, 400 p.

Jonchères Erwan (2015), *Encadrement juridique des monnaies électroniques : Bitcoin et autres monnaies*, Mémoire, Université de Montréal, <https://papyrus.bib.umontreal.ca/xmlui/bitstream/handle/1866/13991/Joncheres_Erwan_2015_memoire.pdf> consulté le 28 octobre 2022.

Kiel Geoffrey et Layton Roger, "Dimensions of consumer information seeking behavior", *Journal of Marketing Research,* Vol. 18, Issue 2, May 1981, p. 233-239.

Mbog Pibasso Achille, « Cameroun : mise en demeure contre des opérateurs de cryptomonnaie », *Financial Afrik,* 8 novembre 2020,

<https://www.financialafrik.com/2020/11/08/cameroun-mise-en-demeure-contre-des-operateurs-de-crypto-monnaie/> consulté le 28 octobre 2022.

Ordonneau Pascal, « *Bitcoin : une explication, la théorie du plus grand fou* », 2018, < https://www.lesechos.fr/idees-debats/cercle/bitcoin-une-explication-la-theorie-du-plus-grand-fou-134030 >, Consulté le 04.07.2022.

Otto Hirschmann Albert (1972), E*xit, Voice and Loyalty: Responses to Decline in Firms, Organizations and States*, 1970, trad. française : *Défection et prise de parole*, Paris, Fayard, 1995, 216 p.

Reuben Grinberg, "Bitcoin: An Innovative Alternative Digital Currency", *Hastings Science & Technology Law Journal*, Vol. 4, Issue 1, 2012, p. 159-208.

Roux Dominique, *Marketing et résistance du consommateur*, Paris, Economica, 2009, 256 p.

Simondon Gilbert, *Du mode d'existence des objets techniques*, Paris, Aubier, 1958, 338 p.

Sundaresan Ram, Sheth Jagdish N., "Consumer Resistance to Innovations: The Marketing Problem and its Solutions", *The Journal of Consumer Marketing,* Vol. 6, No 2, 1989, p. 5-14.

Spy Audrey, *Mieux vivre votre argent*, 2019, <https : //www.investir.lesechos.fr> consulté le 13 novembre 2022.

Trinnou Gbêmèho, Mathieu « Les crypto-monnaies : quels enjeux pour les banques centrales », *Précis du COFEB n° 20*, 9 mai 2022, <https://cofeb.bceao.int/rapport-et-publication/precis-du-cofeb-ndeg20-les-crypto-monnaies-quels-enjeux-pour-les-banques> consulté le 30 octobre 2022

Volle Pierre, *Impact du marketing promotionnel des distributeurs sur le choix du point de vent et rôle modérateur de variables individuelles*, Thèse de Doctorat en Sciences de Gestion, Paris IX Dauphine, 1996.

Webster Frederick, "The Deal-Prone Consumer", *Journal of Marketing Research*, Vol. 2, Issue 2, 1965, p. 186-189.

Weiner Bernard, *Human motivation*, Internet Archives, New York, Holt, Rinehart and Winston, 1980.

L'ÉMERGENCE DE LA CRYPTOMONNAIE : LE CONTRECOUP DU NÉOLIBÉRALISME ET DE SES RELENTS HYPER MODERNISTES

Daniel Joël SIKATI
Doctorant en philosophie économique
Université de Dschang

Résumé

Lorsque les interactions entre les humains devinrent de plus en plus complexes au fur et à mesure que le temps s'écoulait et que leur effectif augmentait, la nécessité s'imposa de trouver un moyen qui dut leur permettre d'assurer la fluidité dans l'échange. C'est ainsi que la monnaie apparut. Il importa de trouver un élément tangible capable de résister au dépérissement, et c'est ainsi que l'argent monnayé prendra grand effet au fil du temps. L'or ne tint pas longtemps parce que limité en quantité dans la nature. Cependant, jusqu'à une période récente de l'histoire, on ne pouvait imaginer la monnaie sous une forme immatérielle. Ceci se rendra possible par l'avènement de l'informatique et sera davantage catalysé par la révolution numérique. Dans l'armada des monnaies immatérielles possibles, celles cryptographiques font de plus en plus écho et mettent en branle les *traders*, les investisseurs, les politiciens et les intellectuels. De plus, il est un fait marquant dont elles font montre, c'est qu'elles accomplissent un rêve libéral nourri par l'économiste et philosophe autrichien Friedrich August Von Hayek dans *Pour une vraie concurrence des monnaies,* ouvrage publié en 1976. Ce dernier postula en effet en théorie la coexistence de plusieurs monnaies, des monnaies émises par les entreprises privées soumises à la méthode concurrentielle, permettant de limiter les prérogatives de l'État sur la question. Ses analyses se confirment de plus en plus à travers les réactions des gouvernements et des autorités financières contre les cryptomonnaies. L'État voudrait conserver son monopole sur l'administration et l'émission de la monnaie. Cette forme de monnaie dématérialisée n'est pas affranchie de tout grief, ceci en considération du problème de *hacking* et d'escroquerie sous forme de pyramide de Ponzi. Mais ce problème est soluble si les gouvernements se mettent, comme ils le font de plus en plus en faveur de l'ordre du marché, au service des cryptomonnaies en leur apportant protection et assurance. Pour les pays de la zone franc victimes du néocolonialisme français, l'adoption des cryptomonnaies peut servir de rempart, de moyen de libération.

Mots-clés : monnaie, cryptomonnaie, libéral, méthode concurrentielle, zone franc.

INTRODUCTION

Depuis la séparation de l'homme de la tutelle divine qui ouvre la modernité, le monde est en perpétuel progrès matériel. Le libéralisme a été d'un apport fort important dans ce sens. Dans une logique d'évolution irrépressible et inextinguible, on a assisté à l'avènement du néolibéralisme à connotation ultralibérale augurant l'hyper-modernisme. Parallèlement, on a observé la même tendance évolutionnaire au niveau scientifique et technologique permettant d'aboutir à l'informatique et à la révolution numérique qui vont faciliter et étendre la sphère de transmission de l'information, mettre fin aux frontières (facteur de la mondialisation), changer la façon d'envisager les rapports entre les hommes, modifier la façon d'effectuer certaines tâches, ouvrir la voie à la création de nouvelles activités et, cerise sur le gâteau, permettre de concevoir la monnaie autrement que sous sa forme matérielle. D'où l'avènement des monnaies cryptographiques. Cet élément marquant de la déclinaison de l'histoire mérite une analyse à l'effet d'établir son fondement et ses enjeux. Quels sont le fondement et les enjeux des monnaies cryptographiques ? La réponse à cette interrogation passe par trois étapes : 1) la naissance, la fonction de la monnaie et le sens du néolibéralisme ; 2) l'apport de la révolution numérique et les griefs contre les cryptomonnaies ; 3) l'hypothèse d'un État au service des cryptomonnaies et les enjeux pour la zone franc CFA.

1. LA NAISSANCE DE LA MONNAIE FIDUCIAIRE ET LE SENS DU NEOLIBERALISME

1.1 Naissance et fonction de la monnaie fiduciaire

La naissance de la monnaie est inextricablement liée à l'échange et au commerce. La monnaie n'est pas une hypostase, elle n'existe qu'en tant qu'instrument de l'échange. Elle n'est non plus une génération spontanée, elle résulte d'une complexification des interactions entre les hommes en société. Les échanges sont rendus possibles au départ par le troc, qu'on soit à l'âge de la chasse et de la cueillette ou de la culture du sol. C'est la complexité des transactions qui fera penser à un étalon pouvant faire office à la fois de mesure (commensurabilité) et de moyen d'échange. Plusieurs auteurs[5] abordent le problème, mais nous nous limiterons aux spéculations d'Aristote[6] et de John Locke[7] dans le cadre du présent travail.

Aristote traite la question de la naissance de la monnaie à travers la science de l'acquisition[8] (la chrématistique) dans *La politique*. Pour mieux comprendre cela, il faut se référer aux biens et au double usage de chacun d'eux. Dans le mode d'acquisition non-naturelle

---

[5] Nous pouvons citer, sans prétendre à l'exhaustivité, Adam Smith (*Richesse des nations*), Ludwig Von Mises pour la fonction principale d'échange que joue la monnaie (*Traité d'économie*) et presque tous les auteurs libéraux et même ceux socialistes défenseurs du productivisme du XVIIIe au XXe siècle.

[6] Aristote, *La politique,* Trad. Barthélemy Saint Hilaire, Paris, Librairie philosophique de Ladrange, 3e éd. 1874.

[7] John Locke (1690), *Traité du gouvernement civil,* trad. française de David Mazel à partir de la 5e édition publiée en 1728, Les classiques des sciences sociales, Université du Québec à Chicoutimi, Paris, Garnier-Flamarion, 2002, 383 p.

[8] Aristote fait une distinction entre la richesse et les biens en établissant que la richesse est naturelle et les biens sont le produit de l'art et de l'expérience (mode d'acquisition non-naturelle).

(l'expérience), « toute propriété a deux usages, qui tous deux lui appartiennent essentiellement, sans toutefois lui appartenir de la même façon : l'un est spécial à la chose, l'autre ne l'est pas »[9]. Pour illustrer ces deux usages de la propriété, Aristote montre que la chaussure peut servir à chausser le pied ou à effectuer un échange. Nul ne pouvant se suffire en société, le fabricant de chaussures est appelé à échanger ses produits contre les aliments ou contre les services de l'architecte. L'échange ou le troc permet à chacun de céder une partie de ce qu'il possède en contrepartie de ce qu'il ne possède pas et que l'autre peut lui offrir.

À mesure que les échanges s'intensifient et débouchent sur l'importation et l'exportation[10], vu la difficulté à transporter les produits en nature, l'usage de la monnaie s'avère nécessaire. Ses deux fonctions reconnues par Aristote sont : l'expression de la valeur des biens et le moyen (instrument) de circulation des biens. Le Stagirite aborde la question éthiquement et manifeste du mépris pour l'accumulation qu'il juge pernicieuse, ce qui ne sera pas le cas chez le fondateur du libéralisme classique John Locke.

Comme Aristote, Locke pense que la monnaie apparaît pour résoudre le problème de la valeur et de l'échange. Philosophe politique, il part de l'état de nature et y présente l'homme comme étant libre, jouissant du droit à la vie et surtout à la propriété. Ce qui confère cette propriété, ce n'est pas la société politique dont la tâche consiste plutôt à la garantir, mais le travail. Tout le monde a accès aux fruits de la

---

[9] Aristote, *La Politique*, *op. cit.*, p. 7.

[10] Le peuplement pousse certaines personnes à se détacher du clan et à s'installer ailleurs et à développer des techniques et cultures propres au nouvel environnement.

nature, mais celui qui fournit des efforts pour les cueillir se les approprie, *ipso facto*. Cependant, chacun ne doit s'offrir que la quantité de fruits et de gibiers nécessaires pour la satisfaction de ses besoins, de même qu'il ne doit s'approprier que la portion de terre qui lui suffit. Ceci étant, celui qui ne peut pas consommer tout ce qu'il a acquis, laissant une partie pourrir, pose ainsi un acte moralement répréhensible. L'excédent qui se corrompt est ce qui est censé revenir aux autres. Si un homme parvient à consommer tout ce qu'il possède, qu'importe la quantité, cela ne pose aucun problème. Tout le problème réside dans le fait de laisser une partie des biens se gâter. Néanmoins, l'on peut faire consommer cet excédent en le troquant contre ce que l'autre possède en surplus. L'échange s'effectue ici sans le truchement de la monnaie, mais par le transfert de biens en contrepartie d'autres biens. Le problème demeure dans la mesure où il est impossible de conserver longuement certains biens, ce qui les expose toujours à la pourriture. Il faut donc leur trouver un équivalent impérissable, d'où l'avènement de l'argent monnayé.

Par un consentement, les hommes déterminent la valeur de l'argent qui permet de donner de l'importance à la marchandise et faciliter l'échange. L'on peut le garder par-devers soi pendant longtemps et l'utiliser quand il le souhaite sans en craindre la dégradation. Comme nous l'avons précisé, le problème réside chez Locke dans la pourriture des biens et non dans leur accumulation. Il est légitime que celui qui travaille plus possède plus que les autres et leur vende une partie pour s'enrichir. L'argent monnayé est un stimulant qui pousse les hommes à travailler encore plus : « Où il n'y a point de choses durables, rares, et d'un prix assez considérable, pour devoir être regardé longtemps, on n'a que faire d'étendre fort ses possessions et ses terres, puisqu'on en peut toujours prendre autant que la nécessité le requiert »[11].

De son apparition jusqu'à une période récente de l'histoire, la monnaie a toujours été perçue comme un élément tangible. On n'avait jusqu'à lors envisagé de la concevoir autrement que sous sa forme fiduciaire. Les métaux précieux comme l'or et l'argent ont été, au fil de l'histoire, jugés utiles pour résoudre le problème des échanges. On ne pouvait penser la dématérialisation de la monnaie sans l'avènement de l'informatique et sans les dernières révolutions industrielles. Il faut le noter, cette dématérialisation n'est pas réductible au cas des monnaies cryptographiques qui constituent le centre d'intérêt du présent travail. Elles ont une particularité qui tient de ce que, en plus des facteurs communs[12] qu'elles partagent avec les autres formes de monnaies numériques, elles contribuent à la réalisation du rêve néolibéral d'une monnaie qui décampe du monopole de l'émission et du contrôle étatique. Ceci nous enjoint à clarifier le sens du néolibéralisme afin d'en établir le lien avec l'avènement des monnaies cryptographiques.

1.2 Le néolibéralisme hayékien et le projet de dénationalisation de la monnaie

Le néolibéralisme prend sa source dans le libéralisme classique qui évolue à partir du XVIIe siècle dans le monde britannique avec John

---

[11] Locke John, *Traité du gouvernement civil*, *op. cit.*, p. 41.

[12] La dématérialisation de la monnaie n'est rendue possible que par l'informatique et l'électronique.

Locke comme une lutte pour la liberté individuelle et la propriété privée et contre l'absolutisme hérité de la tradition rationaliste dont Hobbes et Rousseau étaient les porte-étendards. La philosophie libérale participe à la levée des limites qui est l'une des caractéristiques de la modernité. Cette période de l'histoire qui est celle de l'émancipation de l'homme est une démarcation vis-à-vis du cosmo-centrisme (Antiquité) et du théocentrisme (Moyen-âge) et une ouverture sur l'anthropocentrisme. Cette émancipation est retardée lorsque la raison humaine prétentieuse veut s'établir en nouveau maître/tuteur. La conséquence est l'émergence des pouvoirs absolus qui dotent le monarque/législateur d'autorité illimitée sur les gouvernés qui sont à cet effet dénués de toute liberté. C'est le rationalisme constructiviste, pour parler comme Hayek, et l'historicisme, pour parler comme Popper, qui sont à l'origine du socialisme et du totalitarisme. Le libéralisme classique va contribuer à la restauration de cette liberté à travers les travaux de John Locke. Pour cet auteur, l'homme est libre depuis l'état de nature et jouit du droit de propriété. La société politique n'est pas établie pour conférer la propriété, mais pour la protéger. Elle n'est pas instaurée pour imposer aux hommes ce qu'ils doivent faire, mais pour encadrer leurs activités. Les hommes sont autant libres à l'état de nature que dans le gouvernement civil. La liberté individuelle et la propriété privée constituent ainsi l'un des fondements du libéralisme classique. C'est une ébauche de levée des entraves qui sera accentuée dans le néolibéralisme.

Théorisé pendant les années 1920-1940, le néolibéralisme sera appliqué à la société dans les années 1970 par les politiques de Margaret Thatcher et de Ronald Reagan. Son originalité, c'est l'accentuation de la levée des limites et la subjugation de la politique à l'ordre du marché. Le rôle reconnu à l'État, c'est de garantir la liberté individuelle et de veiller au respect des règles d'autorégulation du marché. Il doit à ce sujet combattre les monopoles et les cartels pour favoriser la concurrence. La levée outrée des limites participe de ce qu'on appelle l'hyper modernisme[13]. L'émission de la monnaie jusqu'alors considérée comme l'apanage de l'État n'échappe pas au projet de libéralisation hayékien. Les prérogatives de l'État sur l'émission de la monnaie tout au long de l'histoire ne reposent sur aucun principe. Hayek aborde cursivement la question dans *Droit, législation et liberté* et y consacre entièrement *Pour une vraie concurrence des monnaies*.

L'économiste autrichien voit en le monopole gouvernemental un instrument de nuisance de l'économie et une restriction à la liberté des individus. À cet effet, « C'est contre l'État que la monnaie doit être primordialement protégée »[14]. Libéral résolu, il voit en ce monopole un moyen de dirigisme qu'il faut combattre pour laisser la liberté et la concurrence s'exercer. Dans *Denationalization of money*[15], face au problème de récession et de chômage dont l'origine est attribuée à l'économie de marché, Hayek, engagé à dégager tout ce qui fait obstacle (grief) à l'acceptation de cette économie politique, affirme que c'est le monopole monétaire accordé à l'État qui en est responsable. La

[13] On peut analyser le monde contemporain sous la catégorie de l'hypermodernité entendue comme une modernité à l'excès. Sur le plan économique, c'est une autonomisation et une exacerbation de l'ordre du marché. L'agent économique est absolument libre et mu par la quête de son profit personnel. Chatué Jacques et Sikati Daniel Joël, « Inscription hyper moderniste de la philosophie économique néolibérale de Friedrich August Von Hayek », *in Cahiers de l'URPHISSA*, n° 1, décembre 2021.

[14] Friedrich August Hayek, *Droit, législation et liberté. Une nouvelle formulation des principes libéraux de justice et d'économie politique*, Paris, PUF, 2007, p. 715.

[15] Titre original de *Pour une vraie concurrence des monnaies*.

liberté individuelle, postulat de sa pensée, doit s'observer jusqu'au niveau monétaire et s'exprime à travers la possibilité pour des entreprises privées d'émettre la monnaie. La concurrence étant la méthode qui permet de coordonner les activités dans l'ordre du marché, elle doit être également appliquée à la question monétaire. Dans cette optique, le monopole de l'État sur l'émission de la monnaie est incohérent avec le principe général de liberté d'entreprise.

Postulant l'idée de l'existence de plusieurs monnaies en concurrence, l'économiste autrichien est contre l'idée d'une monnaie commune à l'Europe parce qu'elle n'est que le prolongement du monopole étatique. Bref, c'est une monnaie centralisée, qui s'établit aux antipodes de la pluralité et donc de la liberté des individus ou des entreprises, liberté qui constitue le fond matriciel de sa pensée. Il a par conséquent une préférence relative pour les monnaies nationales qui circulent librement dans d'autres pays et souscrivent à la méthode concurrentielle.

Le monopole gouvernemental sur l'émission de la monnaie acquis au fil de l'histoire ne repose, comme nous l'avons précisé ci-haut avec Hayek, sur aucun fondement. Ce privilège trouve son origine dans l'Antiquité dans la frappe des pièces d'or, d'argent et de cuivre. Pour l'auteur de *La constitution de la liberté*, le rôle de l'État en question monétaire ne devrait pas consister en une exclusivité sur son émission, mais devrait se limiter à la certification du poids et de la qualité des pièces métalliques. L'apanage d'émission devient, entre les mains du gouvernement, une source de pouvoir et d'enrichissement : de pouvoir parce qu'il permet de favoriser des groupes d'intérêt pour des objectifs électoraux ; d'enrichissement parce qu'il s'arroge le droit de frapper et de manipuler la monnaie à sa guise, les hommes étant mus en général par la cupidité. L'option des monnaies privées est donc un palliatif à ce vice humain visible au sein des gouvernements. Défenseur de l'ordre du marché, Herbert Spencer prônait en son temps la frappe de la monnaie par des privés. L'originalité de Hayek sur la théorie monétaire est l'idée des monnaies privées mises en concurrence à l'échelle internationale.

L'État a toujours abusé de ses prérogatives en matière monétaire et empêché toutes les tentatives des marchands à émettre des monnaies privées. Cet abus se manifeste par la production de l'inflation qui engendre une instabilité monétaire. Or la stabilité de la monnaie est l'une des préoccupations centrales de Hayek en matière d'économie. La période où la monnaie a connu le plus de stabilité est celle de l'étalon-or. La convertibilité-or permettait en effet de contrôler la quantité de monnaie et était le déterminant clé de sa valeur. Lorsque les gouvernements prirent conscience de cette barrière à leur avidité, ils décidèrent de s'en affranchir « [...] dès lors qu'il a été largement compris, il y a cinquante ans environ, que la convertibilité-or était essentiellement un moyen de contrôler la quantité de monnaie, à savoir le déterminant-clé de sa valeur, les gouvernements sont vite devenus désireux de s'affranchir d'une telle discipline, et la monnaie est devenue plus que jamais une affaire de politique »[16]. Hayek ajoute : « Tandis que les gouvernements n'ont jamais usé de leurs prérogatives afin de fournir une monnaie convenable et honnête sur une longue période, ils ne se sont retenus des abus les plus grossiers que lorsque la

---

[16] Hayek Friedrich, *Pour une vraie concurrence des monnaies*, Paris, PUF, 2015, Epub Non Paginé (désormais NP)

discipline de l'étalon-or leur était imposée »[17]. Au regard de ce manque total de volonté pour les gouvernements de fournir (en toute neutralité) une bonne monnaie, Hayek pense que cette prestation peut être mieux assurée par des entreprises privées. En effet, conduites par la quête de leur profit, elles sont enclines à travailler à stabiliser la valeur de la monnaie qu'elles émettent en vue de la satisfaction maximale de leurs clients, car leur survie en dépend. Un mauvais service peut conduire à leur chute. La quête du profit personnel est un aspect fondamental du libéralisme, en tant qu'incitateur des efforts et catalyseur du progrès. Pour que les entreprises se sentent davantage obligées de satisfaire de façon optimale les utilisateurs de leurs monnaies, elles doivent être mises en concurrence. Sans même suspendre de prime abord l'hypothèse d'une monnaie étatique, si celle-ci est soumise aux mêmes règles concurrentielles avec les monnaies privées, elle peut disparaître avec le temps parce que celle qui satisfera le mieux la population subsistera tandis que les moins satisfaisantes disparaîtront. Il y a donc un darwinisme monétaire chez Hayek, à l'image de son darwinisme juridique : comme les règles du droit qui satisfont le mieux les individus transcendent le temps et les moins satisfaisantes disparaissent (il en est de même des institutions), les monnaies qui servent le mieux les hommes dans leurs activités sont préférées à celles qui les servent moins et qui sont appelées à disparaître. La méthode concurrentielle permet d'accélérer le processus.

En tant qu'élément essentiel de l'ordre du marché, la monnaie doit être soumise à un mécanisme d'autorégulation. Malheureusement,

---

[17] *Ibidem,* NP.

elle fait l'objet, de plus en plus depuis l'abandon de l'étalon-or, d'intrusion et d'administration gouvernementales accrues. Hayek affirme à ce propos :

> Le système de banques centrales qui, il y a cinquante ans seulement, était considéré comme le parachèvement de la sagesse financière, s'est largement discrédité lui-même. C'est encore plus vrai aujourd'hui car avec l'abandon de l'étalon-or et des changes fixes, les banques centrales ont acquis de plus amples pouvoirs discrétionnaires qu'à l'époque où elles s'efforçaient seulement d'agir selon des règles fermement établies[18].

Contre les allégations des socialistes et des pourfendeurs du capitalisme selon lesquelles l'économie du marché est vectrice du chômage, Hayek pense que ceci est dû aux immixtions gouvernementales et à l'inflation qu'elles provoquent de par l'émission incontrôlée de la monnaie et leur dépréciation subséquente. L'économiste autrichien naturalisé anglais estime que la monnaie est le régulateur le plus important de l'ordre du marché, lorsqu'elle n'est pas monopolisée par l'État. Il déclare : « Elle [la monnaie] doit en revanche faire partie d'un mécanisme d'autorégulation par lequel les individus sont constamment incités à ajuster leurs propres activités à des circonstances au sujet desquelles ils ne disposent d'informations que par les signaux abstraits des prix »[19].

Le néolibéralisme tel que théorisé par Hayek a été d'une influence très importante sur la marche de l'histoire, laquelle se sanctionne par une libéralisation de plus en plus accrue. L'initiative individuelle prend des proportions de plus en plus larges, en sorte que ce qui se présentait comme barrière à la liberté est désormais ôté de son chemin, d'une

---

[18] *Ibidem*, NP.
[19] *Ibidem*, NP.

manière ou d'une autre. Le projet hayékien de libéralisation de la monnaie semble se réaliser aujourd'hui à travers la mise en circulation des monnaies cryptographiques. Pascal Salin fait la remarque dans la préface de l'édition française de 2015 de *Pour une vraie concurrence des monnaies* en ces termes : « Ces monnaies – dont la plus connue est le bitcoin – sont déjà nombreuses et se développent, malgré les importants obstacles que lui opposent des autorités monétaires désireuses de garder leur monopole, aussi nocif soit-il »[20]. Cependant, Hayek ne pouvait envisager des monnaies privées que sous leur forme fiduciaire. Le titre du huitième chapitre de *Denationalization of money* en est d'ailleurs évocateur : « Mettre des monnaies fiduciaires privées en circulation ». Le fait que nous vivions l'expérience des monnaies privées plutôt sous forme cryptographique signifie qu'un autre facteur est entré en jeu : la révolution numérique.

2. L'APPORT DE LA REVOLUTION NUMERIQUE ET LES GRIEFS CONTRE LES CRYPTOMONNAIES

2 .1 De la révolution numérique à l'avènement des cryptomonnaies

L'histoire des révolutions industrielles en dénombre quatre. Les deux premières reposent sur l'énergie : le charbon pour la première et le pétrole et l'électricité pour la deuxième. Elles ont impulsé le développement de l'industrie, de l'automobile, du chemin de fer…, favorisé l'essor de l'économie, l'interconnexion des contrées et les

---

[20] *Ibidem*, NP.

échanges. Les troisièmes et quatrièmes révolutions qui s'opèrent dans la deuxième moitié du XXe siècle sont portées par l'informatique. La troisième est principalement stimulée par l'électronique et l'informatique. La quatrième quant à elle ouvre l'ère de la numérisation de l'économie et se caractérise par l'apparition du Web en 1990[21]. C'est en effet cette technologie d'interconnexion des réseaux d'ordinateurs, le *World Wide Web* (www), qui a tout transformé. Dans l'ensemble, la révolution numérique a pour traits marquants le passage des technologies électroniques mécaniques et analogiques aux technologies électroniques numériques dans le domaine informatique ; le changement dans la façon d'échanger les informations ; la création d'Internet ; l'équipement des banques de guichets automatiques, la création des robots industriels, la musique électronique, les jeux vidéo, la télévision… ; la création de l'appareil photo numérique et du téléphone mobile numérique ; la création du World Wide Web et du navigateur qui a rendu possible la connexion à l'échelle mondiale ; la création des sites Web par les entreprises ; le boom économique dans les pays développés grâce au succès des entreprises équipées des technologies numériques et grâce aux avancées des technologies de transmissions ; la diffusion des technologies numériques dans les pays en développement[22], tout ceci en l'espace de moins d'un demi-siècle. Au début du XXIe siècle, on compte les utilisateurs d'Internet en milliards. Il est perceptible que la révolution numérique a été un facteur irréfutable de la mondialisation.

---

[21] Le Blog du Digital, « La Révolution Numérique : une Révolution comme les autres ? », <https://digital.essca.fr>, consulté le 22 décembre 2022.

[22] La Révolution Numérique, « Comprendre la numérisation au travail et dans la vie quotidienne », <https://courses.minnalearn.com>, consulté le 21 décembre 2022.

À partir de cette révolution technologique, nous vivons l'ère de la transformation numérique. « De manière générale, la transformation numérique renvoie à l'intégration des technologies numériques dans tous les domaines d'activités, avec pour conséquences des changements fondamentaux dans la façon dont lesdites activités sont mises en œuvre »[23]. La numérisation n'est pas réductible à l'automatisation rendue possible par elle, c'est aussi un changement qu'elle produit sur nos habitudes, nos comportements et nos vies. L'économie et principalement la monnaie (qui nous intéresse dans le cadre du présent travail) n'échappe pas au rouleau compresseur de la numérisation.

D'emblée, il faut clarifier la distinction entre les monnaies numériques ordinaires et la cryptomonnaie. C'est cette dernière qui est en voie d'accomplir le rêve néolibéral de libéralisation de la monnaie. Les monnaies numériques sont contrôlées par les banques centrales, et donc par les États. C'est la simple numérisation de la monnaie fiduciaire, sans changement fondamental dans la réglementation. Elles sont appelées « monnaies numériques de banque centrale ». La cryptomonnaie quant à elle n'est contrôlée par aucune banque centrale, ni aucun État. Elle est adossée à la *blockchain*[24] (chaîne de blocs) qui stocke les informations sur toutes transactions. Le point commun entre la monnaie numérique et la cryptomonnaie, c'est leur dématérialisation.

---

[23] La Révolution Numérique, « Comprendre la numérisation au travail et dans la vie quotidienne », <https://courses.minnalearn.com>, consulté le 21 décembre 2022.

[24] La *blockchain* est une technologie de stockage et de transmission d'informations développée à partir de 2008. Ses utilisateurs sont connectés en réseau et partagent les données sans intermédiaires. Toutes les opérations sont stockées, enregistrées et ne peuvent être effacées. Tous les utilisateurs y ayant accès, la gestion est décentralisée. Cette décentralisation et cette impossibilité de falsifier les informations induisent la sécurité. Les transactions peuvent se faire simultanément entre plusieurs utilisateurs. <https://www.economie.gouv.fr>

La cryptomonnaie a dans la pratique une longueur d'avance sur la monnaie numérique : tandis que des opérations s'effectuent déjà en cryptoactifs à Tesla et sur certaines plateformes de vente NFT (*Non Fungible Token*), la monnaie numérique de la banque centrale est encore en projet. Le e-yuan de la Chine est le projet de ce type le plus proche de la réalisation[25].

Si le rêve de Hayek était la mise en circulation des monnaies fiduciaires concurrentes sans intervention administrative étatique par le truchement des banques centrales, c'est sous une forme quasiment dématérialisée que nous assistons à sa réalisation aujourd'hui, ceci grâce à la tournure numérique de l'histoire de la technologie. Les monnaies cryptographiques échappent à l'émission par les banques centrales et à la régulation gouvernementale qui était jadis mal vue par Hayek à cause de la cupidité et l'avidité qui caractérisent en tout temps les gouvernants. Ceci participe de la levée des entraves à la liberté que les libéraux appellent de tous leurs vœux. Si la modernité avait parmi ses caractéristiques essentielles la liberté qui se manifestait par le démantèlement de l'homme de la tutelle divine et par l'auto prise en charge de son destin[26], l'analyse de l'époque contemporaine fait état de ce que l'homme réclame son démantèlement de la tutelle de l'État qui

---

[25] Numerama, <https://www.numerama.com>, consulté le 28 décembre 2022.

[26] Cette propension est aigüe au XVIIIe siècle et lui vaut la dénomination de « siècle des Lumières », expression de la maturité et de la majorité de l'homme. Les Lumières dont il est question ici sont celles anglo-écossaises et non celles françaises. Ce sont les Lumières anglo-écossaises qui mettent l'accent sur la liberté individuelle, cette liberté qui confère à l'individu la possibilité de rechercher son profit personnel sans rencontrer d'obstacles administratifs. Ce sont des Lumières portées par des économistes et philosophes comme Bernard Mandeville, David Hume, Adam Smith, Adam Ferguson, pour ne citer que ceux-ci. Les Lumières françaises mettent plus l'accent sur la raison (rationalisme).

veut perpétuer un paternalisme passé de mode. À ce propos, il est judicieux, comme nous l'avons signalé plus haut, d'analyser notre époque sous la catégorie de l'hypermodernité. C'est un parachèvement de la modernité marqué par la suppression de ce qui est encore perçu comme une entrave à la liberté, à savoir l'État. Cependant, face à la question de l'usage des cryptomonnaies, les positions sont dichotomiques : ses défenseurs et ses pourfendeurs. Ses défenseurs sont des épris de la liberté que nous pouvons qualifier de cryptolâtres, et ses pourfendeurs les cryptophobes. L'analyse des griefs exposés par ces derniers nous permettra d'exposer notre propre analyse, une analyse axée sur la question des rapports de force entre les États, dans l'optique de montrer le bénéfice de l'usage des monnaies cryptographiques pour certains pays africains.

2.2 Les griefs contre les cryptomonnaies

Les cryptomonnaies s'exposent au *hackage* qui est un problème commun à presque toutes les opérations en ligne. Mais le problème majeur est celui de l'escroquerie sous le modèle de la pyramide de Ponzi. C'est par exemple l'examen qui se dégage de l'affaire FTX, plateforme de cryptomonnaie qui a connu son effondrement il y a quelque temps aux États-Unis d'Amérique. En effet, Samuel Bankman Fried, créateur de cette plateforme vendait à ses clients des reconnaissances de dette en leur faisant croire qu'ils avaient acheté des cryptomonnaies. La pyramide de Ponzi a été mise en gage pour des prêts excessifs, ce qui a permis d'engranger des sommes faramineuses. Binance, entreprise concurrente, a saisi la faille, l'a exposée et a eu gain de cause parce que les clients de FTX sont massivement passés aux retraits de leurs actifs. Comme toute pyramide de Ponzi, tout le monde ne rentre pas en possession de son argent. Cette situation a engendré ce qu'on a appelé « Lehman Brothers des cryptomonnaies », le *crash* des cryptomonnaies, car la conséquence a été la chute drastique de leur valeur. Le fait macabre dans cette histoire, c'est le soutien et la couverture de cette escroquerie par des autorités financières et certains commis du pouvoir américain.

Par ailleurs, le bitcoin, première et plus célèbre cryptomonnaie au monde est dans le viseur de l'Union européenne. Les députés du parlement européen ont voté une loi sur la réglementation[27] de cette monnaie cryptographique. S'inscrivant dans cette même dynamique, les raisons brandies par le président de la Banque Centrale Européenne (BCE), c'est son impact sur l'environnement à travers le minage, la non perceptibilité de son impact dans la vie réelle en société (il reste un instrument de spéculation), ainsi que la volatilité des cryptosactifs. Intervenant dans un contexte de *crash* des cryptomonnaies, l'Union européenne veut procéder à sa régulation. Selon nous, cette intervention se fait, soit dans une méprise des leçons de l'histoire relatives aux affres des interventions de l'État dans les monnaies et les banques et de leur contribution aux crises économiques, soit par mauvaise foi, ce qui sert de prétexte pour sauvegarder le monopole monétaire étatique. Pour le président de la BCE, le besoin énergétique élevé du Bitcoin produit des effets néfastes sur l'environnement, l'une des raisons pour lesquelles cette cryptomonnaie doit être combattue. Aux *cryptophobes* répondent

---

[27] Anna Lippert, « Cryptomonnaies : le projet européen de réglementation met le secteur en émoi », *Les Echos*, <https://www.lesechos.fr>, consulté le 23 décembre 2022.

les *cryptolâtres*. Antoine Ferec pense que la *blockchain* n'est pas le seul domaine qui nécessite une quantité importante d'énergie, surtout que des initiatives sont menées par les pourvoyeurs du Bitcoin en faveur de l'éco-énergie, et aussi que toutes les cryptomonnaies ne fonctionnent pas de la même façon. C'est pourquoi c'est le Bitcoin qui est directement pointé du doigt par l'Union européenne et la Banque Centrale européenne. On peut donc facilement déceler la propension incontinente des pouvoirs publics à maintenir leurs prérogatives sur la monnaie. Antoine Ferec déclare : « Certes, le Bitcoin consomme de l'énergie. Tout comme énormément de secteurs d'activité : le système bancaire, l'extraction d'or, le stockage des données, etc. Mais il ne faut pas oublier que nous ne sommes qu'au début des innovations de ce secteur qui est amené à s'améliorer chaque jour, là où d'autres ont atteint leurs limites. »[28] Pour ce dernier, si l'utilité du Bitcoin justifie sa consommation énergétique, il n'est pas nécessaire de faire de ladite consommation un cas, sauf par répugnance. À se rappeler de l'analyse de Hayek sur ce qui motive les gouvernements à garder leur monopole de l'émission de la monnaie, la répugnance du parlement européen et de la BCE n'est pas saine. Elle repose moins sur la raison que sur l'instinct de conservation de pouvoir qui régit les gouvernants. Et si les pouvoirs publics se mettaient au service de l'ordre du marché sur la question monétaire ?

---

[28] Antoine Ferec, « Quel est l'impact écologique des cryptomonnaies ? », <https://www.weareclimbb.fr>, consulté le 27 décembre 2022.

3. L'HYPOTHESE D'UN ÉTAT AU SERVICE DES CRYPTOMONNAIES ET LES ENJEUX POUR LA ZONE FRANC CFA

3.1 L'État accompagnateur des cryptomonnaies

À l'ère où le néolibéralisme bat son plein et domine le monde (mondialisation néolibérale), la monnaie est restée jusqu'alors le seul domaine où l'État a toujours voulu garder une certaine exclusivité. Cependant, au regard de la pente ascendante qui a mené à l'état actuel du monde, rien ne semble pouvoir échapper au rouleau compresseur du néolibéralisme. La monnaie ne sera pas du reste, car la prolifération des cryptomonnaies en est une consécration.

Le Colloque Walter Lippmann organisé en 1938 sous la houlette de Louis Rougier statuait sur l'orientation du nouveau libéralisme après la transition keynésienne[29] (État-providence). D'après Pierre Dardot et Christian Laval, il n'était pas question à ce Colloque de savoir si l'État va intervenir ou pas, mais de préciser la nature de son intervention. Pour ces derniers, il en ressort que l'intervention sera juridique. La théorie néolibérale de Friedrich Hayek fait la lumière sur ce type d'intervention. On décèle en effet chez lui deux types d'interventions : l'intervention administrative et l'intervention « juridique ». Ce qui est fâcheux pour lui, c'est l'intervention administrative qui donne à l'État la prérogative de « l'organisation » et de l'administration entière de la société. C'est le propre du socialisme et de la plupart des systèmes collectivistes. *A contrario*, avec l'intervention juridique, le rôle qui

[29] Le keynésianisme émerge comme réponse à la grande crise de 1929 et invite l'État à intervenir dans le domaine économique.

revient à l'État est celui de créer les conditions favorables à l'initiative individuelle et de veiller au respect des règles de juste conduite du marché. L'intervention administrative est une entrave au fonctionnement du marché et de la société en général qui obéissent au principe d'autorégulation. Cette idée existait déjà chez John Locke sous une forme embryonnaire dans la mesure où il pensait le gouvernement civil comme un moyen de sauvegarde et d'assurance de la propriété privée.

Au début des années 1980, l'État s'active à l'instauration du néolibéralisme : Margareth Thatcher en Grande-Bretagne et Ronald Reagan aux États-Unis d'Amérique. On observe désormais une forte montée de la prédominance et de la primauté de l'économie sur la politique. L'État se met au service de l'ordre du marché et les grandes puissances s'activent à l'imposer au reste du monde.

Ce sont les théories et les politiques néolibérales qui ont désengorgé l'initiative individuelle et ouvert la voie au fulgurant progrès matériel. Néanmoins, les dirigeants des deux États ci-dessus cités n'ont pas daigné se défaire, tant soit peu, de leur monopole sur l'administration et l'émission de la monnaie et ont préféré en faire une chasse gardée. Cependant, l'instinct de conservation de pouvoir des dirigeants ne saurait contenir la mobilité incandescente du néolibéralisme. Toutes les forces ont été libérées et rien ne semble plus arrêter la liberté et l'initiative individuelle. C'est ce qui a conduit à l'émergence des cryptomonnaies. Les gouvernements s'emploient à les combattre, soit en empêchant leur prolifération, soit en réclamant le monopole sur leur administration. Sur ce second volet, le projet de cryptomonnaie *Sangocoin* nourri par le Président de la République centrafricaine Faustin Archange Touadera a été mal appréhendé par la Banque des États de l'Afrique Centrale (BEAC), banque prétendument centrale de l'Union Monétaire de l'Afrique Centrale (UMAC) qui ne jouit pas d'autonomie à cause de la forte mainmise de la France qui possède toutes les prérogatives sur l'émission du franc CFA. La BEAC a alors demandé que le *Sangocoin* soit soumis aux mêmes règles qui président au contrôle et à l'émission de sa monnaie. Elle s'inquiétait en effet de la tendance à l'autonomisation de la Centrafrique qui avait déjà légalisé l'usage du Bitcoin sur son territoire. Ceci nous permet de ressortir les enjeux de la cryptomonnaie pour les pays francophones incessamment malaisés par la France. Mais avant, il nous faut achever l'analyse de l'hypothèse de l'État au service de la cryptomonnaie.

L'initiative du gouvernement centrafricain, à côté de celle prise par la République du Salvador en 2021, est inédite. Des pays économiquement faibles qui optent pour la légalisation de la cryptomonnaie. Néanmoins, ceux-ci ne le font pas parce qu'ils veulent délibérément se mettre au service du néolibéralisme, mais le font dans l'optique de répondre à des situations conjoncturelles défavorables. Or, dans la théorie néolibérale, celle hayékienne par exemple, l'État est au service de l'ordre du marché, et dans cette perspective son intervention doit être juridique, comme l'ont souligné Dardot et Laval. Si on applique le même principe à la théorie monétaire, l'État, au lieu de lutter à maintenir son monopole, accompagnerait plutôt les monnaies privées en leur assurant un cadre propice, en veillant à ce que leur fonctionnement soit sain, ceci en combattant les velléités d'escroquerie et de malversation. L'affaire FTX qui met en évidence le soutien des commis de l'État à la supercherie montre à suffisance que le problème des cryptomonnaies ne réside pas dans leur nature, mais dans la cupidité de l'homme. Le gouvernement pourrait orienter son action vers la définition d'un dispositif juridique formel de protection de ces monnaies libres contre les fraudes et les malversations. L'intervention étatique aura bel et bien lieu, non pas de façon administrative comme l'envisagent l'Union Européenne et la Banque Centrale Européenne, mais conformément à l'idéal d'encadrement, d'accompagnement néolibéral. Locke n'était-il pas fondé d'estimer que c'est en vue de sauvegarder et de protéger la *property* que les hommes passent de l'état de nature à l'état civil ? Conformément à cet idéal, les gouvernements ne joueraient pleinement leur rôle que lorsqu'ils assureraient une sûreté aux utilisateurs des cryptomonnaies. Déroger à ce rôle principal de sûreté, c'est s'éloigner de ce pour quoi le gouvernement a été institué. Soutenir ou couvrir l'escroquerie et la malversation financière, c'est se présenter lui-même (gouvernement) comme le danger et l'insécurité qu'il a été établi pour combattre.

3.2 Les enjeux pour les pays africains de la zone franc CFA

Les cryptomonnaies font face, dans la plupart des pays africains qui les utilisent, aux limitations gouvernementales comme en Occident. Ce combat est plus acharné au Nigeria où le gouvernement oppose des restrictions drastiques à l'usage de ce type de monnaie. Il faut le préciser, ceci s'observe beaucoup plus dans les pays qui jouissent d'une certaine autonomie monétaire. Pour les pays monétairement dépendants, la situation est toute autre. La cryptomonnaie leur apparaît comme un moyen d'émancipation. C'est le cas, par exemple, de la République centrafricaine, comme nous l'avons souligné. La légalisation de ce type de monnaie par des pays qui ne jouissent pas d'une réelle autonomie est un moyen de libération. La monnaie libre, en tant que facteur de la liberté, favorise autant l'initiative individuelle que la libération des États faibles qui sont tenus par une monnaie hyper centralisée administrée par le néo colon. Si les États africains qui utilisent le franc CFA peinent donc à se libérer de la domination monétaire française, ils pourraient trouver solution dans l'adoption de la cryptomonnaie. Ici, il est moins question d'une avidité pour la liberté qu'une solution *ad hoc* qui participe d'un projet de libération de l'Afrique initié depuis longtemps par Kwame Nkrumah, libération qui chez ce dernier trouvait sa concrétisation dans le « consciencisme » et le panafricanisme. L'impérialisme toujours régnant, il faut travailler à la libération des opprimés que sont les africains. Si la volonté politique y est, l'opportunité peut être saisie et exploitée. Il s'agit dans cette logique d'utiliser les moyens propres à l'Occident pour combattre son hégémonie et son oppression. Moyens propres à l'Occident parce que la cryptomonnaie repose sur un fondement éminemment occidental, à savoir la liberté individuelle (l'individualisme).

CONCLUSION

La cryptomonnaie est la résultante de deux facteurs : l'ascension gravissime du néolibéralisme commandant à la privatisation totale de l'économie et la révolution numérique qui a ouvert la voie à la dématérialisation. L'accomplissement total de cette propension semble n'être qu'une question de temps, en dépit des tentatives de limitations gouvernementales qui peuvent ralentir le processus, mais ne peuvent l'arrêter. Depuis l'application des politiques néolibérales à partir des années 1980 et depuis la révolution numérique des années 1990, le monde est, sur ce double plan politique et technologique sous-tendu par une vision économiciste, sur une pente ascendante vers la libéralisation totale et dans une logique de non-retour. L'occasion faisant le larron, les pays africains de la zone franc peuvent, grâce à l'utilisation des cryptomonnaies, s'émanciper du néocolonialisme dont l'usage du franc CFA est un avatar. La cryptomonnaie est donc un facteur de liberté et de libération.

Références

Aristote (1874), *La Politique*, Paris, Librairie philosophique de Ladrange.

Chatué Jacques et Sikati Daniel Joël, « Inscription hypermoderniste de la philosophie économique néolibérale de Friedrich August Von Hayek », *Cahiers de l'URPHISSA*, n° 1, Université de Dschang, décembre 2021, p. 13-36.

Dardot Pierre et Laval Christian (2009, 2010), *La nouvelle raison du monde. Essai sur la société néolibérale*, Paris, La Découverte, 497 p.

Ferec Antoine, « Quel est l'impact écologique des cryptomonnaies ? », <https://www.weareclimbb.fr>, consulté le 27 décembre 2022.

Ferguson Adam (1996), *An Essay on the History of the Civil Society,* trad. française : *Essai sur l'histoire de la société civile*, Lyon, ENS Editions, 2014, 724 p.

Hayek Friedrich (1976), *The Denationalization of money*, trad. française : *Pour une vraie concurrence des monnaies*, Paris, PUF, 2015, 272 p.

Hayek Friedrich (1973, 1976, 1979), *Law, legislation and liberty*, trad. française : *Droit, législation et liberté. Une nouvelle formulation des principes libéraux de justice et d'économie politique*, Paris, PUF, 2007, 948 p.

Hayek Friedrich (1967), *Studies in philosophy, politics and economics,* trad. française : *Essais de philosophie, de science politique et d'économie*, Paris, Les Belles Lettres, 2007, 525 p.

Hayek Friedrich (1960), *The Constitution of Liberty*, trad. française : *La constitution de la liberté*, Paris, Litec, 1994, 300 p.

Lippert Anna, « Cryptomonnaies : le projet européen de réglementation met le secteur en émoi », *Les Echos*, 25 mars 2022,

<https://www.lesechos.fr/finance-marches/marches-financiers/cryptomonnaies-le-projet-europeen-de-reglementation-met-le-secteur-en-emoi-1396276 >, consulté le 23 décembre 2022.

Locke John (1689), *Two Treatises of Civil Government*, trad. française : *Traité du gouvernement civil*, Les classiques des sciences sociales, Québec, Chicoutimi, 2002, 381 p.

Mandeville Bernard, *La fable des abeilles*, suivie de *Recherches sur l'origine de la vertu morale*, Paris,
Institut Coppet, 2011,
<https://www.institutcoppet.org/wp-content/uploads/2011/01/La-fable-des-abeilles.pdf>, consulté le 04 janvier 202.3

Nkrumah Kwame (1976), *Le conscciencisme*, Paris, Présence Africaine, 141 p.

Popper Karl (1945), *The Open Society and its Enemies*, trad. française : *La société ouverte et ses ennemis*, Tome 1, Paris, Seuil, 1979, 352 p.

Smith Adam (1776), *An inquiry into the nature and causes of the wealth of Nations,* trad. française : *Recherches sur la nature et les causes de la richesse des nations*, Livre II : « De la nature des fonds ou capitaux de leur accumulation et de leur emploi », Québec, Chicoutimi, Édition électronique 2001, 214 p.

Vial Stéphane, « De quoi la révolution numérique est-elle la révolution ? », *in L'Être et l'Écran*, 2013, p. 19 à 30,
< https://www.cairn.info/l-etre-et-l-ecran--9782130621706-page-19.htm >, consulté le 4 janvier 2023.

DEUXIEME PARTIE

CRYPTOMONNAIE : DE LA LUNE DE MIEL À LA DESCENTE AUX ENFERS

Gilles Brice M'BAKOB
Faculté des Sciences économiques et de Gestion Appliquées,
Université de Douala

Résumé

Sur un échantillon de 20 cryptomonnaies, nous montrons dans cet article que ces dernières sont des monnaies d'un autre genre aux taux de changes extrêmement volatiles donnant des possibilités aux crypto-enthousiastes d'être riche en très peu de temps, au regard des rendements spectaculaires qu'elles offrent. C'est la lune de miel. Nous montrons toutefois, grâce au filtre de Hodrick et Prescott (1997), que cette lune de miel est la conséquence de la formation des bulles spéculatives répétitives qui, lorsqu'elles éclatent, ruine certains crypto-enthousiastes qui précédemment étaient en lune de miel : c'est la descente aux enfers. Par ailleurs, nous montrons que, grâce à un outil d'analyse technique comme la MMH et l'IFR, il est possible de s'éjecter des cryptofusées à temps avant leurs crashs. Enfin, nous montrons toujours grâce à l'analyse technique et grâce à la théorie des cycles qu'il est possible que les cryptoactifs se préparent pour un nouveau voyage en lune de miel aux environs de 2025.

Mots-clés : cryptomonnaie, Halving, bulle spéculative, *blockchain*, monnaie

INTRODUCTION

La crise financière de 2008 a certainement joué un rôle dans la détermination des cryptophiles épris de liberté, à créer une nouvelle monnaie qui ne saurait faire l'objet de seigneuriage. En réponse à ladite crise, s'est imposé le besoin d'une monnaie qui échappe au système bancaire traditionnelle et dont la quantité créée serait limitée et ne pourrait être modifiée, sauf par voie de consensus entre tous les utilisateurs. Ce qui relevait de l'impossible. Le bitcoin est la cryptomonnaie qui a réussi à gagner ce pari parmi toutes les autres initiatives de monnaies digitales qui ont toutes échoué. Satoshi Nakamoto, le pseudonyme créateur du bitcoin, n'a réussi là où les autres ont été tenus en échec, que grâce à l'invention de la *blockchain*, une base de données distribuée qui servirait en même temps de réseau de circulation de sa monnaie. En l'espace de 10 ans, le bitcoin et les cryptomonnaies dont il a permis la naissance sont devenus des phénomènes suscitant à la fois passion et réflexion tant dans le milieu non académique que dans le milieu universitaire. Pour les uns, c'est ce qui sortirait tout le monde de la pauvreté, pour les autres, cela ne sert à rien. Pour certains, c'est la plus grande arnaque du siècle, pour d'autres c'est une innovation financière dont il faudrait exploiter. Beaucoup de bruits avec raison, parce que jusqu'à nos jours, aucun actif financier ou monétaire n'a pu atteindre 12000 % de rendement en 12 ans, ce que bitcoin et les autres cryptomonnaies ont réussi à faire. Le bitcoin est passé de 0,05 dollar l'unité en 2009 à 60 000 dollars l'unité en 2020. Pas étonnant que les crypto-enthousiastes associent les cryptomonnaies à des fusées s'en allant à la lune. Chaque cryptomonnaie qui a été créée après le bitcoin avait pour objectif d'arriver à la lune avant le bitcoin. La course pour la lune fit naître pas moins de 15000 crypto actif de 2009 jusqu'à nos jours, donnant naissance à un marché des cryptomonnaies dont la capitalisation a connu une évolution extraordinaire. De 100 millions de dollars de capitalisation en 2012, le marché de la cryptomonnaie est passé à plus de 2500 milliards de dollars de capitalisation en fin 2021.

Cette évolution a suscité et continue de provoquer un intérêt particulier chez les chercheurs. Les articles, les mémoires, les thèses s'écrivent sur le sujet. Les travaux jusqu'ici ont porté sur les applications économiques de la *blockchain*, la nature monétaire du bitcoin et autres cryptomonnaies, la réglementation du marché de la cryptomonnaie, les déterminants de la volatilité des cryptoactifs, tous visant à orienter la politique publique. Par contre, est bien chétif le volume de travaux visant à orienter les décisions des investisseurs très souvent néophytes, les travaux scientifiques visant à faire connaître aux investisseurs les opportunités et les dangers liés aux cryptomonnaies, les travaux leur permettant de comprendre comment fonctionne le nouveau marché, ainsi que les travaux sur les stratégies qu'ils peuvent utiliser pour se positionner ou sortir au bon moment sur le marché. Il est nécessaire de mener de tels travaux, car au regard de la volatilité du marché des cryptoactifs, les investisseurs non avertis se ruinent chaque jour, surtout en période de formation de bulle spéculative sur les cryptoactifs. Notre travail s'inscrit dans cette logique et a pour but d'utiliser une démarche scientifique pour sensibiliser l'investisseur, sur les opportunités de rendement extraordinaires qu'offre le marché et pour montrer de façon concrète quand ils peuvent entrer ou sortir du marché afin d'éviter les désagréments dus au crash des cryptofusées et de profiter pleinement des rendements réalisés. Pour parvenir à nos fins, nous montrons en première partie que les cryptomonnaies sont des monnaies d'un autre genre, ensuite nous montrons en deuxième partie que les cryptomonnaies sont des cryptofusées qui peuvent emmener à la lune de miel de la liberté financière. En troisième partie nous montrons que les rendements extraordinaires sur les cryptoactifs sont la résultante des bulles spéculatives dont l'éclatement entraîne des pertes entières de capital. Enfin en quatrième partie, nous montrons la démarche qu'un investisseur peut prendre pour investir au meilleur moment et sortir du marché au meilleur moment avant tout éclatement de bulle de cryptoactifs.

1. LES CRYPTOMONNAIES, DES MONNAIES D'UN AUTRE GENRE

1.1 Des lignes de code comme monnaie ?

Le débat parmi ceux qui défendent l'approche fonctionnelle de la monnaie a fait rage sur la problématique de savoir quelle doit être la nature de la monnaie. Selon l'approche fonctionnelle, la monnaie a trois fonctions :

- La fonction de réserve de valeur, autrement dit la monnaie doit être stable pour pouvoir transférer la valeur d'aujourd'hui dans le futur.

- La fonction d'unité de compte. La monnaie doit servir de numéraire, sans quoi on ne pourrait vraiment connaître la valeur absolue d'un bien.
- La fonction de facilitateur des échanges. La monnaie doit pouvoir faciliter les transactions en éliminant le défaut de la faible probabilité de double coïncidence dans un contexte ou la taille de l'univers des transactions est très importante.

Si ces économistes sont unanimes sur les fonctions d'une monnaie, ils ne sont pas unanimes sur ce que doit être sa nature. Pour les métallistes, on ne peut parler de monnaie que s'il est un métal ayant une valeur intrinsèque. Parce que les gens les acceptent à cause de leurs valeurs intrinsèques. Pour les fiducistes les gens n'acceptent la monnaie que sur la base de la confiance que d'autre l'accepteront à leur tour. Il deviendrait difficile de trancher si de nos jours nos billets de banques étaient rattachés à un métal précieux qui lui servait de couverture. Or nos billets de banques ne sont rattachés qu'à la dette. La monnaie ici n'est qu'un simple papier. Et pire encore, l'avènement des appareils électroniques et des technologies de l'information ont fait apparaître une nature assez bizarre de la monnaie. La monnaie est devenue invisible comme l'air, et tout comme l'air, on sent juste ses effets sur nous. Un marchant par exemple qui accepte du *mobile money* et que vous avez du mobile money, nul besoin de pièce ou de billet pour que la troisième fonction de la monnaie soit exécutée. D'où la question de savoir : si une chose remplit les trois fonctions de la monnaie, ne peut-elle pas de fait devenir ou servir de monnaie ? À l'affirmative, même l'air que nous respirons peut devenir dans un certain contexte de la monnaie. On s'en convainc en regardant une production cinématographique comme « Time Out ». Dans ce film c'est l'unité de temps de vie qui réalise les trois fonctions que nous avons précédemment citées. On paye tout en unité de temps. Ainsi, le plus riche est celui qui détient la plus grande quantité d'unité de temps, et, curieusement, le plus riche, c'est le banquier des unités de temps. La monnaie peut donc être n'importe quoi, il suffit que la communauté par un contrat social décide de l'accepter. Que dire donc des cryptomonnaies ? Des lignes de code informatique sont-elles des formes de monnaie ? Dans la mesure où nous avons compris qu'un débat sur ce que doit être la nature de la monnaie est inutile, alors on peut répondre aisément par l'affirmative. Oui des lignes de code peuvent servir comme monnaies et réaliser parfaitement les trois fonctions d'une monnaie.

1.2 Mode d'émission atypique

L'on entend souvent dire qu'une cryptomonnaie doit nécessairement être décentralisée ; émise par un agent privé et coté à la bourse des cryptomonnaies sans quoi elle n'en est pas une. Accepter cela c'est accepter que la nature de la monnaie dépende de la façon qu'elle est émise et la façon dont elle est gérée. Or il y a une réelle indépendance entre les deux. Pour tout dire, ce n'est pas la décentralisation, ni la cotation sur *coinmarket cap*, ni même encore le fait que ce ne soit pas l'État qui soit l'émetteur qui fait d'une ligne de code ce qu'elle est. Une ligne de code est une ligne de code point. Si quelque chose est une ligne de code cachant des informations cryptées qui représentent un numéraire, c'est une cryptomonnaie.

1.3 Résistance à la censure

Si nous avons compris ce qu'est une cryptomonnaie et qui peut l'émettre, nous comprendrons que la résistance à la censure reconnue aux cryptomonnaies actuelles n'est possible que pour des cryptomonnaies décentralisées ayant dans le réseau un assez grand nombre de nœuds suffisamment dispersés dans le monde. En bref, la résistance à la censure n'est possible que si une cryptomonnaie est apatride. Dans ce sens le bitcoin par exemple remplit toutes les caractéristiques d'une monnaie pouvant résister à la censure. Pour y apporter une évolution en termes de censure, le seul moyen, c'est que toute la communauté des utilisateurs, des développeurs et des mineurs soit d'accord, chose qui n'est pas facile. Pour que les gouvernements fassent évoluer le système bitcoin dans un cadre réglementaire qu'ils désirent, il faut qu'il y ait coordination entre eux. Or dans un monde où on voit de plus en plus de la polarisation sur le plan géostratégique, une coordination mondiale en vue d'apporter une modification sur le bitcoin s'avère impossible. La seule solution réside dans la taxation pour dissuader les gens à moins l'utiliser, et encore faut-il que cette taxation soit universelle pour qu'elle soit pleinement efficace. Si un pays taxe et que le pays voisin ne taxe pas, il suffira d'ouvrir un compte dans ce pays voisin, d'y faire son retrait puis de passer par le marché de change traditionnel pour revenir à sa monnaie d'origine.

1.4 Réseau monétaire décentralisé et transmission monétaire de pair à pair

La désintermédiation financière observée dans les principales cryptomonnaies actuelles est une nouveauté qu'on n'avait jamais vue au paravent, et dont on ne pouvait jamais imaginer qu'elle pouvait être une caractéristique de la monnaie. Plus concrètement il s'agit de la transmission de pair à pair sans tiers de confiance. La monnaie se transmet de vous à moi comme un message sans qu'il y ait besoin d'un centre de stockage unique qui soit gardien de la longévité de la valeur. C'est véritablement une innovation monétaire et financière.

1.5 Un système monétaire numérique propre à taux de change flexible

Comprendre le système de change des cryptomonnaies est important pour pouvoir saisir pourquoi ils peuvent réaliser des rendements dépassant les bornes traditionnellement acceptées. Les cryptomonnaies actuelles évoluent dans un régime de change flexible. Concrètement, les cryptomonnaies s'échangent entre elles d'une part, et entre elles et les monnaies gouvernementales d'autre part, sous forme de troc. Ainsi, leurs prix relatifs peuvent fluctuer en longueur de journée conformément à la loi de l'offre et de la demande. Si leurs valeurs peuvent fluctuer, à l'exception de celle qu'on appelle les *stablecoin*, cela veut dire que comme toute bonne marchandise, une cryptomonnaie peut valoir 01 dollar le matin et valoir 05 dollars le soir si la demande par rapport à son offre a été très forte durant la journée.

2. LES CRYPTOMONNAIES, DES FUSEES POUR LA LUNE DE MIEL

2.1 Possibilité de rendement extraordinaire

S'il est vrai que traditionnellement la lune de miel désigne un retrait des mariés pour profiter du bon temps, et goûter à tous les bons plaisirs de la vie, il est aussi vrai que cela n'est possible sans argent, l'argent est la fusée qui emmène les mariés à la lune où coule du miel. Or les cryptomonnaies se proposent d'être des fusées qui vous feront aller goûter à tous les bons plaisirs de la vie, voyager en première classe pour Dubaï, ou naviguer dans les plus belles chaloupes de Venise. Par quelle magie ? C'est qu'elles pourront valoir par le jeu des fluctuations un dollar le matin et en valoir 10 le lendemain, même si nous exagérons un peu. L'image du *Dogecoin* (Figure1) actuellement neuvième cryptomonnaie selon le classement *coinmarketcap,* est assez illustratif de ce que nous essayons de dire. Dire qu'une cryptomonnaie vous emmènera en lune de miel, c'est dire qu'elle vous promet un rendement extraordinaire qui vous permettrait d'atteindre une véritable liberté financière et goûter à tous les plaisirs de la vie. Les crypto-enthousiastes aiment dire « don't FOMO we go to the moon»

Figure 1. Dogecoin allant à la lune

Source : FOP119

2.2 Aller sur la lune pendant le bull *market*

Personne ne peut entrer dans l'univers des cryptomonnaies sans être familier à l'expression *bull market.* Elle désigne la saison pendant laquelle les cryptos fusés mettent du plein gaz pour exploser les records de rendement en l'espace de 7 mois en moyenne. Durant ces saisons on peut observer des rendements de 1000 % en moyenne. La dernière saison de *bull market* a commencé en mai 2019. Grâce à un échantillon des 20 premières cryptomonnaies, nous pouvons explorer les rendements qu'un investisseur pouvait réaliser sur le marché, entre cette date et le 16 avril 2021, date du pic le plus élevé. Le rendement est calculé en utilisant la formule suivante.

$$rendement = \frac{prix_{16/04/2021} - prix_{15/05/2019}}{prix_{15/05/2019}} X100$$

……………………………………..(1)

Trois catégories de cryptomonnaie ressortent dans notre échantillon. Les cryptomonnaies ayant des rendements entre « 300 % et 800 %, les cryptomonnaies ayant des rendements compris entre 800 % et 4444 % et enfin des cryptomonnaies ayant un rendement compris entre 6000 % et 47000 %. Dans la première catégorie, les rendements ont respectivement été 767,91 % pour le NEM ; 671,82 % pour le BITCOIN ; 681,82 % pour le MONERO ; 616,68 % pour l'IOTA ; 551,12 % pour STELLAR ; 549,55 % pour TEZOS ; 475 % pour COSMOS ; 457,69 % pour TEZOS ; 409,4 % pour RIPPLE et 385,14 %. Un investisseur ayant constitué un portefeuille avec ces différentes cryptomonnaies aurait réalisé un rendement moyen de 551,70 %.

Figure 2. Cryptomonnaies ayant réalisé un rendement entre 350 % et 768 % en mai 2019 et avril 2021

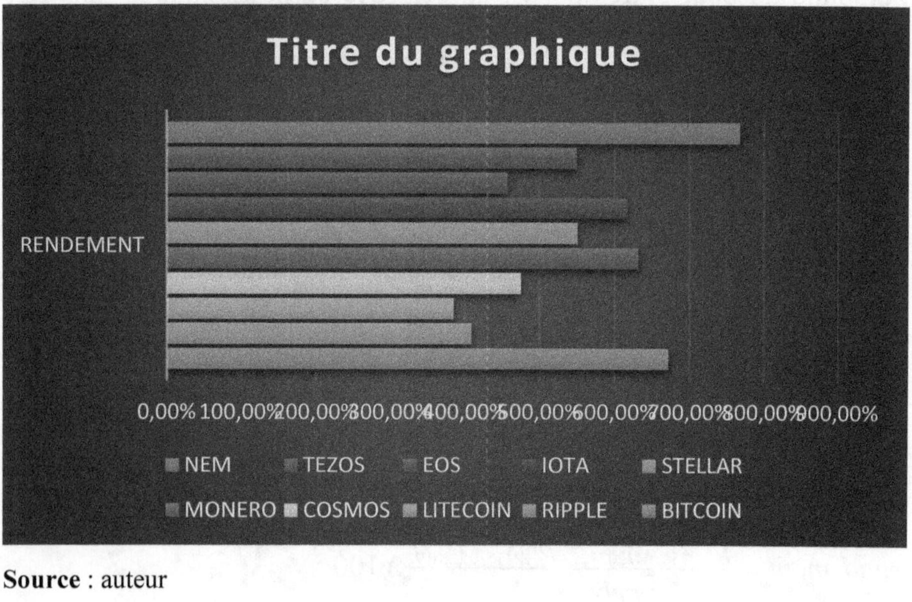

Source : auteur

Dans la deuxième catégorie, les performances ont été respectivement de 4444,65 % pour CHILIZ ; 3378,95 % pour BINANCE ; 2208,52 % pour CARDANO ; 2110,49 % pour ETHEREUM ; 1517,67 % pour SIACOIN ; 945,45 % pour NEO et 813,20 % pour GOLEM. Un investisseur ayant constitué ce portefeuille aurait eu un rendement moyen de 2303,69 %. Il aurait donc multiplié son argent par 23.

Figure 3. Cryptomonnaies ayant réalisé un rendement entre 800 % et 4445 % en mai 2019 et avril 2021

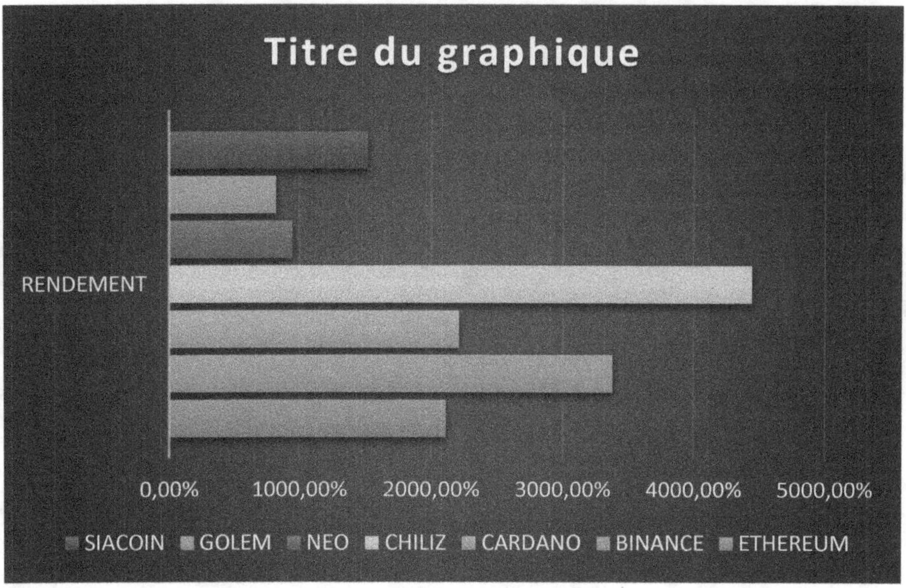

Source : auteur

Dans la troisième catégorie, les rendements ont été au-dessus de 5000 %. En tête de liste POLYGONE avec une réalisation de 43653 % ; suivi de DOGECOIN avec 21536,92 % et enfin SYNTHETIX, dont le rendement a été de 6506,96 %. Le rendement moyen d'un portefeuille constitué de ces trois cryptomonnaies a été de 24565,86 %, soit une multiplication par 245,65 de sa mise initiale. Un investisseur pouvait donc partir d'une mise initiale de 1000 dollars en mai 2019, se retrouver avec un portefeuille d'une valeur de 200 000 dollars en avril 2021.

De façon générale, le rendement moyen d'un portefeuille composé de toutes les cryptomonnaies, de notre échantillon aurait produit un rendement moyen de 4731,98 %, soit une multiplication de sa mise initiale par 43,31.

**Figure 4. Cryptomonnaies ayant réalisé un rendement entre 6500 % et 43700 %
en mai 2019 et avril 2021**

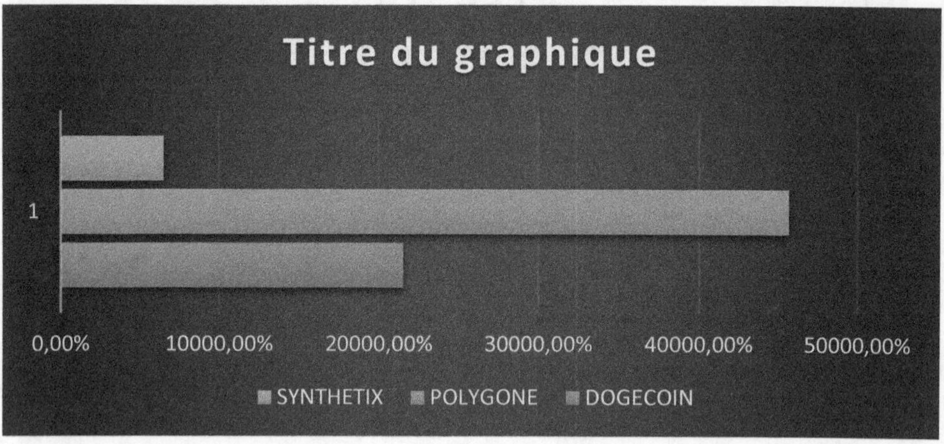

Source : auteur

2.3 Aller sur la lune avec les pépites

Au-delà des cycles de *bull market* qui permettent de réaliser des rendements défiants toute concurrence, il y a ce que les crypto-enthousiastes appellent les « pépites à surveiller » parce qu'elles peuvent décoller pour la lune à tout moment.

Les pépites sont les cryptoactifs issus des projets soit à fort potentiel d'impact soit qui ont bénéficié d'une communication agressive, réussissant de ce fait à gagner le cœur des « cryptomen » et « cryptowomen ». On les reconnaît soit par leur fort volume de négociations dès leurs émissions ou soit par leurs classements dans la liste des crypto projets analysés par des youtubeurs spécialistes. L'année 2020 a été l'année de floraison des pépites. Avec les pépites, un investisseur a un objectif de rendement de 1000% minimum en un an. Mais pour atteindre cet objectif, les investisseurs les achètent pendant la période de prélancement, c'est-à-dire avant la cotation sur une plateforme d'échange. En effet une fois la cryptomonnaie cotée, ceux qui ont raté le billet pour l'embarcation vers la lune se bousculent, ce qui crée un effet de demande. Voici quelques pépites sorties en 2020 : SOLANA ; POLCADOT ; AVALANCHE ; ELROND et UNISWAP. La moyenne de prix d'achat de l'une d'entre elles a été de 4 dollars en 2020 et en avril 2021, la moyenne de prix atteint sur le marché a été de 193 dollars. Pour ces pépites, les rendements ont été respectivement de 6350,00 % ; 2450,00 % ; 3100,00 % ; 6900,00 % et 1300,00 %.

Figure 5. Rendement des pépites de 2020

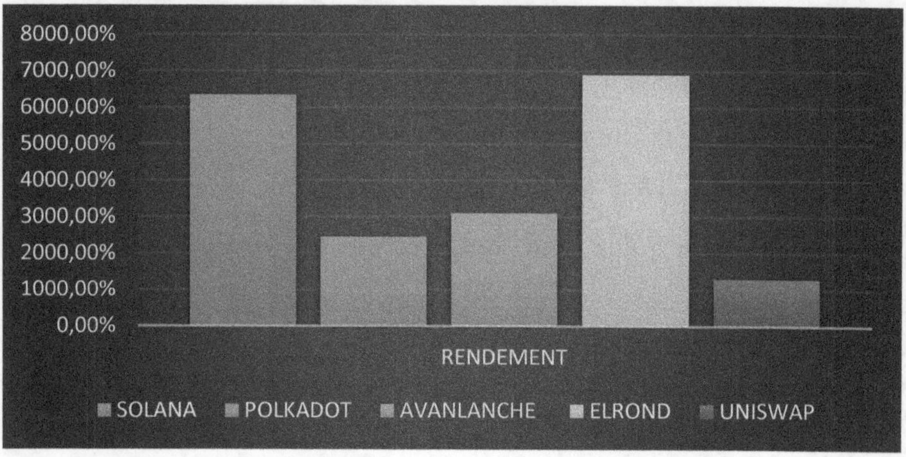

Source : auteur

Pour aller sur la lune, deux voies sont possibles : embarquer les cryptos fusés juste au début du *bull market* et cela, il faut savoir le repérer. Embarquer les pépites. Là encore il faut être un investisseur aguerri.

3. CRASH DES CRYPTOFUSEES EN PLEIN CŒUR DE LA LUNE DE MIEL

3.1 Le phénomène de bulle spéculative

Lorsque l'euphorie est grande sur le marché de la cryptomonnaie, c'est-à-dire au moment où les investisseurs pleurent de joie pour avoir vu leurs portefeuilles se multiplier par 10, ou encore, quand ils crient « gloire à la cryptomonnaie, enfin la liberté financière », on dit qu'ils sont en plein cœur de la lune de miel. Dans les réseaux sociaux, tout le monde semble vanter les mérites de la cryptomonnaie comme étant de nouvelles formes de monnaies qui vont révolutionner le monde, annihiler la pauvreté. La rationalité cède la place à la passion, laissant paraître les marques de ce que les économistes appellent bulle spéculative irrationnelle. On parle de bulle spéculative lorsque le prix d'un actif augmente de manière excessive, au-delà de sa valeur intrinsèque. Imaginons les maisons de bidonvilles qui normalement doivent valoir 500000 FCFA l'unité, mais que sans raison valable perceptible, on élève les enchères jusqu'à 10000000 FCFA l'unité. C'est une bulle spéculative. Une bulle est alimentée par des comportements spéculatifs. Lorsque des agents économiques anticipent, de manière exagérément optimiste, que les prix de certains actifs vont continuer d'augmenter, ils investissent dans ces actifs dans l'espoir de les revendre plus cher et de réaliser un profit.

Une bulle spéculative se déroule en 4 grandes phases. Premièrement il y a la vente des premiers tickets d'embarquement. Ici, seuls les initiés sont au courant et se positionnent rapidement lorsque le ticket d'embarquement est très moins cher. Ensuite, lorsque la fusée commence à décoller, on passe à la prise de conscience. Plusieurs investisseurs prennent conscience que la fusée s'en va. Nombreux ici sont ceux qui ne veulent pas rater la fusée. Des bousculades pour acheter les tickets se font et la fusée est propulsée. Vient la phase de mania, les initiés sentent le danger et sortent de la fusée en revendant leurs tickets à ceux qui sont dans l'euphorie de croire qu'ils gagneront à leurs tours parce que la fusée se propulsera indéfiniment. Alors, la fusée ayant mis du gaz plus qu'il n'en faut *crash*. C'est la phase d'éclatement. La figure ci-contre illustre bien ce qu'est une bulle spéculative.

Figure 6. Les principales phases d'une bulle spéculative

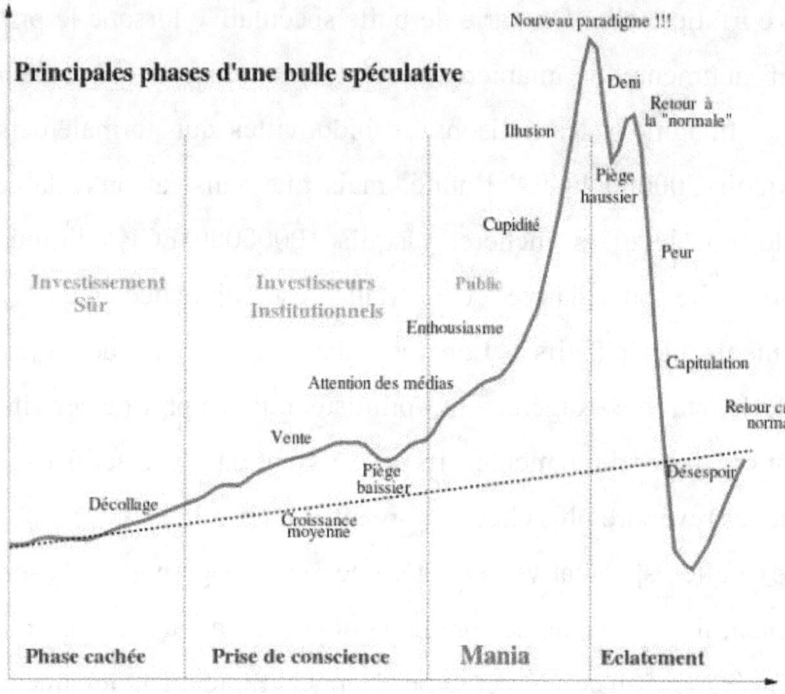

Source : Upside Bourse, <https://www.upsidebourse.com/bulle-speculative/>

3.2 Bulles spéculatives sur le marché des cryptomonnaies : le débat

Plusieurs chercheurs ont analysé le phénomène des rendements extraordinaires observés sur le marché de la cryptomonnaie, sur l'angle des bulles spéculatives. Les résultats de leurs recherches sont très souvent mitigés. Ainsi deux grands courants de pensée se forment. Les bitcoins rationalistes et les bitcoins sceptiques. Les bitcoins rationalistes sont ceux qui argumentent que la hausse fulgurante du prix du bitcoin est liée à l'intérêt qu'il suscite chez les marchands modernes qui pour la plupart vendent sur Internet et ont besoin d'un moyen de paiement plus efficace que les moyens de paiement électroniques qui engendrent des coûts de transaction énormes. L'adoption des cryptomonnaies est donc rationnelle, puisqu'elle est motivée par un désir de minimisation des coûts des entreprises. Pour certains, le bitcoin serait à la recherche de son prix d'équilibre, c'est-à-dire celui qui maximisera le profit des entrepreneurs numériques. Ce prix d'équilibre pourrait même être plus haut que celui affiché ce jour sur les tableaux de cotation. Il est donc hors de question selon eux de parler de bulle spéculative. En outre, ils rajoutent qu'en plus d'être utile, le bitcoin est rare, faisant référence aux 21 millions d'unités de bitcoin maximum à émettre pour une population mondiale de 8 milliards d'habitants. Si on croit cette théorie, on conclurait que les cryptomonnaies et le bitcoin en particulier évoluent normalement sur son sentier d'expansion. Cette argumentation n'est pas convaincante pour les cryptosceptiques, dont les résultats des travaux laissent présager des comportements moutonniers alimentant des bulles spéculatives. D'ailleurs, Shah[30]dit que rien de rationnel ne pouvait emmener des investisseurs à hypothéquer leurs maisons en 2017 pour acheter les devises numériques. Selon lui, la seule explication réside dans la frénésie médiatique qu'il y a eu en cette année. Tous les résultats convergent sur la conclusion que le comportement des prix en 2017 était explosif et

---

[30] Saqib Shah, "People are mortgaging their houses to buy bitcoin", 12 December 2017,
<https://www.engadget.com/2017/12/12/bitcoin-mania-mortage-house-investors/>

non linéaire, ce qui laisse indiscutablement penser à une bulle spéculative. D'autres vont même plus loin en démontrant que la valeur du bitcoin est nulle. Le prix observé n'est donc que le fruit d'une pure spéculation.

Le débat demeure donc encore sur la question de savoir si le crash des crypto-fusées est le produit d'une exubérance irrationnelle ou pas. Nous proposons une autre méthodologie pour nous positionner dans le débat. Nous vérifions s'il y a eu une bulle spéculative sur le marché de la cryptomonnaie en 2021 par le filtre de Hodrick et Prescott. Ce filtre permet de décomposer une série pour faire distinguer la tendance normale des fluctuations. Dans le cas d'une évolution normale des cours, les fluctuations des prix des cryptomonnaies ne devraient pas être loin de leurs tendances. Si les fluctuations sont très loin au-dessus de la tendance, la bulle spéculative est évidente.

Nous supposons que la série de prix y_t d'une cryptomonnaie est composée d'une composante tendancielle T_t , d'une composante cyclique C_t, et une composante d'erreur ε_t :

$$Y_t = T_t + C_t + \varepsilon_t$$

…………………………………………………………………………
…….(2)

Selon Hodrick et Prescott, il existe un λ qui permet de résoudre le problème suivant pour en ressortir la meilleure tendance, c'est-à-dire celle qui minimise les fluctuations.

$$\min_T\left(\sum_{t=1}^{T}(Y_t - T_t)^2 + \lambda\sum_{t=2}^{T-1}\left[(T_{t+1} - T_t) - (T_t - T_{t-1})^2\right]\right)$$

…………………………………………(3)

Ils recommandent de prendre $\lambda = 14400$

Étant donné que le BITCOIN et ETHEREUM à eux seuls dominent le marché à 60%, il n'est pas nécessaire de tester la bulle sur tout notre échantillon des 20 cryptomonnaies, car la bulle sur le BITCOIN(BTC) et ETHEREUM(ETH) impliquerait aussi la bulle sur les autres. Les autres cryptomonnaies suivent généralement la direction du BITCOIN.

Pour la période 2019-2022, l'analyse montre qu'il existe bien une bulle spéculative tant pour bitcoin que sur Ethereum. En effet, on peut percevoir sur la figure 6 ci-dessous que les fluctuations du prix (ligne bleue) ont été très au-dessus de l'évolution normale (ligne rouge) en 2021. Les prix ont bel et bien été explosifs. On peut se rendre compte qu'avant 2019, les prix suivaient bien la tendance, pour connaître une sous-évaluation entre 2019 et 2020, puis une explosion en 2021 et un *crash* en 2022. Les différentes phases d'une bulle spéculative telle que nous l'avons montré plus haut sont quasiment bien mises en évidence.

Figure 7. Bulles spéculatives sur BITCOIN et ETHEREUM en 2021

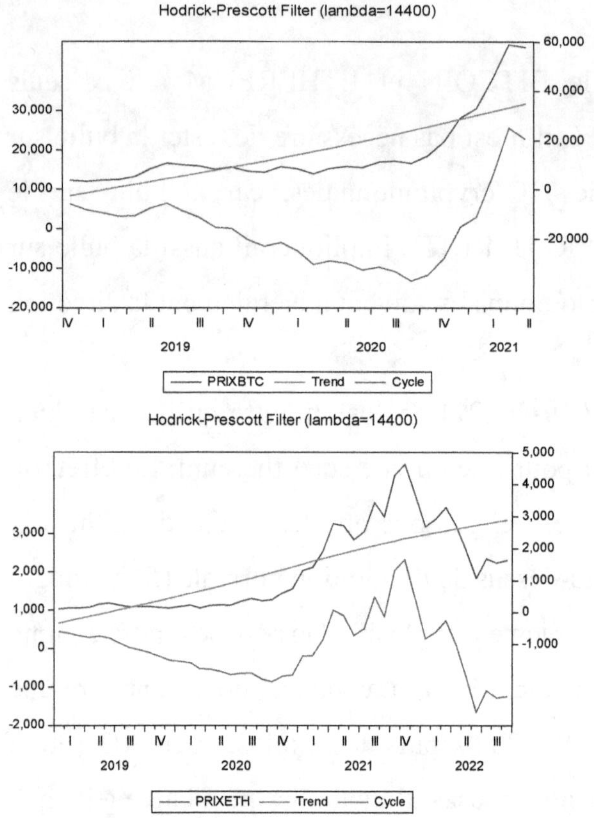

Source : auteur

3.3 Chute des cryptomonnaies, état des lieux des pertes

Le résultat précédent montre qu'il y a eu un *crash* des cryptofusées en 2022, ce *crash* a certainement plongé dans l'enfer des pertes les investisseurs non avertis qui ont acheté les cryptomonnaies vers le haut du pic. Pour faire l'état du bilan de la descente aux enfers après avoir été en plein cœur de la lune, nous exposons les pertes tout comme nous avons exposé les rendements par la formule suivante :

$$perte = \frac{prix_{15/11/2022} - prix_{15/04/2021}}{prix_{15/04/2021}} X100$$

……………………………………………(4)

Un investisseur ayant acheté des cryptomonnaies de notre échantillon en plein pic le 15 avril 2021 dans l'espoir que leurs prix continueraient à croitre, aurait perdu à ce jour 73,44 % sur le BITCOIN ; 64,81 % sur ETHEREUM, 58,40 % sur BINANCE ; 77 % sur RIPPLE, 84,73 % sur DOGECOIN ; 45,53 % sur POLYGONE ; 83,69 % sur LITECOIN : 53,70 % sur MONERO ; 86,01 % sur STELLAR ; 84,41 % sur CARDANO ; 73,45 % sur CHILIZ ; 90,65 % sur IOTA ; 94,01 % sur NEO ; 93,59 % sur EOS; 85,71 % sur TEZOS ; 92,97 % sur SYNTHETIX ; 95,94 % sur NEM ; 69,64 % sur GOLEM et 94,58 % sur SIACOIN. La perte moyenne sur un portefeuille composé des cryptomonnaies de notre échantillon serait de 78,77 %.

Figure 7. Pertes réalisées sur chaque cryptomonnaie de l'échantillon entre 2021 et 2022

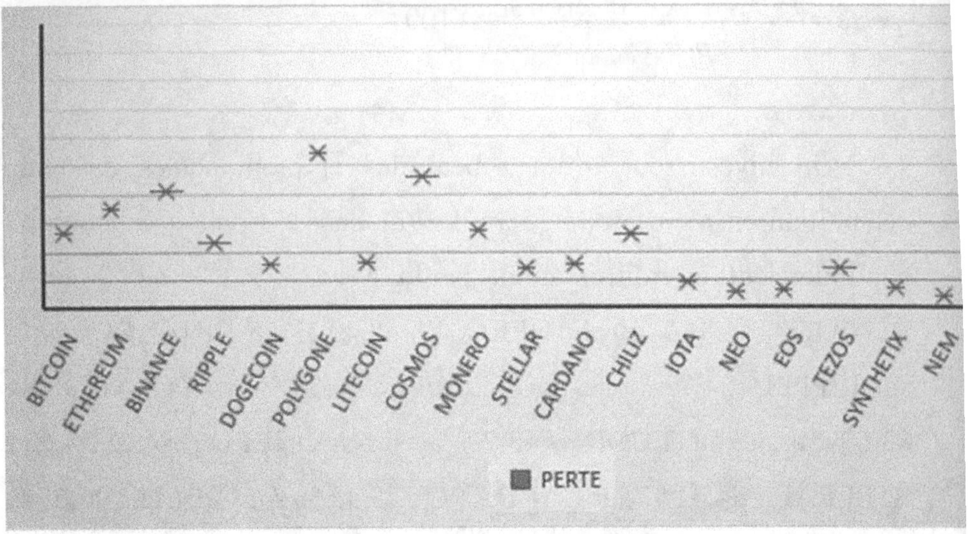

Source : auteur

Ce bilan est effrayant dans la mesure où, il est mis en évidence le fait qu'un investisseur peut se ruiner en un an en moyenne. Une personne ne devrait s'aventurer dans l'investissement en cryptomonnaies que si elle réunit les conditions suivantes :

- Elle comprend bien le fonctionnement du marché,
- Elle est capable d'identifier les pépites et se positionner pendant le pré lancement où la valeur est encore extrêmement basse,
- Elle peut se positionner juste au début d'un éventuel *bull market*,
- Elle est capable de sortir du marché autour du pic d'une bulle spéculative.

Si un investisseur réunit ces conditions, il peut bien profiter des bulles spéculatives récurrentes sur le marché des cryptomonnaies. Ce marché peut véritablement le rendre hyper riche en très peu de temps. Nous montrons un moyen par lequel un investisseur peut non seulement embarquer à temps dans les cryptofusées, mais aussi s'éjecter à temps avant leur crash.

4. VOIE DE SAUVETAGE POUR UNE PLEINE JOUISSANCE DE LA LUNE DE MIEL

4.1 Peut-on recourir à l'analyse technique pour prédire le crash d'une bulle ?

L'analyse technique est l'étude du comportement du marché grâce à la modélisation des données historiques des prix. On prend les données historiques et on y fait émerger un ou plusieurs modèles de comportement du marché à l'aide d'un indicateur technique. Les indicateurs techniques, il en existe des milliers et chaque trader utilise chacun selon son goût. L'analyse technique fait donc recours aux mathématiques pour modéliser les séries sur les prix, mais il n'est pas nécessaire d'être doué en mathématique pour pouvoir se servir de l'analyse technique. L'analyse technique est utilisée en vertu de l'hypothèse que le marché a une mémoire et qu'il existe des modèles ou scénarios prédictifs dans les prix passés. Il suffit donc de revoir apparaître le modèle dans le présent, et on consulte le passé pour voir comment le marché s'était comporté lors de l'apparition du scénario. Deux courants s'affrontent sur le caractère prédictif de l'analyse technique, à savoir l'école de l'efficience des marchés et l'école des marchés non parfaitement efficients.

Pour les défenseurs de l'efficience des marchés, personne ne peut prédire l'évolution future du marché sur le long terme, parce que les prix suivent une marche purement aléatoire. Tous les prix sont équiprobables. Vouloir prédire la direction du marché sur le long terme, c'est comme jouer à un jeu de pile ou face avec une pièce de monnaie non truquée. Un *trader* peut donc bien prédire sur le court terme, mais, pour qu'il soit gagnant sur le marché, il faut qu'il soit capable de demeurer sur une longue période. Comme sur la longue période le marché est efficient, il finira par perdre. Il est donc inutile de vouloir prédire l'évolution des prix en se servant uniquement des données historiques. Par contre, pour les défenseurs de l'analyse technique, le marché n'est pas parfaitement efficient sur du long terme, à cause des biais comportementaux des intervenants. Certains comportements manifestés par certains agents sont cycliques parce que ces derniers suivent forcément un indicateur pour pouvoir prendre une décision d'achat ou de vente. On assiste alors à l'autoréalisation des évènements qu'on peut modéliser sous forme de scénario prédictif. Cette explication se heurte cependant à la critique selon laquelle, même si les *traders* utilisant l'analyse technique sont les plus nombreux sur le marché et déterminent de ce fait le mouvement des prix, *le trading* spéculatif s'assimilerait à un jeu à sommes nulles. La seule solution pour réussir dans le marché serait de toujours faire entrer son ordre un peu plus tôt que le reste du marché. Cette critique a été la pierre angulaire qui a donné naissance au *trading* haute fréquence.

4.2 Prédiction à l’aide de la moyenne mobile de Hull

Pour modéliser certains scénarii, les *traders* utilisent très souvent la moyenne mobile. Il existe une très large gamme de moyennes mobiles. La moyenne mobile de plus en plus prisée par les *traders* est la Moyenne Mobile de Hull (MMH). En effet, cette moyenne mobile suit les prix avec moins de retard que les autres moyennes mobiles. Comme on l’a vu, les indicateurs peuvent bien prédire, mais avec retard, or c’est celui qui passera son ordre avant les autres qui finira par s’en sortir. Si donc des *traders* utilisent les moyennes mobiles autres que celles de Hull, celui qui utilise cette moyenne mobile, aura plus de chance de réussir que les autres. La moyenne mobile développée par Alan Hull, est celle qui induit le plus petit retard, avec pour but de coller au plus près des variations de cours pour permettre à l'investisseur de réagir rapidement. Sur la figure 8 ci-contre, on peut voir une moyenne mobile de Hull en noir, construite sur 50 périodes.

Figure 8. Une moyenne mobile de Hull sur 50 périodes

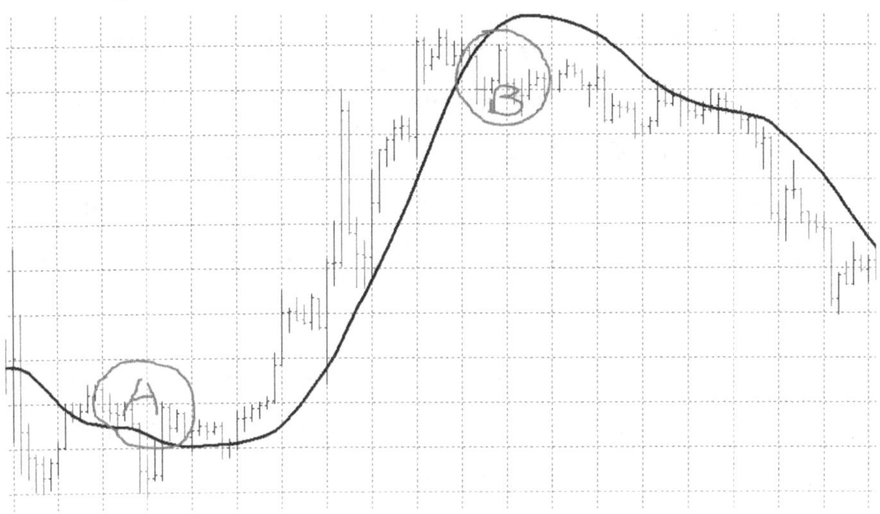

Source : auteur

En théorie, lorsque la série des prix passe au-dessus de la moyenne mobile comme en zone A sur la figure, cela présage un retour des prix à la hausse, et lorsque la série des prix passe en dessous de la moyenne mobile (zone B) cela présage une chute des prix.

4.3 Comment pouvait-on utiliser la MMH pour s'éjecter au bon moment lors des bulles crypto de 2017 et 2021 ?

Les années 2013, 2017, et 2021 ont été des années de bulles, mais les initiés de l'analyse technique pouvaient bien prédire le *crash* et s'éjecter des crypto-fusées alors que tous étaient en plein cœur de la lune de miel.

Nous avons vu que la bulle arrive lorsque les prix sont très loin au-dessus de la tendance normale. Ainsi, nous pouvons utiliser une moyenne mobile de Hull plus lente construite sur 350 périodes qui indiquerait la tendance normale et une moyenne mobile rapide construite sur 6 périodes qui indiqueraient l'évolution du prix. Si l'écart entre la moyenne mobile lente et la moyenne mobile rapide est très grand, il faut sortir du marché une fois que la séance de négociation en cours clôture à la baisse. Ou encore pour faire simple lorsque la boîte à moustache (bougie japonaise) en court clôture au rouge. Nous appliquons cette stratégie au bitcoin qui a été assez représentatif du comportement des investisseurs sur le marché de la cryptomonnaie.

Chaque bougie du bitcoin représente une séance d'un mois de négociation. Les bougies vertes représentent les mois qui ont clôturé à la hausse tandis que les bougies rouges représentent les mois qui ont clôturé à la baisse. La courbe bleue représente la moyenne mobile sur 350 (MMH350) périodes indiquant la tendance normale du bitcoin alors que la courbe vert-rouge représente la moyenne mobile qui suit le mouvement des prix (MMH6).

Sur la figure 9, on peut observer deux grandes périodes à savoir : la période allant du premier juillet 2015 au premier janvier 2017 et la période allant du premier avril 2017 au premier décembre 2017. Sur la première période, on observe que la MMH6 est dans le même sentier d'évolution que la MMH350, ce qui veut dire qu'il n'y avait pas lieu de s'inquiéter, on était à la phase de démarrage. Mais sur la deuxième période, on voit que la MMH6 commence à se détacher du sentier d'évolution de la MMH350 vers le premier avril 2017, pour suivre son propre sentier d'évolution, rompant ainsi avec la tendance de départ. L'écart se creusait significativement, tandis qu'au même moment les bougies clôturaient au vert. Il était question de demeurer sur le marché jusqu'à ce que se signale une bougie qui clôturerait au rouge, ce qui est arrivé en décembre 2017. Cette clôture signifiait que le marché avait perdu sa force acheteuse et se préparait à éclater pour retrouver son vrai prix situé sur sa vraie tendance. Ce vrai prix était autour de 500 dollars, alors que les prix étaient à 13000 dollars. Soit un écart représentant 25 fois le vrai prix. Donc c'est à la fin du mois de décembre 2017 qu'il fallait s'éjecter du marché des cryptomonnaies.

Figure 9. Bon moment pour sortir du marché des cryptomonnaies en 2017

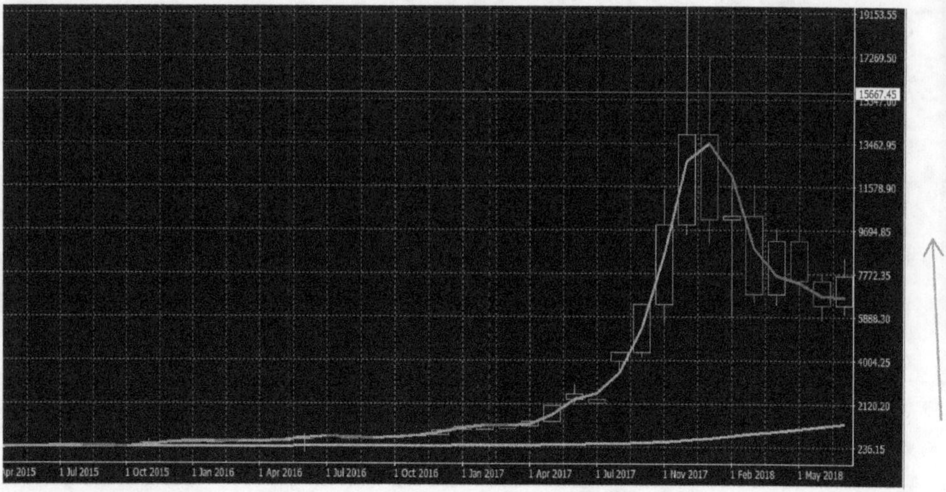

Source : auteur

Nous observons le même scénario dans la figure 10. Du premier mars 2019 au premier septembre 2020, la MMH6 et la MMH350 évoluent quasiment sur le même sentier d'expansion, mais il y a rupture en début novembre 2020. L'écart se creuse significativement tandis qu'au même moment, les bougies vertes s'enchaînent jusqu'au premier mars quand il y a clôture au rouge déclenchant l'alarme. Il fallait s'éjecter du marché à la fin du mois de mars 2020 au prix de 55000 dollars, alors que, le vrai prix du bitcoin, c'est -à-dire le prix situé sur la tendance normale (MMH350) était autour de 10000 dollars. L'écart était environ de 45 fois le prix normal.

Figure 10. Bon moment pour sortir du marché des cryptomonnaies en 2021

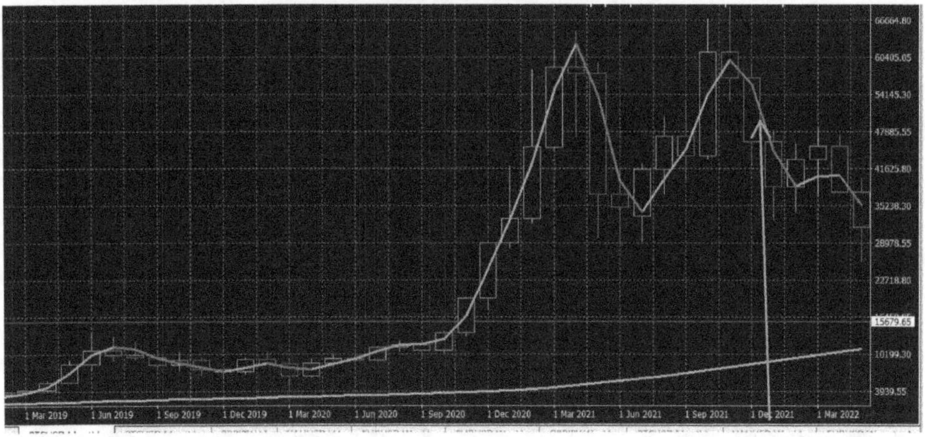

Source : auteur

5. CRYPTOFUSEES EN PREPARATION POUR UNE AUTRE LUNE DE MIEL AUX ENVIRONS DE 2025

5.1 La théorie des cycles applicable au marché des cryptos

La théorie des cycles est variée et imparfaite. Elle s'applique à l'économie et à la finance. On retrouve cependant des dénominateurs communs entre les théories des cycles les plus dominantes, notamment l'idée fondamentale de cycle : les phénomènes observés au cours d'un cycle sont amenés à se répéter dans les cycles suivants. Un cycle est caractérisé par sa période et son amplitude. Il a six phases, l'expansion, le Pic, le retournement ou crise la récession qui peut se transformer en dépression, le creux et la reprise. La période est la durée entre deux creux, tandis que l'amplitude est l'écart entre le prix au creux et le prix au pic.

Figure 11. Les parties d'un cycle

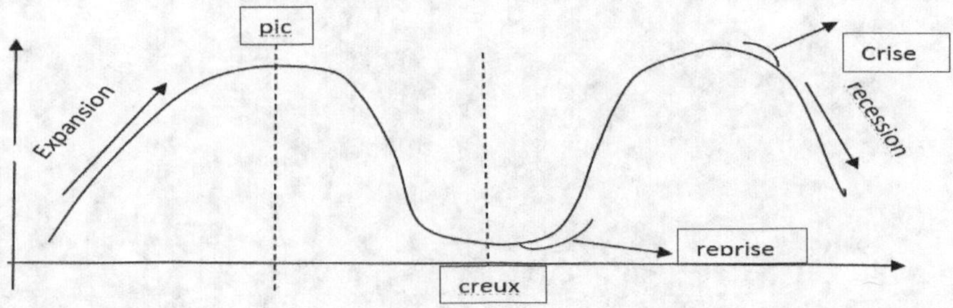

Source : auteur

Selon la théorie des cycles, pour savoir quand un phénomène risque de se répéter, il faut calculer la période moyenne du cycle qui est la moyenne arithmétique des périodes des cycles passés. Par exemple, en économie, le cycle Kitchin a une période moyenne de 4 ans ; le cycle Juglar a une période moyenne de 10 ans ; le cycle Kuznets a une période moyenne de 25 ans et le cycle Kondratiev a une période moyenne de 60 ans. Sur le marché de la cryptomonnaie, en appliquant l'indice de force relative [IFR[31]] sur le graphique du bitcoin, il émerge un cycle du bitcoin d'une période de 4 ans. En effet, on peut observer sur la figure ci-contre quatre creux de cycle, notamment 2011 ; 2015 ; 2029 et 2023. La durée moyenne entre deux creux est de 4ans. Le cycle du bitcoin a donc une durée de 4ans. On remarque aussi quelque chose d'intéressant, c'est que la durée entre le creux (2011) et le pic (2013) du premier cycle est de 2ans ; la durée entre le creux (2015) et le pic (2017) du deuxième cycle est de 2ans et la durée entre le creux (2019) et le pic (2021) est de

[31] IFR en anglais RSI fait partie des indicateurs d'analyse technique de la catégorie des oscillateurs. Cet indice varie entre 0 et 100

2 ans. Aussi, un fait marquant est que si à partir des pics (2013 ; 2019 ; 2021) on rentre d'un an, on tombe sur les années de *halving* du bitcoin que sont 2012, 2016 et 2020. Le *halving* du bitcoin est l'évènement qui arrive tous les 4 ans sur le protocole du bitcoin avec pour effet de diviser par 2 la quantité de bitcoins qu'on peut miner toutes les 10 minutes. Le premier *halving* a eu lieu effectivement en 2012, la capacité de minage du bitcoin est passée de 50 bitcoins toutes les 10 minutes à 25 bitcoins toutes les 10 minutes.

Figure 12. Le cycle de 4 ans du bitcoin mis en évidence par l'IFR

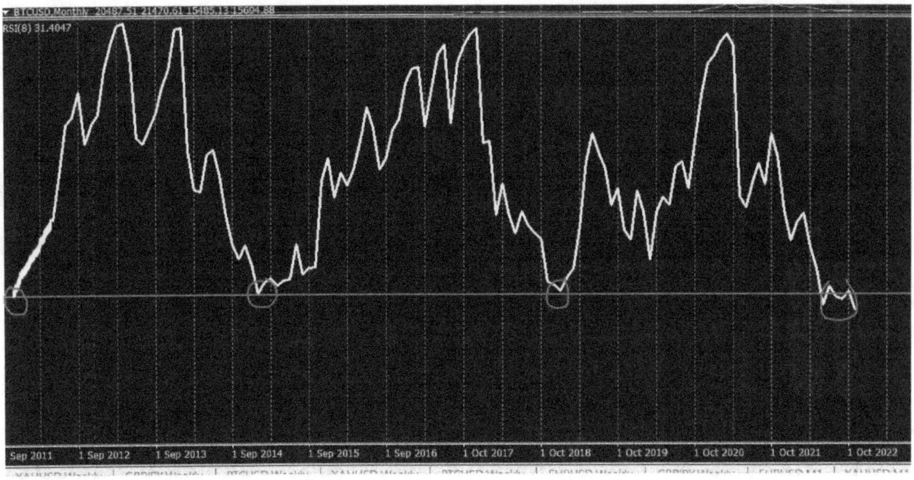

Source : auteur

5.2 Implication pour la détection des périodes favorables au départ à la lune

L'analyse précédente implique qu'on peut savoir quand se positionner sur le marché pour attendre le prochain départ des cryptofusées à la lune. Il suffit de compter à partir du précédent creux 4 ans, soit connaître l'année du *halving* et y ajouter 1 an. En suivant cette règle, sachant que le creux en cours est celui de 2023, le prochain creux serait vraisemblablement en 2027. Le prochain pic serait vraisemblablement en 2025, or 2025 correspond à 2024 qui est l'année du prochain *halving* ajouté d'une année. Il est donc évident que c'est maintenant que les investisseurs initiés s'engagent en achat sur le marché des cryptomonnaies.

L'analyse technique peut aider à affiner sa prise de décision d'achat. En effet, si le comportement du bitcoin est cyclique, alors ce scénario peut être bien modélisé et mis en évidence par les MMH350 et MMH6, qui donneraient avec plus de précision le moment où il faut passer ses ordres d'achat des cryptomonnaies.

En observant les figures 12 et 13, on remarque qu'après le pic de 2013, la MMH est revenue jusqu'à la tendance (MMH350) et une fois la tendance atteinte, lorsqu'elle est passée de la couleur rouge à la couleur verte, les prix ont poursuivi leur chemin vers la hausse jusqu'au pic de 2017. Le même scénario est observé sur la figure 13. Après le pic de 2017, la MMH6 est revenue jusqu'à la tendance et puis lorsque la couleur du MMH6 est passée du rouge au vert, au niveau de la tendance, les prix ont suivi leur évolution à la hausse jusqu'au pic de 2021. Ainsi les meilleurs moments de passer les ordres d'achat des cryptomonnaies étaient respectivement dans les intervalles mars et juin 2015 puis décembre 2018 et janvier 2019.

Figure 12. Signal d'achat du bitcoin au creux de 2015

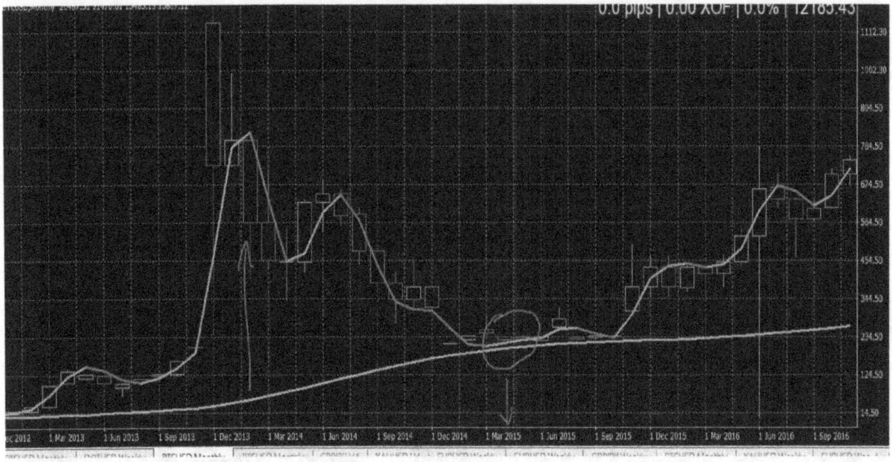

Source : auteur

Figure 13. Signal d'achat du bitcoin au creux de 2018

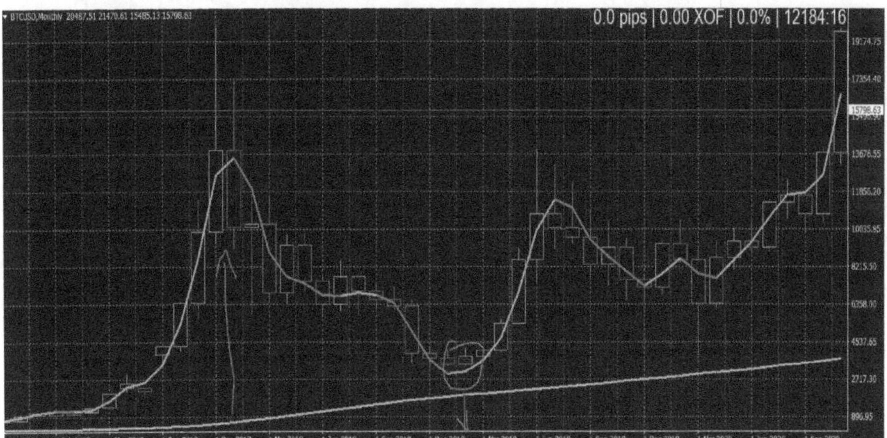

Source : auteur

En appliquant le même raisonnement précédent, on remarque sur la figure 14 que le même scénario est en train de se répéter. Après le pic de 2021, la MMH6 est revenue jusqu'à la tendance, puis sa couleur est passée du rouge au vert donnant un signal important. Les mois de décembre 2022 et janvier 2023 seraient des meilleurs moments pour acheter son billet pour la lune.

Figure 14. Signal d'achat du bitcoin au creux de 2021

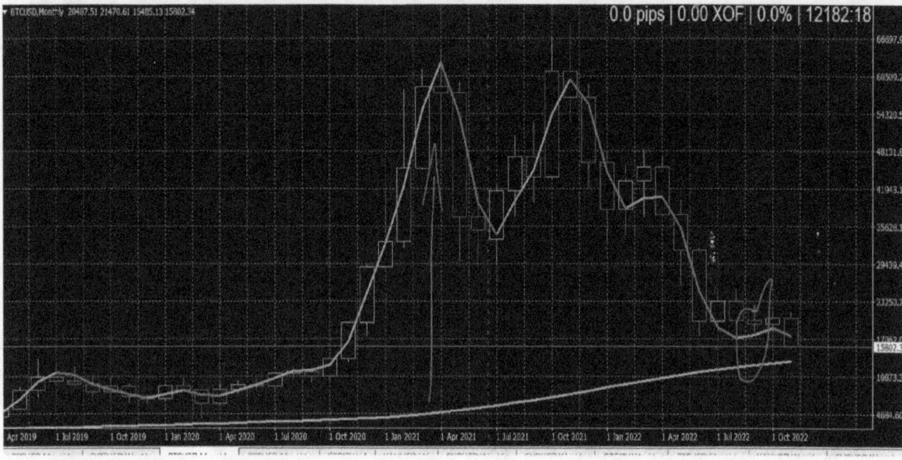

Source : auteur

CONCLUSION

L'émergence de la *blockchain* a permis la floraison d'autres formes de monnaie d'initiatives privées d'un autre genre appelées cryptomonnaies. Elles sont d'un autre genre parce qu'elles sont transmises de pair à pair, circulent dans un réseau décentralisé et sont pour la plupart d'entre elles apatrides. Ces cryptomonnaies sont négociables sur le marché de la cryptomonnaie et sont caractéristiques d'une extrême volatilité animée par des bulles spéculatives, avec pour implication des rendements spectaculaires allant jusqu'à 6000 %. Ceci a permis aux cryptomonnaies d'acquérir le surnom de cryptofusée.

Mais alors, lorsque ces cryptofusées s'écrasent, des portefeuilles sont presque totalement ruinés. Un investisseur capable de se positionner à temps sur le marché et sortir à temps avant l'éclatement de la bulle spéculative peut devenir très riche grâce au marché de la cryptomonnaie. Par contre un non- initié de ce marché a presque 90 % de chance de se ruiner. Notre analyse basée sur la théorie des cycles a montré l'effet du *halving* sur le marché. L'investisseur gagnerait à en tenir compte. Il semble que 2025 soit une année du prochain pic de cycle. La récession mondiale actuelle pourrait biaiser cette anticipation.

Références

Corbet S., Lucey B. et Yarovaya L. (2017), Datestamping des bulles Bitcoin et Ethereum, SSRN, <https://doi.org/10.2139/ssrn.3079712>, consulté le 16 novembre 2023.

Hodrick, R. J., Prescott, E. C. (1997), Postwar U.S business cycles: An empirical investigation, *Journal of Money, Credit and Banking*, Vol 29, No 1, p. 1-16, <https://doi.org/10.2307/2953682>, consulté le 16 novembre 2023.

Hull, A. (2005), « Comment réduire le décalage dans une moyenne mobile de la coque (HMA) : l'indicateur expliqué », <https://alanhull.com/hull-moving-average>, consulté le 12 novembre 2023.

M'bakob,G.B (2024), "Bubbles in Bitcoin and Ethereum: The role of halving in the formation of super cycles", *Sustainable Futures*, Vol. 7, 100178, <https://doi.org/10.1016/j.sftr.2024.100178>, consulté le 26 mars 2024.

Moosa, I.A. (2020), "The bitcoin: a sparkling bubble or price discovery ?", *Journal of Industrial and Business Economics*, Vol 47, p. 93–113, <https://doi.org/10.1007/s40812-019-00135-9>, consulté le 12 Novembre 2023.

Morris C. (2017), "Some Bitcoin Investors Are Mortgaging Their Homes to Buy More Digita Currency », *Fortune,* <https://fortune.com/2017/12/12/bitcoin-investors-mortgages/>, consulté le 12 novembre 2023.

Pedro, C., Márcio P. L, (2019), "Is Bitcoin a bubble?", *Physica A: Statistical Mechanics and its Applications*, Vol. 517, 222-232, <https://doi.org/10.1016/j.physa.2018.11.031>, consulté le 12 novembre 2023.

Wasik John F. (2017), Four Ways A Bitcoin Bubble Plays Out, *Forbe*, <https://www.forbes.com/sites/johnwasik/2017/12/11/four-ways-a-bitcoin-bubble-plays-out/?sh=2bf5104e639c>, consulté le 12 novembre 2023.

L'ÉVOLUTION DE LA MONNAIE ET SON ÉMISSION DANS LE TEMPS

Alain-Alexis MUSENGIE KAMANDA OMOY
Doctorant en Droit Économique et Social
Université de Kinshasa et Fonctionnaire à la Banque Centrale du Congo

Résumé
La trajectoire historique de l'argent a beaucoup d'accointance avec celle de l'humanité. Facteur d'échange, la monnaie évolue avec tous les besoins sociaux. Cette évolution est le fruit du travail, de la collaboration, de la coopération, bref d'une politique visant à améliorer les conditions de subsistance. Le commerce a besoin, pour se porter mieux, d'un moyen permettant de fluidifier les échanges. Du troc à nos jours, comme instrument d'échange, la monnaie a pris plusieurs formes dont : le troc, la monnaie-marchandise, la monnaie-métallique, la monnaie-papier, la monnaie scripturale ou la monnaie de compte, la monnaie électronique ou virtuelle. L'histoire des signes monétaires s'inscrit dans un libéralisme économique avant que l'État ne s'accapare du pouvoir de battre la monnaie et le transforme en monopole. Ce monopole donne à la monnaie un caractère juridique qui fonde la souveraineté d'un État. Par ce fait, la monnaie ne peut être qu'une émanation de la puissance publique souveraine. L'intervention de la Banque Centrale dans la politique monétaire se justifie par deux facteurs principaux : la responsabilité dans la stabilité des prix, la régulation et le contrôle bancaire. La circulation d'une monnaie en dehors de ses frontières n'est possible qu'en cas d'accord d'une zone monétaire. L'évolution sans cesse croissante de la monnaie depuis son apparition jusqu'à ce jour et le flux de plus en plus important des échanges à grande échelle dans des pays et à l'échelle mondiale induit par la mondialisation et l'évolution de la nouvelle technologie, notamment avec la vente des biens et services en ligne, augurent des possibilités de nouvelles mutations des formes de la monnaie dans un avenir proche. Cette évolution déterminera donc la forme future des signes monétaires en circulation et, bien entendu, leur Autorité d'émission.

Mots-clés : troc, monnaie, émission de la monnaie, échange, souveraineté.

INTRODUCTION

La réflexion d'un juriste sur l'histoire de la monnaie peut sembler superflue dans la mesure où beaucoup d'études ont été menées sur le sujet, tant par des économistes que par des historiens. Toutefois, la monnaie ne s'oppose pas au droit, bien au contraire : elle a des aspects juridiques et politiques dans son parcours marqué tantôt par le laisser-faire, tantôt par l'interventionnisme de l'État.

Aussi loin qu'on remonte dans le temps, on se rend compte que l'homme a toujours eu besoin de pratiquer des échanges avec ses semblables. Ces échanges s'effectuaient d'abord sous forme de troc, avant d'être pris en charge par des instruments d'échange à valeur symbolique, et puis monétaire. L'évolution de la monnaie est liée à celle de l'homme dans la société, c'est-à-dire à celle de ses besoins socio-économiques et politiques. Si l'histoire de l'énergie a commencé par des techniques rudimentaires d'allumage du feu avant de se perfectionner de plus en plus sous diverses formes, notamment celle de l'électricité, l'histoire des signes monétaires enseigne que l'homme a d'abord recouru à des instruments rudimentaires comme valeur d'échanges commerciaux avant de recourir à la monnaie, qui a constamment évolué et continue de le faire. Outre l'étape du troc, la monnaie en a franchi plusieurs autres, à savoir la monnaie-marchandise, la monnaie-métallique, la monnaie-papier et la monnaie scripturale. De nos jours, elle tend à prendre des formes de plus en plus sophistiquées comme le démontre la monnaie scripturale, la monnaie électronique ou virtuelle, avec la cryptomonnaie.

L'apparition et l'évolution de la monnaie marquent une grande évolution juridique avec l'avènement des contrats de vente devenus des contrats usuels. Grâce à la monnaie, tout le monde vend et/ou achète des biens et services. Elle est devenue un intermédiaire des échanges par excellence et un instrument incontournable dans l'extinction des obligations qui imposent un paiement des sommes d'argent. L'idée de la monnaie est née du besoin d'échange sur le marché avant que l'État ne puisse s'accaparer du monopole de son émission. Dès lors que les besoins d'échange évoluent à grande échelle sur un espace plus large grâce à la mondialisation et à la suppression des barrières frontalières, n'est-il pas possible d'envisager d'autres instruments d'échange adaptés au nouvel environnement politico-économique et à la nouvelle technologie ? Ou bien la monnaie doit-elle rester figée et limitée dans les frontières traditionnelles des États et garder la forme manuelle difficile à déplacer à des longues distances sous prétexte de sauvegarder leur souveraineté ?

Cette réflexion n'a pas pour vocation de reprendre l'histoire de la monnaie, mais de démontrer la similitude qui existe entre l'évolution de l'homme et celle de la monnaie, avec pour conséquence possible l'apparition, dans le futur, d'une autre forme de monnaie juridiquement valable, adaptée à l'évolution socio-économique, politique et technologique. Cette possibilité est analysée par le décryptage de l'évolution de la monnaie qui a oscillé entre une liberté de choix d'instrument d'échange et un interventionnisme de l'État ayant conduit au monopole d'émission de la monnaie. Cet aspect donne un caractère purement économico-juridique à cette analyse.

1. LA MONNAIE FACE À L'ÉVOLUTION

1.1 Généralités sur la monnaie

Étymologiquement, le terme *monnaie* provient du latin *moneta* (de *monere ;* qui veut dire : avertir). Vers le milieu du IIIe siècle av. J.-C., les Romains installent à côté du temple de Junon, sur le Capitole, leur premier atelier de pièces métalliques dont certaines à l'effigie de la déesse, surnommée *Moneta*, nom qui signifie *l'Avertisseuse*. Ce nom serait à l'origine du terme monnaie, d'où est issu également le mot anglo-saxon de money. Cette étymologie laisse penser que la période de l'apparition du concept monnaie dans la langue coïnciderait avec celle de la réalité qu'il désigne[32].

Le concept monnaie est très large, il désigne l'instrument de paiement d'une part, et le moyen de paiement d'autre part. Il est difficile de définir exactement la monnaie, les économistes la définissent par le rôle qu'elle joue dans la société, et non par une définition formelle[33].

D'un point de vue économique, est considéré comme monnaie tout ce qui est accepté en échange des biens ou de services ou pour remboursement de dettes. Toute confusion d'ordre sémantique entre la monnaie et d'autres concepts proches est à éviter. Ces derniers sont : le numéraire, l'argent, la fortune, le revenu et le patrimoine. Le numéraire (l'argent liquide), consiste en pièces et billets détenus physiquement. Le concept de monnaie est donc plus large que le numéraire ou l'argent, mais plus restreint que la fortune ou le patrimoine. Il est différent du

---

[32] Sophie Brana et Michel Cazals, *La monnaie*, Paris, 2e éd., Paris, Dunod, 2006, p. 9.
[33] Gérard Foucher, *Les secrets de la monnaie, changer la monnaie pour changer le monde*, Paris, Yves Michel, 2013, p. 14.

revenu, alors même que les expressions courantes les mélangent parfois sans distinction[34].

Juridiquement, la monnaie est un instrument qui éteint les obligations. Elle est aussi un symbole de la souveraineté de l'État. Selon J.M. Keynes, la monnaie sous la forme que nous connaissons aujourd'hui est une création de l'État[35] ; il en assure le monopole. De ce fait, elle n'est pas susceptible d'un quelconque refus en règlement d'une créance, c'est ce caractère fiduciaire qui donne le départ à la monnaie telle que nous la connaissons aujourd'hui[36].

- Fonctions de la monnaie

La monnaie est présente dans presque toutes les transactions dans les économies modernes : sous forme de numéraire ou de chèque, elle sert à payer les biens et services que l'on se procure d'une part, et d'unité de mesure dans toutes les économies d'autre part. On mesure habituellement la valeur de tous les biens et services en termes de monnaies. Enfin, la monnaie est un pouvoir d'achat mis en réserve, et transférable dans le temps.

Dans toutes les économies, la monnaie, quelle que soit sa forme, remplit schématiquement trois fonctions principales : elle est intermédiaire des échanges, unité de compte et réserve de valeur.

---

[34] Fréderic Mishkin (1992), *The economics of money, banking and financial markets*, trad. française : *Monnaie, banque et marchés financiers*, Paris, 10e éd., Paerson, 2013, p. 67.
[35] Joseph Tchundjang Pouemi, *Monnaie, Servitude et Liberté*, Paris, Ouranos, 2020, p. 47.
[36] *Ibidem*, p. 15.

- **Intermédiaire des échanges**

Suite à une division du travail suivant les aptitudes de chacun des membres de la société, tous s'auto-suffisaient de leur production. L'entrée en rapport les uns avec les autres, les hommes ont éprouvé le besoin de s'échanger les biens, la monnaie a commencé à se faire sentir comme une nécessité, son absence ne permettait pas l'existence d'un regroupement humain au-delà du cadre familial[37].

Aristote disait :

> [...] pas de communauté sans échange, pas d'échange sans égalité, pas d'égalité sans commensurabilité », ce qui revient à dire que la communauté c'est la dépendance de chaque membre vis-à-vis des autres. Il est inimaginable de voir une agglomération où chacun produit tous les biens nécessaires pour sa survie (son riz, ses vêtements, sa viande, ...), chacun doit se concentrer à une activité précise pour solliciter les prestations des autres (le couturier à la couture, le maçon à la construction, le boulanger à la fabrication des pains et le cultivateur à l'agriculture etc.[38].

La monnaie sert aujourd'hui à l'achat et à la vente des biens. C'est l'apparition d'une autorité juridique et politique reconnue et acceptée par tous pour garantir la valeur des pièces de monnaie. Cette autorité est l'État[39].

- **Unité de compte**

Étant confronté au besoin d'échange avec les autres membres de la société, il s'est posé le problème de l'équivalence de la valeur des biens. De ce fait, chaque bien devait être comparé à un autre, seule la monnaie pouvait faciliter cette évaluation. La monnaie serait apparue au début de la civilisation sous le rôle de l'unité de compte, pour

---

[37] *Ibid.*, p. 42.
[38] *Ibid.*, p. 46.
[39] *Ibid.*, p. 40.

permettre ou aussi faciliter les transactions plus aisées et équitables[40]. L'échange permet dès lors de garantir l'égalité de telle ou telle sorte que personne ne se sente lésée par le déséquilibre entre les biens échangés[41].

- **Réserve des valeurs**

Après plusieurs années, c'est lorsque les hommes ont dépassé le stade de la vie au jour le jour, et qu'ils ont commencé à accumuler les richesses, avec un horizon économique moins immédiat, que les hommes ont ressenti le besoin de se protéger contre les surprises de la vie qu'apparaît la nouvelle fonction de la monnaie, celle de réserve[42]. Petit à petit, la monnaie a dépassé le stade d'instrument d'échange pour assurer un nouveau rôle, celui de la conservation des richesses. Désormais la monnaie devient un bien à garder pour s'en servir plus tard. C'est alors que le besoin de l'activité bancaire se fait sentir. Avec l'évolution, elle offre la monnaie de compte par un jeu d'écriture donnant le pouvoir d'achat à son propriétaire.

- Sortes de monnaies

L'histoire de monnaie est complexe, elle varie selon le temps et l'espace. Chaque peuple a eu à exprimer la monnaie de sa manière, c'est l'ouverture du monde, avec la civilisation de la société moderne qui a donné lieu à l'unification de la conception de la monnaie.

Avant sa forme actuelle, la monnaie a pris différentes formes qui se distinguent non seulement à la matérialité physique, mais aussi à leur

---

[40] *Ibidem,* p. 45.
[41] *Ibid.*, p. 42.
[42] *Ibid.*, p. 46.

usage social. Par son usage social, il a existé au moins deux sortes de monnaies dont celles qui ont une valeur humaine qui symbolise un lien spirituel ou social difficile à couper. Ce sont des monnaies, dites *primitives*, qui participent à l'échange de dons d'une part, et celles qui ont une valeur matérielle, dite *moderne*, qui permettent lorsque l'on en dispose, de solder une obligation de réciprocité d'autre part[43]. Quant à sa matérialisation physique, la monnaie a d'abord ses précurseurs qui sont : le troc ; la monnaie-marchandise ; la monnaie-métallique ; la monnaie-papier ; la monnaie-scripturale.

- **Le troc**

Dans les temps les plus anciens, pour autant que les hommes vivaient encore du produit direct de leur travail (chasse et agriculture) et que chaque famille se suffisait à elle-même en totalité ou quasi-totalité, aucun besoin d'un instrument d'échange ne se faisait sentir, sinon l'échange était limité au minimum[44].

La première économie de la société traditionnelle fut marquée par la solidarité, la totalité des biens produits étant redistribuée aux membres de la société. L'emprise du pouvoir central étant encore embryonnaire en matière d'échanges des biens et services, une part croissante des transactions se déroulait directement entre des agents économiques plus autonomes, à la base d'une « économie mixte », combinant redistribution et libre-échange[45]. Par cette liberté d'échange,

---

[43] Jean-Claude Werrebrouck, *Banques centrales, indépendance ou soumission ? Un formidable enjeu de société*, Paris, Yves Michel, 2012, p. 36.
[44] Joseph Tchundjang Pouemi, *Monnaie, Servitude et Liberté, op. cit.*, p. 42.
[45] Oberthur Fiduciaire, « Les ancêtres de la monnaie », *les circuits de l'argent*, *Revue des affaires*, n° 4, février 2016, p. 33-43.

tout homme est libre d'acquérir un bien en dehors de ceux redistribués dans la communauté.

La rupture de la solidarité communautaire marque le début des relations économiques. Dans l'économie de troc, la monnaie qui est un étalon de référence acceptée par l'ensemble des membres appartenant à une même communauté est absente[46]. L'échange s'effectue d'un bien contre l'autre. Ce premier moyen d'échange traditionnel, désigne l'échange des marchandises d'une catégorie contre celles d'une autre. Cette modalité d'échange des biens ne peut fonctionner qu'à certaines conditions et se caractérise par des coûts élevés[47].

Le troc requiert pour sa validité, la réunion des éléments ci-après : une communauté réduite, une offre restreinte de produits, une volonté commune d'échange, des prix d'échange faciles à établir pour les marchandises. Le troc n'est possible que dans une économie où les besoins sont relativement indifférenciés et peu diversifiés. Les besoins des membres de la communauté sont limités et sont semblables. La société peut s'organiser de sorte que chacun produise, non selon ses capacités, mais selon les besoins de l'économie locale[48]. Cela n'est possible que dans un milieu rural où chaque famille exerce une activité précise et échange des biens connus.

L'économie de troc ne fonctionne que dans un marché réduit où l'offre est restreinte aux produits de première nécessité, ce qui facilite les échanges. Une économie moderne avec des produits divers,

---

46 Philippe Narassiguin, *Monnaie, banques et banques centrales dans la zone Euro*, Bruxelles, De Boeck, 2004, p. 14.

47 *Ibidem*, p. 33-43.

48 Marie Delaplace, *Monnaie et financement de l'économie*, 5 e éd., Paris, Dunod, 2017, p. 3.

différenciés ou similaires ne pourra fonctionner sous un régime de troc suite à la difficulté de calculer la valeur de chaque bien en un autre bien. L'économie de troc suppose une volonté collective des membres d'une communauté d'échanger leurs produits au même moment et à intervalles réguliers. Le troc n'est possible que si le besoin de l'un rencontre celui de l'autre, donc il est soumis à l'offre directe et à la demande imminente.

Les prix des biens entre eux doivent être faciles à évaluer et incontestables. Le prix de chaque bien en un autre bien doit être remarquable et acceptable pour chaque individu[49]. Malgré ses avantages dans la société traditionnelle, caractérisée par la lutte pour la subsistance, l'économie de troc montra si rapidement ses limites[50]. Cette limite donnera lieu à une autre forme d'échange basée sur les marchandises.

- **La monnaie-marchandise**

Pour dépasser les limites du troc et éviter d'interminables marchandages, les participants aux nombreux marchés et foires où se déroulaient les échanges ont dès lors abandonné progressivement ce système pour lui substituer l'échange contre un bien intermédiaire unique admis de tous comme, notamment, le sel. Comme pour le troc, l'intervention du pouvoir public dans les échanges commerciaux était balbutiante. Ainsi donc, le pêcheur vendait ses poissons contre des sacs de sel avant de les utiliser pour acheter ce dont il avait besoin. Le choix

---

[49] Philippe Narassiguin, *Monnaie, banques et banques centrales dans la zone Euro*, *op. cit.*, p. 15.

[50] Oberthur Fiduciaire, « Les ancêtres de la monnaie », *les circuits de l'argent*, *Revue des affaires*, n° 4, février 2016, *op. cit.*, p. 33-43.

du sel dans de nombreuses contrées ou aussi à de différentes époques se justifie par ses nombreux avantages. Il était facilement fractionnable, permettant un calcul facile du prix. Il est imputrescible et permettait un report dans le temps de l'échange. C'est le début de la notion de l'épargne. Enfin, il suscitait la confiance par sa demande élevée, compte tenu de son importance dans la conservation de la viande et du poisson. Chacun était sûr qu'un sac de sel trouverait toujours un preneur. C'est en raison de son importance dans la vie économique de nos lointains ancêtres que le mot salaire trouve son origine du mot sel[51].

Le sel continue à jouer le rôle de monnaie pour l'achat de certains biens précis dans certaines contrées. C'est le cas pour l'achat des épluchures des cossettes de manioc destinées à la distillation de l'alcool indigène dans la Province de Lomami, en RDC[52]. En dehors du sel, un grand nombre d'autres matières ont également rempli la fonction d'échanges des biens au cours de l'histoire[53].

Les premiers instruments utilisés pour l'échange dès le début de la période néolithique (vers le VIe millénaire) coïncident avec le développement d'une économie basée sur la production agricole et pastorale. Ce sont des monnaies-marchandises. Celles-ci offrent la meilleure illustration de la diversité de formes qu'a pu prendre la monnaie au cours de l'histoire. On peut, à titre illustratif, citer la fourrure, les dents ou les queues d'animaux, le bétail, les céréales, les

---

[51] *Ibidem.*

[52] Un bassin des déchets de cossettes de manioc est échangé contre un verre de sel, rapportent M. Urbain Kamanda et Mme Élisabeth Muba habitant de la Province de Lomami en RDC.

[53] Oberthur Fiduciaire, « Les ancêtres de la monnaie », *les circuits de l'argent, Revue des affaires*, n° 4, février 2016, *op.cit.,* p. 33-43.

fèves de cacao, les amandes, le tabac, les poissons séchés, les coquillages, les étoffes. Ils ont, « dans l'histoire ancienne des échanges, servi à évaluer le prix des biens à vendre, ou à régler les échanges, ou les deux à la fois »[54]. Il convient d'ajouter à ces objets anciennement considérés comme monnaies, les bracelets en fibres, les pirogues, et même les hommes dans certaines contrées d'Afrique. Pour Alfred Mahieu, dans son ouvrage *Numismatique du Congo*, l'esclave était plutôt une monnaie de compte qu'un véritable instrument d'échange. Avant la civilisation occidentale, certains peuples d'Afrique, notamment du Congo, se sont servis de l'homme comme instrument de paiement[55].

Pour pallier le déficit du troc et faciliter les échanges en Afrique, celle-ci s'était choisi ses propres instruments pouvant lui servir aux échanges. Les nègres du seigneur Mani-Congo peuplant l'île de Luanda (ramassent certaines petites coquilles, qui ne sont pas plus grandes que des pignons avec leurs coques qu'ils appellent *nzimbus,* lesquelles circulent comme monnaie)[56].

Dès leur arrivée au Congo, les navigateurs portugais confrontés aux signes monétaires locaux y opposèrent leurs pièces, ou, plus rarement, tentèrent d'en créer de spéciales. En 1694, un Gouverneur portugais du nom de J. de Magalaes, introduisit une pièce de bronze portant le nom de la monnaie locale en raphia, le *macuta*. Les arabes impliqués dans le commerce transsaharien introduisirent les cauris en

---

[54] Jézabel Couppey-Soubeyran, *Monnaie, banques, finances,* Paris, PUF, 2010, p. 107.
[55] Banque Centrale du Congo, *La Banque Centrale du Congo, une rétrospective historique*, Kinshasa, BCC, 2007, p. 27.
[56] *Ibidem,* p. 25.

Afrique après l'an mil, les Européens cherchèrent à détourner à leur profit exclusif certaines monnaies locales[57]. L'instabilité du coquillage en Afrique commence au contact avec l'Europe. Les Portugais entreprirent l'exploitation de ces coquilles au sud de l'Angola et au Brésil. Ces coquilles furent considérées au Royaume Congo comme de *faux nzimbus* au même titre que la fausse monnaie. Cette situation aux conséquences économiques telles que la dévaluation de la valeur de *nzimbu* a conduit la population à recourir à un autre instrument d'échange : les tissus du pays comme instrument d'échange. C'est la première expérience de substitution monétaire au Congo[58]. Cette substitution constitue aujourd'hui la démonétisation dévolue à l'État.

L'usage des tissus comme instrument d'échange était connu et presque général au Congo, bien avant l'arrivée des Belges sur le territoire. On le reconnaît sous forme de petits pagnes pour femmes, de longs pagnes pour hommes. Ces tissus étaient confectionnés soit avec les fils du raphia, soit encore de l'ananas. Ces tissus étaient appelés *nta* chez les Bateke, *mbadi* chez les Batetela et les Bakongo qui l'appelaient également *mbongo* ; chez les Mongo, *efongolo* et enfin *madiba* chez les Basonges[59]. Par contre, à l'embouchure du fleuve Sénégal, suite au florissant commerce de la gomme, la monnaie occidentale fut relativement bien acceptée et réclamée à la fin du XVIIIe et au XIXe siècle[60]. Notons que les marchandises qui étaient choisies pour remplir

---

[57] Josette Rivallain, « Monnaies d'Afrique : visions africaines et visions européennes », in Revue *Numismatique*, 6è série-Tome 157, année 2001, p. 121-130.
[58] Banque Centrale du Congo, *op.cit.*, p. 25-26.
[59] *Ibidem*, p. 26.
[60] Josette Rivallain, Monnaies d'Afrique : visions africaines et visions européennes, *op.cit.*, p. 121-130.

les fonctions de la monnaie devaient être appréciées de toute la communauté concernée. De ce fait, différents types de marchandises qui ont joué le rôle de monnaie devaient satisfaire à un besoin essentiel pour l'ensemble de la communauté. C'est le cas par exemple du bétail chez les éleveurs ; avoir une valeur d'ornement. C'est le cas des coquillages comme le cauri en Chine, en Inde ou encore au Brésil, et même en Afrique jusqu'au début du XXe siècle ; constituer des instruments de travail (haches, pelles en fer en Afrique centrale, par exemple, hameçons dans certaines îles du pacifique) ; être une marchandise fréquemment échangée avec d'autres communautés telle que le sel[61].

Le fonctionnement d'un système de paiement fondé exclusivement sur des marchandises a révélé à la longue des difficultés liées au transport, spécialement à grande distance, avec son poids élevé[62].

Il sied de constater que la plupart de ces monnaies-marchandises avaient une valeur intrinsèque proche ou égale au bien à acquérir : (un bœuf, un sac de blé…, avaient un *coût de production* élevé et donc en soi une valeur significative à la différence d'un billet dont le coût de fabrication n'est pas égal à la contre-valeur du bien à acquérir[63].

Les premières monnaies chinoises dérogent à cette caractéristique. Elles n'étaient pas nécessairement constituées des métaux précieux ou du bétail. Il est établi que la monnaie chinoise, dès l'origine, n'avait qu'une valeur fiduciaire, c'est-à-dire qu'elle

---

[61] Marie Delaplace, *Monnaie et financement de l'économie, op. cit.*, p. 27.
[62] Frédéric Mishkin, *Monnaie, banque et marchés financiers, op. cit.*, p. 72.
[63] Jézabel Couppey-Soubeyran, *Monnaie, banques, finances, op. cit.*, p. 107.

dépendait du lien de confiance qui unissait les acteurs économiques à l'émetteur. Les métaux précieux comme l'or furent très peu utilisés en Chine[64].

- **La monnaie métallique**

Conscient de l'attrait croissant pour l'or et de l'argent utilisés par les marchands pour régler leurs transactions, les rois lydiens ont vite compris le profit qu'ils pourraient tirer de l'électrum, un alliage naturel constitué de l'or et de l'argent, présent en grande quantité dans leur sol et leurs cours d'eau[65]. Comme on peut le constater, l'intervention réglementaire des pouvoirs publics dans les domaines de la création et de la circulation des signes monétaires commence à s'imposer. Les premières monnaies ont vu le jour vers le 2ème millénaire avant notre ère, par contre la monnaie de compte était connue dès la civilisation urbaine[66].

Les métaux précieux, inaltérables et facilement transportables, présentent des caractéristiques d'un *bon* intermédiaire des échanges, tout au moins à partir du moment où ils ont été fondus en pièces. Avant cela, la monnaie métallique a d'abord été une monnaie pesée (vers l'an 2000 avant l'ère chrétienne). Il fallait alors à chaque transaction peser des lingots encombrants. À la suite de cet encombrement, les lingots ont été divisés en pièces de monnaies métalliques devenues une monnaie comptée (vers l'an 800). Enfin, les monnaies métalliques ont

---

[64] Rémi Pellet, *Droit financier public, Monnaies, Banques centrales, dettes Publiques*, Paris, PUF, 2014, p. 45.

[65] Oberthur Fiduciaire, « Les ancêtres de la monnaie », *les circuits de l'argent*, *Revue des affaires*, n° 4, février 2016, *op. cit.*, p. 33-43.

[66] Joseph Tchundjang Pouemi, *Monnaie, Servitude et Liberté, op. cit.*, p. 46

été *frappées* d'une inscription indiquant généralement le poids de la pièce. Ce poids en métal fixait la valeur de la pièce en unités de compte. Ces monnaies n'étaient pas forcément forgées dans le même métal[67].

Avec Gysès, le descendant d'Hammourabi au XXème siècle av. JC, tout détenteur d'une pièce métallique frappée du sceau de l'État, en l'occurrence de l'empereur, sera prémunir contre toute altération éventuelle, sauf celle qui serait opérée par l'État lui-même. La pièce aura alors un caractère fiduciaire, une force fiduciaire libératoire[68].

En Asie Mineure occidental, la monnaie, sous forme de pièces marquées du sceau de la puissance publique, naquit au début du VIe siècle av. J.-C. La puissance dominante dans cette région était alors le royaume de Lydie, qui avait à sa tête le roi Alyttès (c.610-c.560), le père de Crésus[69].

Dans son utilisation, la monnaie métallique a connu trois grandes étapes qui sont la monnaie pesée ; la monnaie comptée et la monnaie frappée. Elle apparut au début sous forme de lingots encombrants dont il fallait mesurer le poids au moment de chaque transaction ; pour faciliter le transport, les lingots furent divisés en pièces, les monnaies métalliques furent peu à peu marquées d'une inscription indiquant le poids de la pièce. La valeur de la pièce en unités de compte est fixée par son poids en métal. La fiabilité du système de paiement est garantie par la pérennité du métal[70]. Si bénéfique fût-elle, la référence à l'or

---

[67] Jézabel Couppey-Soubeyran, *Monnaie, banques, finances, op. cit.*, p. 108.
[68] Joseph Tchundjang Pouemi, *Monnaie, Servitude et Liberté, op. cit.*, p. 46
[69] Rémi Pellet, *Droit financier public, monnaie, banques centrales, dettes publiques, op. cit.*, p. 66.
[70] Dominique Plihon, *La monnaie et ses mécanismes, Paris*, 6e éd., La Découverte, 2013, p. 8.

comme étalon fut abandonnée. Cet abandon fut décidé en France en 1914. Les pièces furent échangées contre les billets. La dernière référence à l'or est celle du franc *Poincaré* en 1298. La crise de 1929 et ses suites ont contraint l'ensemble des pays à abandonner toute convertibilité en or. Même si les banques centrales conservent encore de l'or dans leurs réserves de change, la démonétisation de l'or au niveau international a été effective en 1976, lorsque toute référence à l'or fut supprimée dans les statuts du Fonds monétaire international[71].

À l'effondrement de l'étalon-or, les États-Unis détenaient deux tiers des réserves d'or mondiale et son poids économique avait contraint les pays occidentaux participants à la négociation de Bretton Woods à accepter la domination du dollar américain sur le plan international[72]. De toute évidence, l'étalon de la monnaie n'est pas l'or d'un pays, mais plutôt la goutte de sueur de ses travailleurs[73]. C'est le niveau de productivité d'un pays qui détermine la valeur de sa monnaie. Même si les métaux précieux sont appréciés énormément comme simples substances, on les apprécie surtout parce qu'ils remplissent certaines fonctions. À aucun moment, leur valeur ne peut consister dans leur être en soi et pour soi, mais seulement dans leur prestation[74].

En Afrique, avant les contacts avec l'Occident, les forgerons africains, notamment congolais savaient fondre déjà le fer et le cuivre rouge pour la fabrication de nombreux instruments d'échange. Aussi,

---

[71] *Ibidem,* p. 9.

[72] André Dumas, *L'économie mondiale, commerce, monnaie, finance*, Bruxelles, 3e éd., De Boeck et Larcier, 2006, p. 101.

[73] Philippe Derudder, *Rendre la création monétaire à la société civile, vers une économie au service de l'homme et de la planète*, Paris, Yves Michel, 2005, p. 117.

[74] Georg Simmel, *Philosophie de l'argent*, 2e éd., Paris, PUF, 2007, p. 181.

la rencontre avec l'Europe leur fit connaître le « laiton » qui apparaissait à leurs yeux comme un métal précieux malgré leur technique rudimentaire, à cette époque. Ils parvenaient à fabriquer certains objets tels que les haches (*zapozap* chez le Lulua, *soka* chez les Bakongo et chez les Bayaka, ou *shoka* en swahili), de grands fers de lance de plus de 1,50 m de hauteur (*lingenda*, étalon monétaire dans le Lomami)[75].

L'usage des objets en cuivre était plus répandu au Katanga où l'abondance de ce métal amena les habitants à s'en servir comme instrument d'échange. À cet effet, les Katangais transformaient le cuivre en croisettes, en bracelets ou en anneaux appelés indifféremment *lukanu* ou *lukano* dont ils se servaient dans leurs transactions commerciales avec leurs voisins, notamment les Balubas du Kasaï. Les Bayaka utilisaient aussi les anneaux appelés *nsambu*[76].

En Afrique occidentale, les premières monnaies métalliques n'ayant pas un véritable cours furent introduites par les portugais à partir du XVe siècle. Méfiant des nzimbu utilisés localement dans le territoire de l'ancien Kongo et de l'Angola, il fallut aux marchands portugais une monnaie plus pratique[77].

Pendant longtemps, les métaux précieux tels que l'or servirent de moyens de paiement principaux et constitueront la forme majeure de la monnaie. Peu à peu, du papier-monnaie sous forme de lettres de change, de chèques, de billets de banque fut utilisé pour les paiements et gardé

---

[75] Banque Centrale du Congo, *op. cit.*, p. 26.
[76] *Ibidem.*
[77] *Ibid.*, p. 27.

comme de la monnaie. L’évolution du système de paiement est un important indicateur de ce qu'est devenue la monnaie aujourd’hui[78].

- **La monnaie papier**

Dans sa forme de pièce, la monnaie a vécu des millénaires, mais dans celles de billet et de compte bancaire, elle n'a qu'à peine trois siècles. L'apparition de la monnaie non métallique marque un véritable tournant dans l'histoire de la monnaie. Les pièces représentent la monnaie métallique, et les billets la monnaie fiduciaire[79]. Malgré l'évolution, la monnaie métallique persiste jusqu'à ce jour dans certains pays avec des pièces de monnaies représentant généralement des coupures à valeur faciale faible.

La monnaie papier atteste aussi, dès son apparition au début du XIe siècle, de l'intervention réglementaire des pouvoirs publics dans le domaine de la monnaie.

Selon Coralie Boeykens, guide du musée de la Banque Nationale de Belgique, les billets ont été introduits pour remédier à la pénurie des monnaies métalliques : « sous la dynastie song (960-1276), le commerce de la région du Sischuan est tellement prospère que la monnaie de cuivre devient insuffisante ». Certains marchands émettent alors une monnaie privée Zhu *Quan* en papier de mûrier. Sur chaque coupon destiné à devenir un billet, des fonctionnaires spécialement désignés inscrivent leur nom et apposent leur cachet. Lorsque le travail est fait selon les règles, le chef nommé par le Khan imprègne son sceau de colorant et appose sa marque Vermillon en haut de la feuille. C’est alors que le billet devient authentique. C’est dans la ville de Khambalik

---

[78] Fréderic Mishkin, *Monnaie, banque et marchés financiers, op. cit.*, p. 7.
[79] Joseph Tchundjang Pouemi, *Monnaie, Servitude et Liberté, op. cit.*, p. 41.

que le grand Khan possède sa monnaie. En effet, on y fabrique du papier-monnaie à partir de l'aubier du mûrier[80].

La date exacte de naissance du billet de banque reste assez difficile à préciser. Si on reconnaît qu'il est né en Chine bien avant sa création en Occident, la date précise n'est pas connue. Selon certains chercheurs[81], Marco Polo en aurait trouvé au XIIIe siècle en Chine, selon d'autres[82], le billet de banque aurait été inventé au IIe siècle et utilisé comme moyen de règlement dès le IXe siècle. Aux alentours de 1640, il est utilisé par les marchands à Venise et à Amsterdam. Vers 1668, il apparaît en Grande-Bretagne sous l'appellation de *Goldsmith's notes*, du nom des orfèvres (*Goldsmiths*) qui remettaient ces récépissés aux marchands de Londres qui déposaient leur or chez eux[83]. Aujourd'hui, le billet est devenu, par sa facilité de transport, le principal instrument d'échange. Sa valeur faciale est complètement dissociée de sa valeur intrinsèque de fabrication (quasi nulle)[84]. Il est accepté en vertu de la confiance accordée à son émetteur, d'où le nom de monnaie fiduciaire donné aux billets (*fiducia :* du latin, qui veut dire confiance)[85].

---

80 Oberthur Fiduciaire, « Les ancêtres de la monnaie », *les circuits de l'argent*, *Revue des affaires*, n° 4, février 2016, *op. cit.*, p. 33-43.

81 Voir G. Jacoud, *La monnaie dans l'économie*, cité par Marie Delaplace, *op. cit.*, p. 24

82 Voir B. Courbis, E. Froment et J.M. Servet « Enrichir l'économie politique de la monnaie par l'histoire », cités par Marie Delaplace, *Monnaie et financement de l'économie, op. cit.*, p. 24

83 *Ibidem,* p. 24.

84 Jézabel Couppey-Soubeyran, *Monnaie, banques, finances, op. cit.*, p. 110.

85 Dominique Plihon, *La monnaie et ses mécanismes, op. cit.*, p. 9.

- **La monnaie scripturale**

À une certaine époque, l'État chinois émit des certificats permettant aux marchands, en échange d'avance en grain et fourrage, de commercialiser certains produits tels que l'or. Les grands marchands transformèrent alors « les certificats en une monnaie privée qui circulait entre eux et leur permettait de s'accaparer des richesses publiques. Ce fait illustre, d'une part, que des papiers commerciaux peuvent servir de monnaie et, d'autre part, que les marchands créent des monnaies qui font concurrence à celles des États »[86].

Marquée aussi par l'interventionnisme étatique dès sa naissance, la monnaie scripturale tend à résorber les inconvénients majeurs du papier-monnaie et des pièces, à savoir l'encombrement qui attire les voleurs et occasionne les difficultés de transport. Quand on parle de monnaie scripturale, on voit en premier lieu le chèque [87] ; ensuite les écritures bancaires, notamment le virement bancaire.

De nos jours, les instruments de paiement sont trop variés, nous avons les pièces, les billets de banque et les chéquiers que le client peut signer s'il a au préalable déposé l'argent en compte bancaire. Il faut également ajouter la carte de crédit et le virement bancaire. Dans une certaine mesure, le chéquier ne constitue pas la monnaie, il ne l'est qu'à concurrence du dépôt effectué dans son compte en banque, c'est le montant disponible en banque qui constitue la monnaie, on l'appelle monnaie scripturale[88].

---

[86] Rémi Pellet, *Droit financier public, monnaie, banques centrales, dettes publiques, op. cit.*, p. 45

[87] Fréderic Mishkin, *Monnaie, banque et marchés financiers, op. cit.*, p. 74.

[88] Joseph Tchundjang Pouemi, *Monnaie, Servitude et Liberté, op. cit.*, p. 41.

C'est Charlemagne (768-814) qui fut à l'origine en 781 d'une innovation radicale dans l'histoire de la civilisation humaine, parce qu'il permit l'essor de la monnaie scripturale. C'est l'invention d'une monnaie de compte purement abstraite, par rapport à laquelle les monnaies circulantes se définissent. De ce fait, la monnaie de compte, qui se déclinait en livre et en sou, servait à définir les prix courants des marchandises et les termes du contrat, et aussi à établir les comptabilités publiques et privées. La monnaie de paiement (dite aussi monnaie réelle), avait une existence physique, sous forme de pièces qui étaient utilisées pour les règlements effectifs[89].

La monnaie scripturale est ainsi dénommée parce qu'elle est inscrite sur les livres des établissements émetteurs, essentiellement les banques. Les formes initiales de monnaie scripturale sont apparues avec les premières banques, bien avant les billets de banque dont l'invention ne date que du XVIIe siècle. Il a fallu attendre la période récente pour effectuer la diffusion de la monnaie scripturale dans le public, sous forme de virements de compte à compte, en même temps que se développent et se diversifient les échanges commerciaux à grande échelle. C'est depuis plusieurs siècles que les Grecs et les Romains connaissent déjà les virements entre comptes, de même que les Arabes qui les utilisaient au IXe siècle. Mais leur développement ne date que du XVIIIe grâce aux marchands italiens et flamands[90].

Il est évident qu'au cours de ces dernières décennies, le développement d'ordinateurs bon marché et d'Internet, et il y a peu des

---

[89] Rémi Pellet, *Droit financier public, monnaie, banques centrales, dettes publiques, op. cit.*, p. 79.
[90] Dominique Plihon, *La monnaie et ses mécanismes, op. cit.*, p. 11.

téléphones intelligents, fait qu'il est désormais peu coûteux de payer électroniquement ses factures ou services. Au lieu d'envoyer un chèque, on peut se connecter sur Internet de sa banque et, en quelques clics, transmettre un ordre de paiement pour régler une facture[91].

La monnaie scripturale n'est pas une monnaie indépendante, mais plutôt un support immatériel convertible en une unité monétaire donnée ayant cours légal dans un pays. Le paiement électronique peut, non seulement se substituer au chèque, mais aussi remplacer le numéraire, sous la forme de monnaie électronique ou digitale. La première forme de monnaie électronique est la carte de débit, dénommée *carte de crédit*. Une autre solution plus récente est celle des cartes prépayées ou porte-monnaies électroniques[92]. La monnaie scripturale est constituée des soldes créditeurs des comptes à vue inscrits aux comptes des clients[93]. Dans le domaine des échanges, la monnaie scripturale est plus moderne et plus efficace, quasiment gratuite à produire et à transmettre rapidement à une longue distance[94]. Au côté de la monnaie scripturale apparaît de nouvelles formes des monnaies qui sont : la monnaie électronique et la cryptomonnaie. La nature de la monnaie électronique est critiquée. Il semble qu'elle n'est pas considérée comme une monnaie au vrai sens du terme par le fait qu'elle n'est pas un moyen de paiement universellement accepté[95]. Elle n'est pas une véritable monnaie par le fait qu'elle n'est pas régie par une législation[96].

---

[91] Fréderic Mishkin, *Monnaie, banque et marchés financiers, op. cit.*, p. 74.
[92] *Ibidem,* p.75
[93] Marie Delaplace, *Monnaie et financement de l'économie, op. cit.*, p. 38.
[94] Gérard Foucher, *Les secrets de la monnaie, changer la monnaie pour changer le monde*, Paris, Yves Michel, 2013, p. 212.
[95] Pierre Storrer, *Droit de la monnaie électronique*, *Revue banque*, 2014, p. 22.
[96] *Ibidem*, p. 24.

Contrairement au troc qui caractérisait l'économie traditionnelle, l'utilisation de la monnaie comme intermédiaire des échanges améliore l'efficacité économique et permet de minimiser le temps passé pour chercher un correspondant avec lequel échanger des biens ou des services. Le temps passé à rechercher des clients pour échanger s'appelle *coût de transaction*. Dans une économie de troc, les coûts de transaction sont élevés, car les individus doivent parvenir à une double coïncidence des biens : ils doivent trouver quelqu'un qui possède un bien ou un service qu'ils désirent et qui souhaite en échange acquérir le bien ou le service qu'ils ont à offrir[97].

L'importance de la monnaie dans les échanges humains n'est pas à démontrer, parce que sans usage de la monnaie dans la société, les niveaux de production et de consommation seraient restés proches de l'autosubsistance dans la plupart des communautés humaines. Sans échange avec autrui, ni à l'intérieur, ni à l'extérieur du pays, il n'y aurait pas progrès significatif au plan économique et social[98].

2. ÉMISSION DE LA MONNAIE ET ATTRIBUT DE LA SOUVERAINETÉ

2.1 L'émission de la monnaie

Le système monétaire est organisé de manière hiérarchisée, en tête se trouve la banque centrale suivie des banques commerciales. La banque

---

[97] Fréderic Mishkin, *Monnaie, banque et marchés financiers, op. cit.*, p. 68

[98] Banque Centrale du Congo, *op. cit.*, p. 24.

centrale est chargée de l'émission de la monnaie et les banques commerciales de la création de la monnaie.

La monnaie de par son origine est une initiative des particuliers née du besoin d'échange. C'est bien plus tard que l'État s'est arrogé le monopole de l'émission de la monnaie, garantie par une réserve monétaire en pièces, en sel, ensuite, par une réserve en or ou en argent. En Europe, à une certaine époque, les lettres de change émises par les « Lombards »[99] étaient utilisées comme une sorte de monnaie parce qu'il arrivait qu'elles circulent entre plusieurs mains avant d'être finalement encaissées[100].

Dans l'histoire de l'émission de la monnaie, les historiens restent unanimes à considérer que, petit à petit les Mérovingiens perdirent le contrôle de la frappe monétaire, si bien qu'au VIIe siècle, trois cents ateliers frappaient monnaie, contrôlés par les Comtes, les Abbés, mais aussi par de simples particuliers ayant besoin d'argent et qui faisaient fabriquer des pièces pour couvrir leurs besoins. En plus, il y eut même des monétaires nomades à cette période. Ainsi, après le monopole impérial, le monopole royal sur les monnaies disparut, avant que les carolingiens (751-987) ne reprissent momentanément le contrôle de la monnaie et ne réalisassent une véritable révolution en inventant la monnaie de compte[101].

---

[99] Selon Wikipédia, les Lombards sont un ancien peuple germanique, qui, par sa propre tradition orale rapportée par leur historien Paul Diacre, à la fin du VIIIe siècle, serait originaire de Scandinavie méridionale.

[100] Oberthur Fiduciaire, « Les ancêtres de la monnaie », *les circuits de l'argent*, *Revue des affaires*, n° 4, février 2016, *op. cit.*, p. 33-43.

[101] Rémi Pellet, *Droit financier public, monnaie, banques centrales, dettes publiques*, *op. cit.*, p. 79.

Les Chefs barbares s'accaparent ainsi progressivement du pouvoir monétaire, à des dates qui varièrent selon les peuples. Dans un premier temps, les Mérovingiens (458-751) frappèrent des pièces d'or, à l'imitation des espèces impériales, représentant généralement l'empereur[102]. Par ce fait, les Mérovingiens autorisèrent une sorte de délégation de pouvoir de battre monnaie.

En outre, « Le monnayage épiscopal apparut à la fin du VIe siècle. Cette frappe n'était certainement pas accomplie par les clercs à titre personnel, dans la mesure où le type et les normes des espèces produites restaient unifiés au niveau du royaume »[103]. Selon M. Jean Durliat, le « contrôle étatique sur la monnaie explique un fait remarquable sur lequel on insiste trop peu : l'étude des pièces montre qu'elles passaient rarement les frontières, car elles n'avaient pas cours hors des limites du pays émetteur »[104].

De nombreuses études démontrent que le système de banque centrale apparaît après des périodes des troubles monétaires importants. L'élaboration d'un ordre monétaire de *central banking* ne proviendrait pas d'un système privé et concurrentiel, mais plutôt d'une volonté de capturer le pouvoir monétaire[105].

La lecture de l'histoire monétaire révèle que la première véritable banque d'émission est la banque de Stockholm, créée en 1656 par Johan Palmstuch. « Ce commerçant suédois remarque que la régularité dans

---

[102] *Ibidem*, p. 77.
[103] *Ibidem,* p. 78.
[104] *Ibid.*
[105] Jean-Paul Domin, « La question du monopole d'émission de la monnaie : le débat banque centrale contre banque libre chez les économistes français (1860-1875) », <https://journals.openetion.org/ress/231>, consulté le 19/12/2022.

le retrait des espèces peut dispenser la banque de conserver en réserve l'intégralité des fonds qui ont été déposés. En 1661, il fait émettre des billets au porteur, remboursables en espèces sur simple présentation ». Ces billets ont remplacé sitôt les espèces dans les paiements[106]. Si la banque d'émission avait existé depuis 1656, la première banque centrale au monde fut créée en 1668, la « Riksbank ». Cette création était motivée par le souci de remettre de l'ordre dans l'émission et la circulation de papier-monnaie. Les autres banques centrales créées par la suite en Europe joueront également ce rôle et se verront progressivement confier par l'État le monopole de l'émission des billets. L'histoire de Palmstruch permet de comprendre que l'utilisation de monnaie-papier est sans doute bien antérieure à l'émission de billets à valeur légale. Autrement, le billet n'est finalement qu'une forme évoluée de lettre de change[107].

L'initiative de l'émission des billets au porteur se soldera par une faillite. Transformée en établissement public, la banque de Stockholm s'interdira pendant longtemps d'émettre des billets. Mais cela n'empêchera pas ce modèle d'être bientôt repris par la banque d'Angleterre, puis par celle d'Écosse à la fin du XVIIe siècle. Le rôle des écossais est prépondérant dans l'expansion des billets de par le monde. C'est un écossais, John Law, qui diffuse ce nouveau moyen de paiement en France à la demande du Régent Philippe d'Orléans qui l'autorise à créer, en 1716, la banque générale. Sur le terrain, la banque générale est appréciée pour son côté pratique. Elle gagne la confiance

---

[106] Oberthur Fiduciaire, « Les ancêtres de la monnaie », *les circuits de l'argent*, *Revue des affaires*, n° 4, février 2016, *op. cit.*, p. 33-43.
[107] *Ibidem*.

de ses clients. En décembre 1718, l'État rachète les actions des propriétaires de la banque générale et la transforme en Banque Royale. Une fois encore, une émission trop importante de billets provoquera la faillite de la banque, incapable de faire face aux demandes de remboursements cinquante-six ans plus tard, en 1776, un nouvel établissement baptisé caisse d'escompte est créé pour résoudre le manque en numéraire[108].

Le pouvoir régalien de « battre la monnaie » et de faire accepter sa monnaie ne suffit pas toujours à inspirer confiance, mais confère à la monnaie une dimension politique. C'est au nom de ce pouvoir régalien que, plus tard, les États limitèrent le droit d'émission de billets à une ou quelques banques d'émission sur lesquelles ils exercent une surveillance (les ancêtres de nos banques centrales), puis imposèrent le cours légal des billets de banque dès lors que leur circulation augmenta[109].

La plupart des économistes hétérodoxes considèrent la monnaie comme un signe ou un symbole doté uniquement d'une valeur extrinsèque et dont l'offre est endogène aux besoins de reproductions sociaux et physiques de la communauté. Ainsi, la présence de l'État est essentielle à la fois comme fournisseur ultime de la liquidité et comme autorité légale conférant au signe son statut de monnaie à court légal au sein d'une structure institutionnelle qu'il définit[110]. La circulation de la monnaie est tributaire au mouvement des hommes. L'enclavement

---

108 *Ibid.*

109 Fréderic Mishkin, *Monnaie, banque et marchés financiers, op. cit.*, p. 73.

110 Hassan Bougrine et Mario Seccare Ccia, « Le rôle de l'impôt dans l'économie nationale », in *théories monétaires post Keynésiennes*, Paris, Economica, 2003, p. 162-176.

bloque la circulation de la monnaie. Le troc se pratique encore jusqu'à ce jour dans certaines contrées reculées. Tel est le cas chez des peuples autochtones vivant encore en marge de la modernité en Afrique. La viande est échangée contre la farine, contre le sel ou les habits. La mondialisation est un phénomène caractéristique des relations économiques internationales à la charnière des XXe et XXIe siècles. Cependant, la mondialisation n'a pas la même tournure du côté des monnaies que du côté de la finance. Sur le plan monétaire, la mondialisation est surtout question de désordre, de guerre des monnaies, de flexibilité des changes, de volatilité et de dimension politique. La souveraineté est très présente en matière de monnaie[111].

Malgré qu'elle soit imposée à la population par le pouvoir régalien, la monnaie doit répondre aux besoins socio-économiques, car une monnaie qui n'offre pas un cadre social adéquat aux citoyens, sur lequel il est difficile de faire des prévisions et qui l'expose à l'instabilité n'est pas la bonne monnaie. C'est ce qui justifie l'inflation que l'Afrique se laisse imposer, alors qu'elle n'est qu'une création humaine voulue, qui présente un aspect auquel l'opinion publique n'accorde pas toujours l'attention qu'il mérite[112].

Pour John Maynard Keynes, la multiplication des signes monétaires non contrôlés est l'une des causes de l'inflation[113]. En République Démocratique du Congo, suite aux multiples crises politiques et économiques longtemps décriées pendant la 2e République, à l'heure du Zaïre, avec une économie soutenue par la

---

[111] Jean-Pierre Allegret et Bernard Courbis, *Monnaies, finance et mondialisation*, 2e éd., Paris, Vuilbert, 2005, p. 4.
[112] Joseph Tchundjang Pouemi, *Monnaie, Servitude et Liberté, op. cit.*, p. 41.
[113] *Ibidem*, p. 46.

planche à billets, la monnaie zaïroise à l'époque finie par perdre sa valeur. Voulant mettre fin à cette descente aux enfers, le Maréchal MOBUTU à travers son Gouvernement se décide d'engager une réforme monétaire vers 1993 : les anciens billets libellés en "Zaïres" seront remplacés par d'autres appelés les "nouveaux Zaïre". Contre toute attente, la partie centrale du pays constituant les deux anciennes Provinces du Kasaï dans l'ancienne configuration de la RDC à l'époque, rejettent cette nouvelle monnaie officielle et légale malgré leur enclavement, et décident de maintenir en circulation l'ancienne monnaie alors démonétisée. Il est difficile de comprendre que dans un même pays indépendant et souverain coexistent en temps de paix deux monnaies nationales dotée chacune d'un espace de circulation sous un même pouvoir[114].

Cette situation de dédoublement monétaire dans un pays illustre la volonté de la population de passer les échanges en toute sécurité et égalité. Le marché détermine la qualité de la monnaie attendue, il peut l'apprécier comme la déprécier.

Bien au contraire, sur le plan financier, il est question d'intégration financière, de village global, d'unification par la mondialisation, de globalisation financière. En fait, la situation est plus complexe. Les sphères monétaires et financières, sont largement interdépendantes. Pour certains, c'est la force du marché, de la finance qui dépouille les monnaies de leurs attributs nationaux et conduit à un recul de la régulation politique. Quoiqu'il en soit, si les monnaies

[114] Matata Ponyo Mapon et Kabuya Kalala François, *L'espace monétaire Kasaïen : crise de légitimité et de souveraineté monétaire en période d'hyperinflation au Congo (1993-1997)*, Paris, L'Harmattan, 2000, Résumé des Auteurs

restent bien nationales, la finance, elle, est mondiale. La mondialisation monétaire n'a pas atteint aujourd'hui le niveau de la mondialisation financière[115]. Chaque pays cherche à préserver sa souveraineté par l'émission d'une monnaie qui lui est propre.

- La Banque Centrale

Johan Palmstruch, banquier suédois, avait reçu l'autorisation royale de fonder la *Stockholm banco* en 1657[116]. Elle proposait à ses clients le dépôt dans ses coffres de lourdes plaques de cuivre d'environ 20 kg chacune qui servaient à cette époque de monnaie, en échange de quoi, il leur remettait une note de crédit. En 1661, il obtint l'autorisation d'émettre des billets à valeur légale[117].

Une banque centrale est une institution logée dans l'interface entre pouvoir financier et pouvoir politique, et chargée d'exprimer le rapport de force sur les marchés, par des actions concernant la circulation monétaire[118]. La vocation essentielle d'une banque centrale est d'assurer le bon réglage du débit de monnaie qui, au final, permettra la bonne circulation de toutes les marchandises dans un espace considéré[119]. On peut se dire que la monnaie n'est un bien public qu'en raison d'une situation qui est le plus souvent monopolistique. Si, par exemple, la monnaie était émise par des banques privées en

[115] *Ibidem*, p. 3.
[116] Jézabel Couppey-Soubeyran, *Monnaie, banques, finances, op. cit.*, p. 109.
[117] *Ibidem*, p. 110.
[118] Jean-Claude Werrebrouck, *Banques centrales, indépendance ou soumission ? Un formidable enjeu de société, op. cit.*, p. 48.
[119] *Ibidem*, p. 15.

concurrence, le risque de pénurie ou de surabondance pourrait être géré au mieux par une logique de marchés concurrentiels[120].

Si chacun était libre de concevoir sa propre monnaie, le moyen d'échange y perdrait le caractère commun ainsi que toute sa force, et finirait par ne plus être capable de rendre les services qu'on en attend, à savoir ; rendre compte de tous les échanges et de toutes les productions au sein d'une communauté[121].

Au Moyen-âge, le droit de battre monnaie n'appartenait qu'à certains seigneurs et souverains et était généralement octroyé par l'empereur, le roi ou le pape. Le mot seigneuriage, qui désigne le bénéfice tiré de la frappe des monnaies, vient de seigneur, celui à qui ce droit était dévolu. Ce droit a été transféré au pouvoir central au moment de la constitution des États nations en Europe, ce qui a mis fin un peu partout au chaos résultant de la circulation de diverses monnaies et permit au pouvoir public de revendiquer le bénéfice tiré de l'émission de la monnaie[122]. Dans les premières formes de l'État de Droit, le seigneur se trouve remplacé par le banquier, lequel jouit d'un pouvoir monétaire encore plus étendu dans l'émission de la monnaie[123]. De ce fait, la banque centrale bénéficie du droit de seigneuriage reconnu à l'émetteur de la monnaie depuis le Moyen-âge.

---

[120] *Ibid.*, p. 16.
[121] Gérard foucher, *Les secrets de la monnaie, changer la monnaie pour changer le monde, op. cit.*, p. 216.
[122] Ernst Baltensperger et Thomas J. Jordan, « Seigneuriage et bénéfice de la banque centrale », <https://www.snb.ch/fr/mmr/reference/quartbul_1998_4/source/quartbul_1998_4.fr.pdf>, consulté le 20/12/2022
[123] Jean-Claude Werrebrouck, *op. cit.*, p. 15.

Dans l'histoire, battre monnaie était dès lors un acte souverain, chaque fois placé sous la responsabilité des magistrats, et les pièces portaient l'emblème de la cité émettrice. Les cités grecques avaient le pouvoir de donner cours légal, chez elles, à tout monnayage en le déclarant conforme, comme le firent au Ve siècle les cités d'Athènes en adoptant la monnaie achéenne en argent. Elles pouvaient aussi la décrier en la déclarant non conforme.[124]Selon M. Desrameaux, la monnaie, parce qu'elle permet l'exercice d'un pouvoir, ne peut être qu'une émanation de la puissance publique souveraine, même si en pratique le souverain est parfois impuissant à assurer correctement la stabilité ou élever le pouvoir d'achat au sens économique. C'est *la souveraineté* qui donnerait à la monnaie « un caractère pleinement juridique sans lequel elle ne saurait se réaliser efficacement »[125]. La réglementation de l'émission des billets de banque par l'État vise à assurer la convertibilité du papier en espèce pour la stabilité de la monnaie[126].

- Les particuliers

De nos jours, l'apparition de la cryptomonnaie bouleverse le système financier ; la *blockchain* se présente à bien des égards comme une réalité insaisissable par la technologie qu'elle met en œuvre : partage des données *peer to peer*, cryptographie par des algorithmes

---

[124] Rémi Pellet, *Droit financier public, monnaie, banques centrales, dettes publiques, op. cit.*, p. 11.
[125] *Ibidem*, p. 61.
[126] Raphaël-Georges Lévy, *Banques d'émission et trésors publics*, Paris, 2è éd., Hachette, 1912, p. 611

sophistiqués[127]. Cette insaisissabilité se caractérise par la difficulté d'identifier un *responsable* de son émission et l'irrévérence éprouvée de ses acteurs à l'égard des régulateurs officiels que des frontières géographiques. Juridiquement, les cryptomonnaies ne sont pas considérées comme une monnaie au vrai sens du terme en raison de l'absence du pouvoir libératoire universel, autrement dit, la capacité d'un débiteur à se libérer d'une créance par la remise de bitcoins sans l'accord préalable du créancier sur ce mode de règlement[128]. Cette nouvelle forme de monnaie vient défier le monde de la finance et la capacité des États à encadrer les dérives après la crise financière de 2008. Ses partisans estiment que « la monnaie est une chose bien trop sensible pour être laissée à la gestion des États »[129]. Un grand nombre des États n'a pas encore à ce jour accepté la cryptomonnaie, mais quelques-uns la tolèrent en l'assimilant à l'évolution du numérique. Dans les pays hostiles à cette forme de monnaie, les transactions impliquant des cryptomonnaies sont réprimées par la réglementation relative à la lutte contre le blanchiment d'argent et le financement du terrorisme[130].

Étant donné que la cryptomonnaie reste une réalité de l'évolution économique et technique du marché, les États ont tout intérêt à mieux l'appréhender pour ne pas la laisser en dehors de la régulation, car l'ouverture des échanges à travers le monde impose des instruments de paiement capables de circuler rapidement sur un espace très large,

[127] Xavier Vamparys, *La blockchain au service de la finance, cadre juridique et applications pratiques*, Paris, Revue banque, 2018.
[128] *Ibidem*, p. 65.
[129] *Ibid.*, p. 27.
[130] Xavier Vamparys, *op. cit.*, p. 69.

contrairement au troc qui se pratiquait ou qui se pratique encore dans un espace très réduit. La monnaie ne doit pas résulter d'une brutale imposition des pouvoirs publics, mais, à la différence de la loi, elle doit être à la fois imposée et acceptée. Si le premier terme n'est pas suivi du second, il y aura fuite devant une monnaie qui ne correspond pas à la norme, elle-même issue d'une rivalité mimétique[131].

À travers des phénomènes comme l'inflation ou la fausse monnaie, l'Antiquité est aussi le moment historique au cours duquel les hommes découvrent que « la monnaie n'est pas un bien comme les autres » et que si elle « ne doit pas être vénérée, elle mérite, en revanche, une attention particulière ». Autant une bonne monnaie est un facteur de stabilité et de prospérité, une monnaie altérée entraîne nécessairement de graves troubles économiques, politiques et sociaux. En son temps, pour garantir la sécurité de la monnaie à son émission, Louis IX, connu sous le nom de Saint Louis, avait édicté une série d'Ordonnances visant à assurer la primauté de la monnaie royale. Selon les principes proposés par Étienne Fournial dans son histoire monétaire de l'Occident médiéval : « la monnaie du roi court seule dans le domaine royal ; elle a cours dans tout le royaume ; la circulation des monnaies étrangères est interdite ; il est interdit de ronger les pièces »[132].

---

[131] Jean-Claude Werrebrouck, *Banques centrales, indépendance ou soumission ? Un formidable enjeu de société, op. cit.*, p. 36.
[132] Oberthur Fiduciaire, « Les ancêtres de la monnaie », *les circuits de l'argent, Revue des affaires*, n° 4, février 2016*, op. cit.*, p. 33-43.

Faire évoluer le mandat des banques centrales demande donc de réfléchir plus globalement à la nouvelle architecture financière qui se met en place, pour cerner le rôle qu'elles y joueront à l'avenir[133].

Le rapport de Genève sur la réglementation financière donne trois justifications principales à la réglementation financière : éviter les pouvoirs de monopoles trop importants d'acteurs de grande taille ; protéger les personnes qui n'ont pas toute l'information nécessaire pour estimer les risques ; éviter les faillites qui remettent en cause la stabilité économique[134].

La place des banques centrales dans la nouvelle architecture de supervision financière varie donc selon les zones économiques[135]. Chaque pays définit l'autorité monétaire compétente. De nouvelles institutions sont créées, qui entretiennent diverses relations avec les banques centrales. En Angleterre, la mission d'assurer l'administration financière est confiée à la banque centrale. Aux États-Unis, une nouvelle entité indépendante de la FED[136] est constituée (FSOC)[137]. De manière générale, la banque Centrale émet deux types de monnaies : les billets pour lesquels elle a un monopole, et la monnaie scripturale qui circule essentiellement entre les intermédiaires financiers. Tous les établissements de crédit, ainsi que le Trésor public dont la banque

---

[133] Xavier Ragot, *Les banques centrales dans la tempête, pour un nouveau mandat de stabilité financière*, Paris, Rue d'Ulm, 2012, p. 59.

[134] *Ibidem*, p. 60.

[135] *Ibid.*, p. 65.

[136] La FED ou réserve fédérale est la banque centrale américaine en charge de la supervision, de la régulation du système bancaire et de la stabilisation des prix. Et le FSOC (*Financial Stability Oversight Council*) est chargé de surveiller tous les risques pour le secteur financier américain associés aux grandes banques ou aux sociétés holding financières.

[137]Xavier Ragot, *Les banques centrales dans la tempête, pour un nouveau mandat de stabilité financière, op. cit.*, p. 60.

centrale gère les disponibilités, ont l'obligation de détenir un compte courant à la banque centrale qui leur permet de régler entre eux leurs dettes. C'est par l'intermédiaire de ce compte que s'effectuent les opérations de *compensation* entre banques[138].

Dans la zone Euro, la situation est intermédiaire, car une entité séparée s'est constituée, avec pouvoir de recommandation uniquement (le conseil européen du risque systémique ou CERS). Ces évolutions sont indéniablement utiles. Elles n'invalident pas le fait que les banques centrales doivent maintenant être directement en charge de la stabilité financière. De manière plus précise, la nature des réformes financières actuellement débattues diffère d'un État à l'autre, selon le mode de financement de l'économie. Aux États-Unis les entreprises se financent essentiellement par les marchés financiers ; en Europe les crédits bancaires sont la principale source de financement ; dans les pays en voie de développement il n'y a pas de marchés financiers[139].

2.2 La monnaie et la souveraineté

Selon M. Desrameaux, si les autorités ne donnent pas une définition juridique rigoureuse de la monnaie, considérée « abstraitement dans ses éléments constitutifs, c'est le signe de l'existence de liens étroits entre monnaie et souveraineté »[140], car « l'État souverain ne peut abandonner la possibilité d'exercer son pouvoir en matière monétaire, la monnaie

138 Dominique Plihon, *La monnaie et ses mécanismes, op. cit.*, p. 23.
139 Xavier Ragot, *Les banques centrales dans la tempête, pour un nouveau mandat de stabilité financière, op. cit.*, p. 63.
140 Rémi Pellet, *Droit financier public, monnaie, banques centrales, dettes publiques, op. cit.*, p. 60.

et le pouvoir de battre monnaie faisant partie de sa nature »[141]. L'État comme la monnaie sont des constructions juridiques indissociables l'une de l'autre[142].

André Orléan et Michel Aglietta (1982 ; 2002), ont cherché à comprendre comment l'unanimité émerge pour reconnaître à un souverain le droit de contrôler l'émission et la circulation d'une monnaie dans un monde d'individus libres mus par des affects, notamment celui du désir infini d'accumulation de richesse[143].

L'intervention de la banque centrale dans la politique monétaire se justifie par deux facteurs principaux : la responsabilité dans la stabilité des prix et la responsabilité dans la régulation et le contrôle bancaire.

- La responsabilité dans la stabilité des prix

La stabilité des prix est une condition favorable à la stabilité financière, sans en être pourtant une condition suffisante. Mais l'instabilité financière peut compromettre la stabilité des prix. Une bulle spéculative sur le marché des actions peut d'abord, par l'effet de richesse ainsi créé par les mécanismes de transmission de la politique monétaire, créer un climat d'euphorie momentanément et être à l'origine de comportements préjudiciables à la stabilité des prix.

---

[141] *Ibidem*, p. 60.

[142] *Ibid.*

[143] Yamina Tadjeddine, « Souveraineté monétaire et financiarisation », <https://www.researchgate.net/profile/YaminaTadjeddine/publication/354611287_Souverainete_monetaire_et_financiarisation/links/61424b477d081355ccef0315/Souverainete-monetaire-et-financiarisation.pdf>

- La responsabilité dans la régulation et le contrôle bancaire

La légitimité de cette responsabilité peut d'abord être trouvée dans l'un des principes fondamentaux du contrôle bancaire selon lequel ce contrôle doit être exercé par un organisme indépendant. Or l'indépendance des banques centrales vis-à-vis des intérêts privés et publics est incontestable[144]. L'émission de la monnaie par la banque centrale est une délégation de pouvoir de l'État[145]. Les banques centrales sont désormais libérées d'un État qui ne fait plus que garantir le cours légal. Elles ont tendance à se rapprocher du système bancaire qu'elles doivent encadrer et réguler[146].

Le support de la souveraineté au sens traditionnel est d'abord le contrôle par une population, d'un territoire régi par une loi commune issue de sa volonté collective. Cette maîtrise s'exprime en premier lieu par la force armée. Cette souveraineté première et ultime repose sur la géographie, la démographie, la volonté populaire, les savoirs, la richesse et les ressources. Chaque nation cherchera à maximiser ses avantages et à s'assurer de son indépendance pour, en dernier ressort, n'avoir à compter que sur elle-même. Cette autonomie, en cas de conflit, constitue, finalement, le socle de la crédibilité de sa souveraineté[147].

Les attributs de la souveraineté sont toutes les institutions et les symboles qui expriment le pouvoir dont la synthèse est l'État. Il y a les

---

144 Jean-Pierre Patat, *Monnaie, système financier et politique monétaire*, Paris, 6e éd., Economica, 2002, p. 508.

145 Jean-Claude Werrebrouck, *op. cit.*, p. 123.

146 *Ibidem*, p. 148.

147 Pierre Bellanger, « De la souveraineté numérique, dans le Débat, le livre, le numérique », 2012/3 (n° 170), mai-juin 2012, Paris, Gallimard, pages 149 à 159, <https://www.cairn.info/revue-le-debat-2012-3-page-149.htm>

attributs assurant les moyens de subsistance de l'État, tels que les impôts et la frappe de la monnaie[148]. La souveraineté d'un État ne se limite que dans ses frontières géographiques.

Pendant très longtemps, la notion de frontière ne semblait nullement problématique aux différentes disciplines des sciences sociales. On ne discutait pas la frontière mais le territoire. Or, la frontière est l'enveloppe du territoire. À quoi servirait une frontière, si celle-ci n'est pas contrôlée, et ne constitue pas un lieu d'exception et de souveraineté ? Comment penser la frontière géographique sans l'assimiler immédiatement aux processus de souveraineté et de sécurité qui en font une frontière d'État et la limite d'un territoire ou, pour le dire autrement, hors de l'exceptionnalisme de l'ordre politique et de la fabrication d'identité homogène et profondément distincte par le nationalisme [149] ?

Pendant plusieurs siècles, l'activité bancaire était libre, jusqu'à ce que se fasse sentir un besoin de centralisation de ladite activité autour du souverain, suite à des besoins de financement[150]. Le développement de l'activité bancaire a suscité un besoin de régulation par une autorité. Elle a occasionné l'apparition de la banque centrale.

---

148 Les attributs de souveraineté des nations en général et de la Kabylie en particulier, <https://www.gitpa.org/Peuple%20GITPA%20500/GITPA%20flash%20500-3-31quebeckabylie.pdf>

149 Didier Bigo, « Frontières, territoire, sécurité, souveraineté », <http://ceriscope.sciences-po.fr/content/part1/frontieres-territoire-securite-souverainete?page=show>

150 Stéphane Piedelièvre, *Droit bancaire*, Paris, PUF, 2003, p. 33.

Les banques sont des entreprises d'un genre spécial parce qu'elles fournissent une assurance de liquidités, qui contient elle-même un risque d'instabilité potentielle du système de paiements[151].

L'apparition de la Banque fait suite à celle de la monnaie. Les premiers banquiers sont au départ des gardiens de monnaies métalliques[152]. Les anciens banquiers étaient considérés comme de simples changeurs[153]. Assez vite, confrontés à la garde de grandes masses d'argent de leurs clients, ces anciens changeurs de la monnaie devenus banquiers se rendent plus vite compte qu'ils pouvaient faire fructifier cet argent immobilisé en épargne et deviennent à partir de ce besoin de fructifier, dispensateurs de crédit. Par souci de fructifier l'argent déposé par les clients, toutes les fonctions économiques prises par la banque ont ainsi vu le jour[154].

Les banques commerciales créent ainsi la monnaie scripturale qui inonde le marché par l'octroi des crédits. La création monétaire se fait principalement par les crédits que la banque octroie aux particuliers et aux entreprises[155].

Le secteur bancaire privé est d'une certaine manière « le sous-traitant privilégiée » de l'État pour la création de la monnaie et sa circulation. La monnaie fiduciaire et la monnaie scripturale sont

---

[151] Joseph Aloys Schumpeter, *Das Wesen des Geldes*, 1970, trad. française : *Théorie de la monnaie et de la Banque, L'essence de la monnaie*, Tome I, Paris, L'Harmattan, 2005, p. 17.

[152] Philippe Narassiguin, *Monnaie, banques et banques centrales dans la zone Euro, op. cit.*, p. 19.

[153] Georges Petit-Dutaillis, *Portraits de banquiers*, Revue Banque, 1982, p. 11.

[154] Georges Décocq, Juliette Morel-Maroger, Yves Gérard et al. *Droit bancaire*, Paris, 2e éd., Revue banque, 2014, p. 9.

[155] Nolwenn Neveu, « Comment la monnaie est-elle créée ? », <https://france.attac.org/nos-publications/petites-fiches/article/comment-la-monnaie-est-elle-creee>, consulté le 19/12/2022.

interchangeables, quand une personne tire les espèces au distributeur, il transforme son argent immatériel en argent liquide[156]. Par la création monétaire, les banques donnent le pouvoir d'achat aux clients qui ne l'avaient pas au départ, pour un remboursement futur et échelonné.

La profession bancaire porte essentiellement, sur la circulation de la monnaie : qu'il s'agisse de crédit, de paiement, ou de change et par extension de placement. La marchandise traitée par les banques est dans tous les cas une somme d'argent[157].

L'évolution de la monnaie après son apparition a suscité le besoin d'une institution pouvant assurer la garde et la sécurité de celle-ci. D'où l'apparition de la banque comme institution chargée de la garde de l'épargne du public.

L'organisation bancaire présente un caractère étatique très marqué. Les pouvoirs publics veulent s'assurer de la sécurité des intérêts particuliers, d'une part, et de l'intérêt général, d'autre part[158]. Le contrôle étatique de la monnaie va de son émission jusqu'à sa circulation pour sa stabilité.

CONCLUSION

L'histoire des instruments d'échange s'inscrit dans un contexte de liberté économique avant que l'État ne s'accapare du pouvoir de battre la monnaie et le transforme en monopole. Ce monopole donne à la monnaie un caractère juridico-politique qui fonde la souveraineté d'un

---

[156] Gérard Foucher, *Les secrets de la monnaie, changer la monnaie pour changer le monde, op. cit.*, p. 13.

[157] Régine Bonhomme et Florence Reille, *Instruments de crédit et de paiement, introduction au droit bancaire*, Paris, 11è éd., Lextenso L.G.D.J, 2015, p. 15.

[158] Stéphane Piedelièvre, *Droit bancaire, op. cit.*, p. 120.

État. Étant donné que la monnaie permet l'exercice du pouvoir, elle ne doit être qu'une émanation de la puissance publique souveraine. C'est cette souveraineté qui donnerait à la monnaie un caractère pleinement juridique sans lequel elle ne saurait assurer efficacement son rôle. Chaque nation cherchera à maximiser ses avantages et à s'assurer de son indépendance pour garantir sa souveraineté. Ce monopole d'émission de la monnaie en constitue le socle.

Ce pouvoir régalien de battre la monnaie et de la faire accepter ne suffit pas pour inspirer la confiance des utilisateurs, mais elle confère à celle-ci une dimension juridique et politique. L'intervention de la Banque Centrale dans la politique monétaire est dictée par deux facteurs principaux : la responsabilité dans la stabilité des prix, la régulation et le contrôle bancaire. La circulation d'une monnaie en dehors de ses frontières n'est possible qu'en cas d'un accord d'une zone monétaire. Si on laissait à chacun la liberté de produire sa propre monnaie, cet instrument d'échange y perdrait le caractère commun ainsi que tout son pouvoir et finirait par ne plus être capable de rendre les services qu'on attend de lui, à savoir mesurer les valeurs des biens et assurer la comparaison entre ces derniers.

La monnaie est la résultante du besoin d'échanges entre les hommes. Or, la nature de ces échanges est en perpétuelle évolution. Partant, il n'est pas indiqué de limiter l'évolution de la monnaie qui doit suivre le rythme de l'évolution sociale, comme l'a démontré l'histoire de leur commun développement. L'importance des échanges à grande échelle occasionnée par la mondialisation a induit une évolution de la nouvelle technologie de vente des biens et services, aujourd'hui livrés en ligne. Tous ces changements augurent de nouvelles mutations des formes de la monnaie dans le futur. Ils affectent déjà, peu ou prou, l'Autorité d'émission, comme l'illustre la cryptomonnaie qui s'inscrit en marge du système des signes monétaires classiques. Son conflit avec les banques centrales s'estompera soit par son anéantissement, soit par sa validation. Dans la seconde hypothèse, elle pourrait dès lors, tout en continuant à être émise par des particuliers, jouer le rôle d'une nouvelle monnaie ayant cours légal et adaptée à la souplesse qu'impose le nouvel environnement numérique.

Références bibliographiques

Aglietta Michel et Orléan André, *La violence de la monnaie*, Paris, PUF, 1982, 350 p.

Aglietta Michel et Orléan André, *La monnaie entre violence et confiance*, Paris, Odile Jacob, 2002, 384 p.

Allegret Jean-Pierre et Courbis Bernard, *Monnaies, finance et mondialisation*, Paris, 2e éd., Vuilbert, 2005, 312 p.

Baltensperger Ernst et J. Jordan Thomas, *Seigneuriage et bénéfice de la banque centrale*, <https://www.snb.ch/fr/mmr/reference/quartbul_1998_4/source/quartbul_1998_4.fr.pdf>, consulté le 20 septembre 2022.

Banque Centrale du Congo, *La Banque Centrale du Congo, une rétrospective historique*, Kinshasa, BCC, 2007, 312 p.

Bellanger Pierre, « De la souveraineté numérique », *le Débat*, 2012/3, n° 170, p. 149-159, <https://www.cairn.info/revue-le-debat-2012-3-page-149.htm>, consulté le 20 novembre 2022.

Bigo Didier, *Frontières, territoire, sécurité, souveraineté*, <http://ceriscope.sciences-po.fr/content/part1/frontieres-territoire-securite-souverainete?page=show>, consulté le 25 septembre 2022.

Bonhomme Régine et Reille Florence, *Instruments de crédit et de paiement, introduction au droit bancaire*, 11e éd., Paris, Lextenso L.G.D.J, 2015.

Bougrine Hassan et Seccare Ccia Mario, « Le rôle de l'impôt dans l'économie nationale », in *théories monétaires post Keynésiennes*, Paris, Economica, 2003, 262 p.

Brana Sophie et Cazals Michel, *La Monnaie*, Paris, 2e éd., Paris, Dunod, 2006, 126 p.

Collège de France, « Qu'est-ce que la monnaie et comment est-elle créée ? »,

<https://www.collegefrance.fr/media/campusinnovatiolycees/UPL8548336361089753829_Classe_de_premiere_Chapitre_5.pdf>, consulté le 20 décembre 2022.

Couppey-Soubeyran Jézabel, *Monnaie, banques, finances*, Paris, PUF, 2010, 306 p.

Décocq Georges *et al.*, *Droit bancaire*, 2e éd., RB Edition, 2014, 413 p.

Delaplace Marie, *Monnaie et financement de l'économie*, Paris, 5e éd., Dunod, 2017, 336 p.

Derudder Philippe, *Rendre la création monétaire à la société civile, vers une économie au service de l'homme et de la planète*, Paris, Yves Michel, 2005, 239 p.

Domin Jean-Paul, *La question du monopole d'émission de la monnaie : le débat banque centrale contre banque libre chez les économistes français* (1860-1875), <https://journals.openetion.org/ress/231> , consulté le 15 décembre 2022.

Dumas André, *L'économie mondiale, commerce, monnaie, finance*, 3e éd., Bruxelles, De Boeck et Larcier, 2006, 201 p.

Foucher Gérard, *Les secrets de la monnaie, changer la monnaie pour changer le monde*, Paris, Yves Michel, 2013, 311 p.

Lévy Raphaël-Georges, *Banques d'émission et trésors publics*, 2e éd., Paris, Hachette, 1912, 664 p.

Matata Ponyo Mapon et Kabuya Kalala François, *L'espace monétaire Kasaïen : crise de légitimité et de souveraineté monétaire en période d'hyperinflation au Congo (1993-1997),* Paris, L'Harmattan, 2000, 148 p.

Mishkin Fréderic, *Monnaie, banque et marchés financiers*, 10e éd., Paris, Paerson, 2013, 1064 p.

Narassiguin Philippe, *Monnaie, banques et banques centrales dans la zone Euro*, Bruxelles, De Boeck, 2004, 429 p.

Nolwenn Neveu, « Comment la monnaie est-elle créée ? », <https://france.attac.org/nos-publications/petites-fiches/article/comment-la-monnaie-est-elle-creee> , consulté le 07 décembre 2022.

Oberthur Fiduciaire, « Les ancêtres de la monnaie », *les circuits de l'argent, Revue des affaires*, n° 4, février 2016, 116 p.

Patat Jean-Pierre, *Monnaie, système financier et politique monétaire*, 6e éd., Paris, Economica, 2002, 548 p.

Pellet Rémi, *Droit financier public, monnaie, banques centrales, dettes publiques*, Paris, PUF, 2014, 720 p.

Petit-Dutaillis Georges, *Portraits de banquiers*, Paris, Revue Banque, 1982, 272 p.

Piedelièvre Stéphane, *Droit bancaire*, Paris, PUF, 2003, 560 p.

Plihon Dominique, *La monnaie et ses mécanismes*, 6e éd, Paris, La Découverte, 2013, 128 p.

Ragot Xavier, *Les banques centrales dans la tempête, pour un nouveau mandat de stabilité financière*, Paris, ENS Rue d'Ulm, 2012, 80 p.

Rivallain Josette, « Monnaies d'Afrique : visions africaines et visions européennes », *Revue Numismatique*, 6/157, 2001, p. 121-130.

Schumpeter Joseph Aloys, *Das Wesen des Geldes*, 1970, trad. française : *Théorie de la monnaie et de la banque, l'essence de la monnaie*, Paris, Tome I, Paris, L'Harmattan, 2005, 286 p.

Simmel Georg, *Philosophie de l'argent*, 2e éd., Paris, PUF, 2007, 662 p.

Storrer Pierre, *Droit de la monnaie électronique*, Paris, Revue banque, 2014, 256 p.

Tadjeddine Yamina, *Souveraineté monétaire et financiarisation,* <https://www.researchgate.net/profile/YaminaTadjeddine/publication/354611287_Souverainete_monetaire_et_financiarisation/links/61424b477d081355ccef0315/Souverainete-monetaire-et-financiarisation.pdf>, consulté le 07 décembre 2022.

Tchundjang Pouemi Joseph, *Monnaie, Servitude et Liberté*, Paris, Ouranos, 2020, 357 p.

Vamparys Xavier, *La blockchain au service de la finance, cadre juridique et applications pratiques*, *Revue Banque*, 2018, 166 p.

Werrebrouck Jean-Claude, *Banques centrales, indépendance ou soumission ? Un formidable enjeu de société*, Paris, Yves Michel, 2012, 184 p.

TROISIEME PARTIE

LE CIRCUIT BANCAIRE À L'ÉPREUVE DE L'EXPANSION DE LA CRYPTOMONNAIE DANS LES TRANSACTIONS ÉCONOMIQUES

Brondone TABOULA TOUSSE
Doctorant en droit privé et sciences criminelles
Université de Dschang (Cameroun)

Résumé

En réponse à la crise économique de 2007 qui a lourdement affecté les banques, des auteurs ont pensé une monnaie virtuelle, notamment la cryptomonnaie, pour résoudre les problèmes qui résultèrent de ladite crise. Ainsi, en marge du circuit bancaire s'est développé un système autonome et indépendant de production de la monnaie virtuelle qu'est la *blockchain* dans les transactions économiques. On observera depuis sa création jusqu'aujourd'hui, une prolifération des cryptomonnaies utilisées dans diverses transactions économiques au détriment des banques. Par conséquent, la thématique : « Le circuit bancaire à l'épreuve de l'expansion de la cryptomonnaie dans les transactions économiques » va retenir notre attention. Face à l'expansion d'un système en marge du circuit bancaire traditionnel, on en vient à se demander si l'avènement de la cryptomonnaie en plein essor est de nature à sonner le glas du circuit bancaire. Après avoir mené une analyse approfondie au moyen de l'expérience empirique et de la revue de la littérature, il va sans dire que l'influence de la cryptomonnaie sur le circuit bancaire, bien que partielle, est indéniable au regard du délaissement progressif du circuit bancaire pour la réalisation de certaines transactions économiques. Cependant, il serait faux de croire en une extinction du système bancaire du fait de l'expansion de la cryptomonnaie. Il paraît plutôt préférable de penser à une certaine complémentarité dans la réalisation des transactions économiques. Ainsi, les deux systèmes monétaires sont essentiels dans les transactions. De plus, l'absence d'intermédiaire dans les transactions commerciales ainsi que le contrôle limité des États sur les opérations laissent un terrain fertile à la commission des infractions sans aucune facilité pour la neutralisation des criminels ; ceux-ci pouvant profiter de l'anonymat que confère la *blockchain* aux utilisateurs pour exercer des pratiques illicites comme le blanchiment des capitaux, voire le financement des activités terroristes. Face à un tel danger, il paraît nécessaire de mettre en place un encadrement minutieux de la cryptomonnaie tant à l'échelle nationale qu'internationale. La complémentarité recherchée entre la cryptomonnaie et les monnaies du circuit bancaire pourraient concourir à un meilleur déroulement des transactions économiques nonobstant les difficultés d'intégration de la cryptomonnaie dans les services de la banque.

Mots-clés : banques, circuit bancaire, cryptomonnaie, monnaie, transactions économiques

INTRODUCTION

Les monnaies[159] telles que le dollar, le yen, l'euro et le franc CFA, émises sous la forme papier ou métallique, sous la forme de chèque, de virement, de carte bancaire ou d'effets de commerce, proviennent toutes d'une banque habilitée à les émettre[160]. C'est dire que la confiance qui leur est due, réside dans la légitimité de leur origine. Cependant, depuis 2009, l'on peut remarquer que la banque n'a plus l'exclusivité de l'émission de la monnaie. Il faut constater en effet, l'émergence d'une tout autre monnaie très particulière : la cryptomonnaie. Elle prend de l'ampleur au fil du temps et évolue en marge du circuit bancaire. De nombreuses transactions qui auparavant ne pouvaient se faire qu'en présence de l'intermédiaire qu'est la banque, peuvent se faire aujourd'hui sans celle-ci. Le système de la *blockchain*[161] offre d'ailleurs la possibilité d'émettre des cryptomonnaies, de faire des virements, d'acheter des produits en ligne depuis un smartphone ou un ordinateur grâce à des portefeuilles électroniques. Cette monnaie, de plus en plus usitée, paraît prometteuse, elle est qualifiée par certains auteurs de « monnaie du futur ». Mais comment comprendre ce délaissement progressif du circuit bancaire au

---

[159] Les monnaies sont des instruments créés par l'homme ayant trois fonctions essentielles, notamment celles de réserve de valeur, d'unité de compte et d'intermédiaire ou d'instrument de transaction. Voir Enée Bussac, *Bitcoin, éther & Cie, guide pratique pour comprendre, anticiper et investir,* Paris, Dunod, 2018, p. 6.

[160] Les banques centrales habilitées à émettre des monnaies ayant cours légal produisent à la fois des monnaies fiduciaires et des monnaies scripturales à l'exclusion des monnaies numériques qui proviennent quant à elles d'une chaîne de bloc plus connue sous sa forme d'expression anglaise Blockchain.

[161] La *blockchain* est définie par un auteur comme « une structure de données qui permet de créer un livre numérique de données et de le partager dans un réseau d'individus indépendants » Voir Tiana Laurence, *La Blockchain pour les nuls*, Paris, Éditions First, 2018, p. 20.

profit de la *blockchain* qui offre quasiment les mêmes services ? La réponse peut être tirée du contexte de la naissance de la cryptomonnaie[162]. À la différence des monnaies provenant des banques centrales, les cryptomonnaies sont encore embryonnaires et ne font pas encore l'objet d'une législation particulière ; elles ne sont pas encore universellement admises. Les plus populaires d'entre elles sont le Bitcoin, l'Ethereum, le Tether, le Ripple. Elles connaissent une expansion mettant à mal, les activités des banques. Partant de ce constat, nous avons envisagé d'examiner la thématique : « le circuit bancaire à l'épreuve de l'expansion de la cryptomonnaie dans les transactions économiques ».

Le circuit bancaire évoqué ici renvoie à l'ensemble formé des établissements réalisant des opérations de banque. Il s'agit en effet des établissements de crédit qui comprennent non seulement les banques, mais aussi les établissements financiers. Les microfinances qui sont des établissements opérant en marge du circuit bancaire traditionnel ne seront pas examinées ici. Par banque, on peut entendre « tout établissement qui fait de la réception des fonds du public sous forme de dépôts ou toute autre forme qu'il emploie pour son propre compte en opération d'escomptes, de crédits, ou en opérations financières, sa profession habituelle »[163]. On distingue les banques centrales, des banques spécialisées. Par établissement financier, on peut entendre tout

---

[162] La cryptomonnaie verra le jour sous l'impulsion de Satoshi Nakamoto en 2009 au lendemain de la crise économique de 2008 qui avait considérablement fragilisé le secteur bancaire. Suite aux conséquences désastreuses de ladite crise, le public va commencer à accorder progressivement plus de confiance aux monnaies numériques au regard des divers avantages que celles-ci peuvent procurer.

[163] Gérard Cornu (dir.), *Vocabulaire juridique*, 12ème éd., Paris, PUF, 2018, p. 289.

« établissement qui, accomplissant les mêmes opérations qu'une banque, ne peut à la différence de cette dernière utiliser que ses capitaux propres et non les fonds reçus du public »[164].

S'agissant de la notion de cryptomonnaie, plusieurs auteurs ont donné une définition à celle-ci. Pour (Ebouah, 2021) en effet, la cryptomonnaie est une « forme de monnaie virtuelle et numérique qui n'a pas besoin d'exister physiquement pour avoir de la valeur »[165]. Allant dans le même sens que ce dernier, Énée Bussac appréhende la monnaie numérique comme une « monnaie dont le fonctionnement et la sécurité sont fondés sur la cryptographie »[166]. On comprend alors aisément de cette définition, pourquoi la cryptomonnaie encore appelée monnaie virtuelle ou encore monnaie numérique prend également l'appellation de monnaie cryptographique. D'après L'AMF[167], les cryptomonnaies renvoient à « des actifs numériques virtuels qui reposent sur la technologie de la blockchain à travers un registre décentralisé et un protocole informatique crypté ». Compte tenu de l'abondance des définitions que la doctrine propose à ladite notion, on ne saurait toutes les évoquer ici sans courir le risque d'en oublier quelques-unes. Le plus important pour une bonne compréhension de cette notion n'est pas d'appréhender chaque définition prise isolément, mais plutôt d'identifier le fil d'Ariane qui relie toutes ces définitions et

---

[164] *Ibidem*, p. 909.

[165] Landry Ebouah « Cryptomonnaies : une menace pour les institutions financières ? », *Village de la Justice*, 17 mars 2021, <https://www.village-justice.com/articles/cryptomonnaies-unemenace-pour-les-institutions-financières,38490.html >, dernière consultation : 30 décembre 2022.

[166] Énée Bussac, *Bitcoin, éther & Cie, guide pratique pour comprendre, anticiper et investir, op. cit.*, p. 10.

[167] Autorité des Marchés Financiers (AMF).

c'est d'ailleurs ce qu'il paraît pertinent de retenir ici. Ceci étant dit, il sied de souligner que toutes ces définitions ont en commun, la mise en exergue de la désintermédiation bancaire et le caractère immatériel de la monnaie émise.

Les transactions économiques quant à elles peuvent être définies comme des opérations diverses à dimensions économiques. Elles sont de plus en plus réalisées au moyen des monnaies numériques si bien que les banques n'interviennent plus beaucoup. On en vient à se demander si l'expansion de la cryptomonnaie serait de nature à sonner le glas du circuit bancaire traditionnel. *A priori,* tout mène à croire à une disparition progressive des banques au profit de la *blockchain.* Il faut cependant mener une analyse méthodique et méticuleuse pour se rendre compte que, nonobstant l'influence partielle qu'exercent les monnaies cryptographiques sur le circuit bancaire, ce dernier paraît tout de même toujours nécessaire à la réalisation de transactions économiques. Par conséquent, il paraît alors judicieux d'examiner la pertinence de la mise en place d'une complémentarité entre la cryptomonnaie et le circuit bancaire après avoir examiné l'influence partielle de la cryptomonnaie sur le circuit bancaire.

1. L'INFLUENCE PARTIELLE DE LA CRYPTOMONNAIE SUR LE CIRCUIT BANCAIRE

Bien que les monnaies numériques ne jouissent pas encore d'une reconnaissance légale universelle, elles exercent néanmoins une influence notoire sur le fonctionnement des banques. Cette influence s'observe à travers le délaissement progressif du circuit bancaire au profit de la cryptomonnaie. Elle est dite partielle dans la mesure où elle laisse subsister la place des banques dans certaines hypothèses. On observe alors une résistance du circuit bancaire face à la cryptomonnaie.

1.1. Le délaissement progressif du circuit bancaire au profit de la cryptomonnaie

Le recours accentué aux cryptomonnaies se justifie par les raisons du délaissement progressif du circuit bancaire qui ne sont rien d'autre que les avantages de la cryptomonnaie.

- **Les raisons du délaissement progressif du circuit bancaire : les avantages de la cryptomonnaie.**

La cryptomonnaie va prendre de l'ampleur dans l'environnement des affaires grâce aux divers avantages qu'elle procure à leurs utilisateurs. Au rang des avantages des monnaies numériques, on peut citer entre autres l'éventualité des gains élevés, la sécurité maximale, l'insaisissabilité des fonds, la transparence, la désintermédiation bancaire, la disponibilité permanente du système, les faibles frais de transactions (du fait de la désintermédiation bancaire), la célérité des transactions (du fait des paiements instantanés), la couverture de l'inflation, la confidentialité ou pseudo anonymat, l'irréversibilité des transactions, la réduction des risques de fraudes, une bonne opérationnalité, une utilité certaine pour le développement durable.

S'agissant de l'éventualité des gains élevés, il est constant de voir les monnaies numériques rapporter des bénéfices considérables aux utilisateurs en fonction de la valeur marchande de la transaction réalisée. Les gains élevés obtenus résultent de la hausse de la valeur de la monnaie numérique utilisée. Inversement, toute baisse soudaine de la valeur de la monnaie entraînerait des pertes élevées.

Le système de sécurité mis en place par la *blockchain*, offre une sécurité relativement optimale aux transactions réalisées par les utilisateurs. Cette sécurité est garantie par le suivi des transactions au moyen d'un stockage de données de manière décentralisée, lesquelles données ne peuvent plus être effacées une fois qu'elles ont été enregistrées. Cette sécurité rend d'ailleurs difficile, mais pas impossible le piratage des données.

En ce qui concerne l'insaisissabilité des fonds sécurisés, il sied de préciser que la sécurité optimale offerte par la *blockchain* a pour conséquence de rendre impossible la saisie des fonds sécurisés. Cette insaisissabilité se justifie par le fait que seul le détenteur des fonds détient la clé privée permettant d'avoir accès au compte abritant les fonds. C'est dire que la procédure classique d'exécution forcée telle qu'on la connaît ne pourrait être mise en œuvre aisément ici. On ne pourrait en dire autant des fonds détenus par les banques.

La transparence est l'une des principales caractéristiques des monnaies numériques[168]. Les transactions réalisées au moyen des monnaies cryptographiques bénéficient d'une certaine transparence qui se matérialise par la visibilité des transactions effectuées sur la *blockchain*. Cette transparence donne ainsi la possibilité aux utilisateurs de vérifier les tâches qu'ils ont accomplies sur le système décentralisé de la *blockchain*. Elle a aussi le mérite de réduire les risques de fraude

---

168 Les autres caractéristiques étant la sécurité optimale, la décentralisation, la confidentialité.

dans la mesure où la configuration mise en place par le système transparent et sécurisé fourni par la *blockchain* est de nature à limiter la réalisation des procédés frauduleux.

S'agissant de la désintermédiation bancaire[169], il faut souligner que le but même du mécanisme de la *blockchain* est de créer une monnaie qui va évoluer en marge du circuit bancaire traditionnel. Avec ce nouveau mécanisme, tout se passe sur la chaîne de bloc sans qu'il y ait besoin de faire intervenir les banques qui jouent le rôle d'intermédiaire dans le circuit bancaire.

La désintermédiation bancaire ainsi opérée dans les transactions réalisées via le système de la *blockchain* a pour principale conséquence la réduction des frais des transactions. Cette réduction est justifiée par l'absence des frais que prélèverait la Banque si elle était intervenue. C'est dire que l'usage des monnaies cryptographiques que propose le système alternatif de la *blockchain* a le mérite d'offrir un service moins coûteux que celui offert par les banques.

Contrairement au système bancaire, la *blockchain* offre une certaine célérité dans la réalisation des transactions. Les paiements s'opèrent de façon instantanée une fois les transactions réalisées. Elle offre en outre une bonne opérationnalité des transactions, c'est ainsi que les transactions peuvent s'opérer facilement à l'aide d'un ordinateur ou d'un smartphone.

Tout comme les banques, la *blockchain* garantit aux utilisateurs la confidentialité de leurs données, en revanche, cette confidentialité est

---

[169] La désintermédiation bancaire est le processus par lequel les agents économiques peuvent avoir accès au marché des capitaux sans avoir à passer par la banque, prise comme intermédiaire traditionnel.

encore plus assurée par la *blockchain*. Avec la chaîne de bloc en effet, le bénéfice de l'anonymat par les utilisateurs rend l'accès difficile à leurs données confidentielles par les tiers.

Aussi, les utilisateurs des monnaies cryptographiques bénéficient de l'irréversibilité des transactions et de la couverture de l'inflation. Une fois qu'une transaction a été émise sur le système, elle ne peut plus être annulée. L'avantage ici est que l'irréversibilité conférée vient atténuer les risques de rupture abusive des contrats conclus. Il faut tout aussi souligner que cette caractéristique a l'inconvénient de sacrifier les intérêts des contractants qui auraient trop vite conclu des contrats au moyen de la *blockchain* sans avoir pris la peine de donner un consentement libre et éclairé. Pour de nombreux auteurs[170], la *blockchain* a le mérite de couvrir l'inflation. Les utilisateurs de monnaies numériques peuvent facilement éviter les effets néfastes de l'inflation, étant donné qu'ils ont déjà connaissance du plafond du nombre d'actifs disponibles.

En outre, pour Sarmiento [2021], la cryptomonnaie présente une utilité certaine pour la réalisation des objectifs de développement durable[171]. Pour le Secrétaire général des Nations Unies, la *blockchain* a mis en place des mécanismes dans l'optique de faciliter l'atteinte de

---

170 Alhonita Yatié, « Les motivations de l'adoption des crypto-actifs », BSI Economics, juin 2022, http://www.bsi-economics.org/1422-motivations-adoption-crypto-actifs. Voir aussi : Lipucciu, « Bitcoin et les cryptomonnaies comme solution à l'inflation en Europe ? », *Journal du Coin*, 14 mars 2022, <https://journalducoin.com/bitcoin/bitcoin-solution-infraction> Date de dernière consultation : 25 août 2023.

171 Mariana Sarmiento, *La technologie Blockchain : Une opportunité pour l'atteinte des objectifs de développement durable ?*, Mémoire de maîtrise en science politique, Université du Québec à Montréal, juillet 2021, 87 p.

certains objectifs de développement, en particulier de développement durable[172].

Enfin, la disponibilité permanente du système de la *blockchain* contribue à donner à cette dernière un caractère très attrayant. Contrairement aux Banques, elle fonctionne à toute heure, tous les jours de la semaine sans incidence des jours fériés ou des jours de repos. Ayant pris conscience des divers atouts que procurent les cryptomonnaies, de nombreux États vont s'arrimer à cette nouvelle dynamique, ceci au détriment des banques.

- **Le recours accentué à l'usage de la cryptomonnaie**

Malgré la réticence de certains États à adopter la cryptomonnaie, force est de constater une expansion de cette dernière. Elle est utilisée sous diverses formes depuis son apparition. Il existe d'ailleurs une pléthore de cryptomonnaies utilisées dans les différentes zones peuplées de la planète Terre. D'après une estimation faite par Chainalysis[173] en 2021 au regard de l'indice mondial d'adoption des cryptomonnaies, on estimait déjà à 154, le nombre des Pays ayant adopté la cryptomonnaie. Les pays qui utilisent le plus les cryptomonnaies sont le Vietnam, l'Inde, le Pakistan et l'Ukraine[174]. L'expansion des cryptomonnaies va s'étendre sur plusieurs continents notamment l'Asie, l'Afrique,

---

[172] Rapport du Secrétaire général du conseil économique et social des Nations Unies du 4 mars 2021, sur l'ordre du jour « Tirer parti de la chaîne des blocs pour le développement durable : perspectives et difficultés ».

[173] Il s'agit d'une société spécialisée dans l'analyse des *blockchains*.

[174] Voir un article de la finance pour tous, « Dans quels pays utilise-t-on le plus les cryptomonnaies ? », *La finance pour tous*, 16 septembre 2021, <https://www.lafinancepourtous.com/2021/09/16/dans-quels-pays-utilise-t-on-le-plus-les-cryptomonnaies/ >, Dernière consultation : 30 décembre 2022.

l'Europe, l'Océanie et l'Amérique. Après l'Asie, l'Afrique est classée, deuxième région au monde à abriter le plus grand nombre de détenteurs de cryptomonnaies. D'après une analyse réalisée par Triple A[175] en 2022, on dénombre 53 millions d'Africains détenteurs de cryptomonnaies sur 320 millions de détenteurs de cryptomonnaies à l'échelle mondiale[176].

D'après une classification faite par Tiana Laurence, on distingue trois grands types de *blockchain,* notamment les *blockchains* publiques, les *blockchains* privées et les *blockchains* autorisées. Les premières sont celles accessibles à tous grâce à un code source ouvert que la communauté maintient à jour, elles possèdent des réseaux distribués qui utilisent un *token* ou un jeton actif pour leur exécution[177] ? Contrairement aux précédentes, les deuxièmes, notamment les *blockchains* privées, font l'objet d'un contrôle étroit quant à l'accès à la *blockchain* et n'utilisent pas habituellement les *token*[178]. Les troisièmes, quant à elles, sont celles qui contrôlent les rôles que les individus peuvent jouer au sein du réseau. Avec un code source qui peut être ou ne pas être ouvert, les *blockchains* autorisées sont étendues et détiennent des systèmes distribués utilisant un *token* natif[179]. Les

---

175 Il s'agit d'une société spécialisée dans la technologie *blockchain.*
176 Voir Raachidah Anrifou, « Cryptomonnaie : l'Afrique est la deuxième région au monde à abriter le plus de détenteurs », Classe export, 22 septembre 2022, < https://classe-export.com/index.php/racommunaute/64275-cryptomonnaie-lafrique-est-la-deuxieme-region-au-monde-a-abriter-le-plus-dedetenteurs/#:~:text=et%20ses%20d%C3%A9riv%C3%A9s.,L'Afrique%20est%20la%20deuxi%C3%A8me%20r%C3%A9gion%20au%20monde%20%C3%A0%20abriter,millions%20de%20d%C3%A9tenteurs%20de%20cryptomonnaies > , Dernière consultation : 30 décembre 2022.
177 Voir Tiana Laurence, *La Blockchain pour les nuls*, *op. cit.,* p. 20.
178 *Ibidem*, p. 21.
179 *Ibid.*

cryptomonnaies fonctionnent grâce à un système très puissant de *blockchain* reposant essentiellement sur l'Internet. Malgré la pertinence des mérites qu'on pourrait reconnaître aux cryptomonnaies, il faut cependant préciser que celles-ci ne sont pas de nature à sonner le glas des banques qui paraissent incontournables.

1.2. La résistance du circuit bancaire face à la cryptomonnaie

Malgré la forte expansion des cryptomonnaies, les dangers liés à leur usage ainsi que la rigidité du circuit bancaire vont contribuer à accentuer la résistance, voire la réticence quant à leur adoption.

- **Le caractère parfois incontournable du circuit bancaire**

Contrairement à la *blockchain*, le circuit bancaire a fait l'objet d'une réglementation particulière qui le rend parfois indispensable dans la réalisation de certaines transactions. Les monnaies de banque ont l'avantage de servir facilement d'instrument de règlement des transactions étant donné qu'elles ont cours légal et par conséquent nul ne saurait refuser un paiement fait avec une monnaie ayant cours légal. Ce refus pourrait d'ailleurs l'objet de sanctions pénales dans les législations de nombreux États[180]. On ne peut en dire autant des cryptomonnaies, car rien n'oblige un cocontractant à l'accepter pour le paiement.

En outre, les instabilités des cryptomonnaies les rendant volatiles font en sorte que ces dernières ne puissent faire office de réserves de

---

[180] C'est le cas des législations pénales camerounaise et française qui répriment respectivement le refus de la monnaie ayant cours légal aux articles 223 du Code pénal camerounais et R. 642. 3 du Code pénal français.

valeur à leur propriétaire contrairement aux monnaies des Banques qui sont d'ailleurs parfois exigées de façon exclusive. En se référant à titre d'illustration à la zone CEMAC[181], il faut noter que le Règlement n° 03/CEMAC/UMAC/CM relatif aux systèmes, moyens et incidents de paiement du 21 décembre 2016 impose une obligation de payer par moyen scriptural à partir d'un certain montant. Ceci dit, tout paiement qui excède la somme de 500 000 francs CFA ou qui a pour objet le règlement par fraction d'une dette supérieure à ce montant doit être effectué par un moyen de paiement inscrivant le montant réglé au débit d'un compte tenu au nom du payeur chez un établissement assujetti[182]. Lorsqu'il s'agit d'une transaction effectuée entre non-commerçants, cette exigence n'est requise que si le montant est de 1 000 000 francs CFA[183]. C'est dire que tout débiteur s'inscrivant dans ce cas précis sera tenu de procéder au paiement par une monnaie scripturale, le créancier quant à lui ne pouvant s'opposer au paiement par ladite monnaie. Le respect de cette exigence est assuré par la prévision des sanctions en cas de violation de ladite exigence. En cas d'inobservation de cette condition, le débiteur concerné se verra infliger une amende de 5 % des sommes indûment réglées en numéraires[184]. Aussi, le créancier ayant refusé le paiement par moyen scriptural dans l'hypothèse sus-évoquée

---

[181] Communauté Économique et Monétaire de l'Afrique Centrale.

[182] Voir art. 3 nouveau du Règlement n°03/CEMAC/UMAC/CM relatif aux systèmes, moyens et incidents de paiement du 21 décembre 2016.

[183] Voir art. 4 du Règlement n°03/CEMAC/UMAC/CM relatif aux systèmes, moyens et incidents de paiement du 21 décembre 2016.

[184] Voir art. 5 du Règlement n°03/CEMAC/UMAC/CM relatif aux systèmes, moyens et incidents de paiement du 21 décembre 2016.

risque de se voir infliger une amende de 5 % du montant du paiement refusé[185].

De plus, dans les opérations de la vie courante n'ayant pas besoin de faire intervenir Internet, il s'avère difficile d'exploiter les cryptomonnaies, d'où la nécessité de détenir des monnaies fiduciaires. C'est dire que, comme les monnaies scripturales, les monnaies fiduciaires s'avèrent incontournables dans les transactions économiques légères. De cette nécessité des monnaies de banque, va se forger une résistance à l'expansion des cryptomonnaies. Il en va de même de leur danger.

- **Les dangers de la cryptomonnaie**

La cryptomonnaie présente d'énormes dangers pour les utilisateurs. Si ceux-ci se laissent tenter par les avantages de la cryptomonnaie, il va de leur intérêt de s'y engager en tenant compte des dangers auxquels ils sont confrontés. Ces derniers sont confrontés à deux principaux risques. Ils courent le risque de perdre tout ou partie des fonds détenus en cryptomonnaie. Ils courent également le risque d'être liés à la commission des infractions.

S'agissant du risque de perte totale ou partielle des fonds détenus, il faut dire que ce risque provient de plusieurs causes. La perte peut être due aux risques élevés occasionnés par les fluctuations que peuvent subir les cryptomonnaies à tout moment. De la même façon que celles-ci peuvent générer des gains élevés, elles peuvent aussi générer des

---

[185] Voir art. 6 nouveau du Règlement n°03/CEMAC/UMAC/CM relatif aux systèmes, moyens et incidents de paiement du 21 décembre 2016.

pertes élevées au détriment des détenteurs. La perte peut aussi être due à l'oubli de la clé de sécurité qui a été enregistrée par le propriétaire du compte sur lequel sont conservés les fonds. C'est le revers de la médaille de la sécurité optimale que confère la *blockchain.* Une fois la clé de sécurité perdue, le détenteur lui-même ne peut plus avoir accès à son compte, il doit simplement considérer comme perdus, les fonds qui s'y trouvaient stockés. Cependant, il faut tout de même souligner que la sécurité de la *blockchain* n'épargne pas des risques de piratage de données pouvant occasionner des pertes de cryptomonnaies. On peut regretter en outre, la dépendance de la *blockchain* vis-à-vis de l'Internet dans la mesure où un dysfonctionnement éventuel du réseau risquerait de mettre à mal le fonctionnement de la *blockchain.* La perte des monnaies numériques peut aussi avoir pour origine les manœuvres d'escroquerie des personnes malveillantes qui profitent de l'ignorance des détenteurs pour soustraire leurs monnaies numériques.

En ce qui concerne le risque d'être lié à la commission des infractions, il sied de préciser que le système de la *blockchain* est un lieu propice à la commission des infractions de blanchiment des capitaux qui en tant qu'infraction de conséquence peut découler de plusieurs autres infractions dites infractions primaires ou d'origine. Ceci dit, le blanchiment des capitaux peut découler d'une infraction qualifiée de crime ou délit selon le cas. Il pourrait s'agir du trafic de stupéfiants ou du trafic d'organes humains pour ne citer que ceux-ci. Il ne serait donc pas surprenant de constater des comportements illicites de certains détenteurs de cryptomonnaies qui voudront donner une apparence légale aux biens illégalement obtenus. La *blockchain* offre aussi un terrain propice au financement du terrorisme. En effet, le pseudo anonymat conféré par la *blockchain* rend extrêmement difficile l'identification des auteurs desdites infractions. Il est par conséquent difficile de mettre en œuvre la responsabilité pénale de ces derniers[186].

Face à ces divers risques, on en vient à se demander s'il vaudrait mieux abandonner les cryptomonnaies, compte tenu du mal qu'elles peuvent occasionner. Mais lorsqu'on jette un coup d'œil sur les avantages qu'elles peuvent aussi procurer, on voit qu'elles s'avèrent être un mal nécessaire. Par conséquent, plutôt que de les abandonner, il paraît pertinent de mettre en place une complémentarité entre la cryptomonnaie et le circuit bancaire.

2. LA PERTINENCE DE LA MISE EN PLACE D'UNE COMPLEMENTARITE ENTRE LA CRYPTOMONNAIE ET LE CIRCUIT BANCAIRE

La mise en place d'une complémentarité entre la cryptomonnaie et le circuit bancaire peut se faire au regard de l'opportunité de l'intégration de la cryptomonnaie dans le circuit bancaire, mais il paraît nécessaire de prévoir au préalable un encadrement minutieux de ladite monnaie.

2.1. La nécessité d'un encadrement minutieux de la cryptomonnaie

Pour donner plus de crédibilité aux monnaies cryptographiques, il paraît indispensable de prévoir un encadrement qui aura un objet et une dimension bien définie.

---

[186] Voir le rapport du groupe interdépartemental de coordination sur la lutte contre le blanchiment d'argent et le financement du terrorisme (GCBF) publié en octobre 2008 relativement au risque de blanchiment d'argent et de financement du terrorisme par les crypto- assets et le crowdfunding, p. 34-35.

- **L'objet de l'encadrement de la cryptomonnaie**

Sur quoi doit porter l'encadrement de la cryptomonnaie ? C'est la question de l'objet de l'encadrement de la cryptomonnaie. L'encadrement souhaité pourrait avoir pour objet la reconnaissance légale de ladite monnaie. Il serait plus rassurant pour les nationaux de savoir que leur État a reconnu la cryptomonnaie. Les États peuvent même aller plus loin en l'imposant comme monnaie ayant cours légal. De nombreux États vont réglementer l'usage des cryptomonnaies. C'est l'exemple récent de la République Centrafricaine (RCA) en Afrique, qui va adopter la cryptomonnaie en faisant de celle-ci une monnaie ayant cours légal.

L'encadrement de la cryptomonnaie peut aussi porter sur l'identification précise des transactions pouvant être réalisées au moyen de cette monnaie. De cette façon, cela réduirait le risque de commission des infractions. Pour ainsi dire que la réglementation pourrait aussi s'intéresser aux mécanismes de lutte contre la commission des infractions. Aussi, des mécanismes juridiques de protection des détenteurs de cryptomonnaies pourraient être prévus par la même occasion.

Étant donné qu'il n'est pas exclu qu'une transaction économique réalisée au moyen des monnaies numériques puisse générer des contentieux, il paraît tout aussi judicieux de prévoir des mécanismes adéquats de gestion des contentieux résultant des transactions impliquant une cryptomonnaie. Qu'en est-il de la dimension que pourrait avoir l'encadrement de la cryptomonnaie ?

- **La dimension de l'encadrement de la cryptomonnaie**

L'encadrement de la cryptomonnaie doit avoir pour une meilleure efficacité une dimension nationale et une dimension internationale.

Pour ce qui est de la dimension nationale, soulignons que les États devraient en raison de leur souveraineté produire des textes officiels réglementant les activités réalisées au moyen des cryptomonnaies. Ils doivent adopter une loi nationale qui leur soit propre et qui soit adaptée à leur contexte. De nombreux États dans les différents continents vont s'inscrire dans cette dynamique d'adoption de cryptomonnaie.

C'est ainsi qu'en Europe, la France va mettre sur place un régime optionnel et donc non contraignant encadrant les transactions relatives aux cryptomonnaies. Bien que ce régime ne soit pas contraignant, notons qu'il s'agit tout de même d'un début d'encadrement de la cryptomonnaie qui remonte au 22 mai 2019 avec la promulgation de la loi pacte relative aux opérations sur jetons, aux prestataires des services sur actif numérique ainsi qu'aux fonds d'investissement[187].

En Amérique, les États-Unis, soucieux de valoriser les innovations, vont essayer d'encourager l'innovation de la cryptomonnaie. C'est sans aucun doute la raison pour laquelle en avril 2021 sera adoptée une loi sur l'élimination des obstacles à l'innovation dont l'un des objectifs majeurs est de clarifier l'encadrement de la cryptomonnaie. En Amérique du Sud, le Salvador va adopter la cryptomonnaie comme monnaie officielle.

---

[187] Voir un article de l'AMF, « Prestataires de services sur actifs numériques : Le dispositif PACTE en détail », AMF, 19 décembre 2019, <https://www.amf-france.org/fr/actualités/prestataires-de-services-sur-actifs-numeriques-le-dispositif-pacte-en-détail>. Consulté le 30 décembre 2022.

En Asie, la Chine a créé depuis mars 2021 sa propre monnaie numérique, notamment le Yuan numérique.

En Afrique, la RCA a adopté une loi ayant pour objet de régir « toutes les transactions liées aux cryptomonnaies en République Centrafricaine sans restriction, avec un pouvoir d'émission illimité dans toute sa transaction et à tout titre, effectuées par les personnes physiques ou morales, publiques ou privées »[188].

En Océanie, l'Australie a mis sur pied une réglementation qui exige un enregistrement des bourses en activité auprès de l'AUSTRAC[189] pour un contrôle rigoureux de l'échange. Le gouvernement australien va mettre sur pied le *Digital Currency Exchange* qui consigne les transactions réalisées sur la plateforme. Dans un souci de lutter contre le blanchiment et le financement du terrorisme pouvant être masqués par les activités réalisées sur les plateformes de cryptomonnaies, le gouvernement australien va modifier sa loi de 2006 relative au blanchiment d'argent et le financement du terrorisme pour intégrer des dispositions relatives aux cryptomonnaies. Pour veiller au respect de cette exigence, l'ASIC[190] sera mis sur pied.

S'agissant de la dimension internationale de l'encadrement, pour une meilleure efficacité transactionnelle, il serait judicieux que des textes internationaux voire communautaires, soient adoptés et ratifiés par les États. À l'heure actuelle, le fait que la cryptomonnaie soit encore embryonnaire, qu'elle ne soit pas encore universellement admise, est de

---

188 Voir art. 1 de la loi n° 22.004 du 22 avril 2022 régissant la cryptomonnaie en République Centrafricaine.

189 Australian Transactions Reports and Analysis Centre.

190 Australian Securities and Investment Commission.

nature à retarder la mise en place d'une réglementation à dimension internationale des monnaies cryptographiques. Aucun texte à portée internationale n'a encore été émis jusqu'ici. La mise en place de cette réglementation attendue devrait tenir compte de l'opportunité à intégrer les cryptomonnaies dans le circuit bancaire traditionnel.

2.2. L'opportunité de l'intégration de la cryptomonnaie dans le circuit bancaire

Apprécier l'opportunité de l'intégration de la cryptomonnaie dans le circuit bancaire revient à examiner les difficultés d'intégration ainsi que les propositions pour un usage combiné des monnaies du circuit bancaire et la cryptomonnaie.

- **Les difficultés d'intégration de la cryptomonnaie dans le circuit bancaire**

Le système de fonctionnement de la *blockchain* est conçu de telle sorte que les transactions s'exécutent sans faire intervenir un intermédiaire. C'est d'ailleurs le but même de la création des cryptomonnaies. Il paraît difficile de concevoir une intégration de la cryptomonnaie dans les banques quand on sait que l'une des raisons principales de la création des monnaies numériques était de contourner les banques qui semblaient présenter des failles à pallier.

Rappelant le caractère de décentralisation des monnaies numériques, Mathieu George affirme que :

> Lorsque le bitcoin a été créé, l'objectif principal de celui qui a lancé les cryptomonnaies était de décentraliser le secteur financier. En d'autres mots, il cherchait à réduire le pouvoir qu'exercent les banques sur les individus et les entreprises. C'est une donnée importante, car elle explique la grande difficulté

des banques à accepter la présence voire l'existence même des devises virtuelles[191].

Aussi, l'intégration des cryptomonnaies dans les banques paraît difficile dans la mesure où, ces dernières ne sont pas encore dotées de système de *blockchain* fiable dont elles pourraient elles-mêmes assurer le contrôle et en assumer la responsabilité. La technicité et la complexité que présente la maîtrise du système de fonctionnement de la *blockchain* et des monnaies numériques rendront la tâche bien difficile aux banques qui voudront bien s'arrimer à l'expansion des monnaies numériques en l'intégrant dans les services offerts par la Banque.

Enfin au rang des difficultés d'intégration des monnaies numériques au sein des banques se trouvent les difficultés des banques à satisfaire aux exigences des normes prudentielles[192] et plus précisément aux exigences de ratio de solvabilité[193] et de ratio de liquidité[194]. En raison de la volatilité et des instabilités qui caractérisent les cryptomonnaies, en les associant aux monnaies traditionnelles de banque, on pourrait courir le risque qu'avec leurs fonds propres, les banques ne soient pas à même de satisfaire aux exigences de *ratio* qui s'imposent à elles par la réglementation. Malgré ces difficultés, il paraît nécessaire de réfléchir sur les propositions palliatives permettant de

---

[191] Voir Georges Mathieu, « Quel lien existe-t-il entre banques et cryptomonnaies ? », Compte Pro, 23 mai 2022, <https://www.compte-pro.com/quels-liens-existe-t-il-entre-banques-et-cryptomonnaies>, Dernière consultation : 30 décembre 2022.

[192] Les normes prudentielles sont des règles de prudence visant à garantir la solvabilité et la liquidité des établissements de crédit.

[193] Le ratio de solvabilité est une exigence bancaire permettant de déterminer la capacité d'une entreprise à respecter ses engagements contractés sur le moyen ou le long terme

[194] Le ratio de liquidité est une exigence bancaire permettant de déterminer la capacité d'une entreprise à respecter ses engagements immédiats ou contractés à court terme.

combiner l'usage des monnaies du circuit bancaire avec les monnaies numériques.

- **Les propositions pour un usage combiné des monnaies du circuit bancaire et la cryptomonnaie**

Certes, intégrer les cryptomonnaies reposant sur le système de *blockchain* au sein du système bancaire ne sera pas chose aisée. Mais des pistes de solutions pourront contribuer à faciliter le processus d'insertion de celles-ci au sein des banques. Au regard de la disparité du mode de fonctionnement de la *blockchain* et du mode de fonctionnement des banques, l'usage combiné des deux systèmes impliquerait d'intégrer les systèmes de *blockchain* au sein des banques. Il faudrait alors, pour ce faire, intégrer des plateformes d'échange de cryptomonnaies parmi les services offerts par les banques. Compte tenu de la complexité que revêtent les cryptomonnaies et la *blockchain*, les banquiers pourront éventuellement faire recours à des experts pour ce service ou se constituer eux-mêmes experts afin de pouvoir assurer ce service au sein des banques.

En outre, pour faciliter la cohabitation entre les monnaies numériques et les monnaies de banque, il faudrait prévoir au sein des banques, des outils de conversion des monnaies de banque en cryptomonnaies et inversement. Le faire, permettrait aux utilisateurs de pouvoir utiliser leurs fonds pour la réalisation des transactions sans aucune limite. La banque peut même aller plus loin en mettant à la disposition de la clientèle bancaire des instruments de paiement adaptés aux cryptomonnaies. Ceci dit, il ne serait pas surprenant de constater la mise en place par les banques à l'avenir, des cartes bancaires, des chèques de banque, des prêts et virements bancaires donnant accès à des monnaies virtuelles. S'agissant des prêts bancaires, la banque pourrait admettre la possibilité de prêter des cryptomonnaies avec la possibilité de rembourser avec les monnaies de banques traditionnelles et inversement.

CONCLUSION

Les cryptomonnaies, prises comme des monnaies reposant sur un système de *blockchain* évoluant en marge du circuit bancaire, connaissent un essor indéniable qui fragilise quelque peu le fonctionnement des banques. Alors que certains États continuent d'exprimer leur réticence quant à l'adoption desdites monnaies, d'autres par contre se lancent dans une dynamique d'adoption des monnaies cryptographiques conçues par certains comme la monnaie de l'avenir. L'expansion des monnaies virtuelles est un phénomène qui se répand dans le monde entier en traînant avec elle ses avantages et ses inconvénients. Si on est tout de suite attiré par les avantages que procure cette monnaie, il faut tout de même craindre les effets néfastes qui y sont liés. Après analyse, en pesant le pour et le contre, il va sans dire qu'il paraît judicieux de ne pas abandonner l'usage des cryptomonnaies, mais d'y accorder un encadrement rigoureux afin de conférer une certaine sécurité juridique aux utilisateurs. Une fois encadrée, le nouveau challenge sera de parvenir à assurer une coexistence entre les monnaies des banques et les cryptomonnaies au sein du circuit bancaire.

Références

AMF, « Prestataires de services sur actifs numériques : Le dispositif PACTE en détail », AMF, 19 décembre 2019, <https://www.amf-france.org/fr/actualités/prestataires-de-services-sur-actifs-numeriques-ledispositif-pacte-en-détail>, dernière consultation 30 décembre 2022.

Bussac Énée, *Bitcoin, ether & Cie, guide pratique pour comprendre, anticiper et investir,* Malakoff, Dunod, 2018, 256 p.

Cornu Gérard (dir.), *Vocabulaire juridique*, 12ème éd., Paris, PUF, 2018, 1112 p.

Ébouah Landry, « Cryptomonnaies : une menace pour les institutions financières ? », *Village de la Justice*, 17 mars 2021, <https://www.village-justice.com/articles/cryptomonnaies-unemenace-pour-les-institutions-financières,38490.html>, dernière consultation 30 décembre 2022.

La finance pour tous, « Dans quels pays utilise-t-on le plus les cryptomonnaies ? », La finance pour tous, 16 septembre 2021, < https://www.lafinancepourtous.com/2021/09/16/dans-quels-pays-utilise-t-on-le-plus-les-cryptomonnaies/>, dernière consultation 30 décembre 2022.

Laurence Tiana, *La Blockchain pour les nuls,* Paris, éditions First, 2018, 246 p.

Mathieu George, « Quel lien existe-t-il entre banques et cryptomonnaies ? », Compte Pro, 23 mai 2022, <https://www.compte-pro.com/quels-liens-existe-t-il-entre-banques-et-cryptomonnaies>, dernière consultation 30 décembre 2022.

Raachidah Anrifou, « Cryptomonnaie : l'Afrique est la deuxième région au monde à abriter le plus de détenteurs », Classe export, 22 septembre 2022, <https://classe-export.com/index.php/racommunaute/64275-cryptomonnaie-lafrique-est-la-deuxieme-region-au-monde-a-abriter-le-pluscedetenteurs/#:~:text=et%20ses%20d%C3%A9riv%C3%A9s.,L'Afrique%20est%20la%20deuxi%C3%A8me%20r%C3%A9gion%20au%20monde%20%C3%A0%20abriter,millions%20de%20d%C3%A9tenteurs%20de%20cryptomonnaies>, dernière consultation : 30 décembre 2022.

Rapport du Secrétaire général du conseil économique et social des Nations Unies du 04 mars 2021, sur l'ordre du jour « Tirer parti de la chaîne des blocs pour le développement durable : perspectives et difficultés ».

Sarmiento Mariana, *La technologie Blockchain : Une opportunité pour l'atteinte des objectifs de développement durable ?* Mémoire de maîtrise en science politique, Université du Québec à Montréal, juillet 2021, 87 p.

LE DUEL NUMISMATIQUE : LES CRYPTOMONNAIES CONTRE LES MONNAIES FIDUCIAIRES

Jean Paul DJAKDJING
Doctorant à l'Institut des Relations Internationales du Cameroun (IRIC)

Résumé
Depuis l'avènement de l'économie monétaire, plusieurs formes de monnaie se sont succédé et la tendance générale est à sa dématérialisation. Grâce à l'Internet et aux avancées technologiques, les cryptomonnaies, signaux monétaires exclusivement virtuels sont furtivement entrées en scène. Si ces nouveaux signaux monétaires peuvent être analysés comme une réponse à l'évolution des préférences des agents économiques en raison de l'intérêt que ceux-ci suscitent auprès des investisseurs, des entreprises et des particuliers, elles peuvent tout de même, de par la technologie de *blockchain* qu'elles utilisent, être perçues comme un univers de défiance vis-à-vis de la hiérarchie/ordre séculaire du système monétaire garante de la monnaie fiduciaire. Suivant ce dernier point de vue, les cryptomonnaies s'affrontent en duel avec les monnaies fiduciaires et l'issue d'un tel combat en temps ordinaire ne s'aurait qu'être favorable aux monnaies fiduciaires dans la mesure où ces dernières ont la garantie du cours légal et du pouvoir libératoire. À *contrario*, pendant les périodes de crises, les cryptomonnaies à l'instar des autres monnaies complémentaires auront tendance à prendre le dessus sur les monnaies fiduciaires. Cette situation de duel numismatique interpelle les autorités en charge de la régulation du système monétaire et financier à revoir certains principes et mécanismes de fonctionnement de la monnaie fiduciaire d'une part, et d'autre part, à réglementer les émissions de cryptomonnaies afin de rendre les deux formes de monnaie supplétives ou complémentaires et non rivales ou dualistes.

Mots-clés : cryptomonnaie, système monétaire et financier, monnaie fiduciaire, *blockchain*, moyens de paiement.

INTRODUCTION

Le concept monnaie vient du latin : *moneta* qui est le participe passé féminin du verbe *moneo* qui veut dire « avertir ». Cette liaison entre la monnaie et l'idée d'avertir provient du fait qu'à Rome, le temple dans lequel on frappait les pièces de monnaie était dédié à la déesse Junon, laquelle était toujours désignée par *Juno Moneta*, c'est-à-dire la déesse avertisseuse, la déesse qui savait annoncer les évènements[195]. C'est cette appellation qui deviendra plus tard « monnaie » en français. Ce concept qui, à première vue apparaît simple peut être appréhendé soit de manière fonctionnelle ou de manière institutionnelle.

De manière fonctionnelle, il est connu et accepté de tous qu'au sein de la société, la monnaie est un bien qui assure les fonctions d'unité de compte, d'instrument d'échange, de réserve de valeurs et plus récemment, la fonction d'instrument de politique monétaire lui a été également assignée. Par conséquent, la monnaie n'est pas un objet naturel qui surgit spontanément au sein d'une collectivité humaine, mais plutôt une institution sociale qui est suscitée, inventée par les hommes en réponse à l'existence d'un besoin, celui d'organiser et de sécuriser les transactions économiques et « elle s'invente lors de la transformation d'une société réduite, archaïque, autarcique, en une société urbanisée marquée par une spécialisation des fonctions entre les individus » [196].

Dotée d'aucune valeur intrinsèque, la monnaie jouit d'une

---

[195] Henri Guitton, *La monnaie*, Paris, Dalloz, 1969, p. 11-12

[196] Frédéric Allemand, « La monnaie : institution sociale et « bien public ». » *Dossier thématique*, p. 1, <*http://www.cvce.eu/obj/la_monnaie_institution_sociale_et_bien_public-fr8cd1c529-9bb5-4607-8653 97de41d524bd.html* (2013)>

stabilité de valeur et, dans ce sens, elle conserve son pouvoir d'achat entre deux transactions du fait que l'État, bénéficiant de la pleine confiance des agents économiques, en assure la garantie et lui confère un cours légal. Ainsi, son acceptation et son utilisation reposent sur une convention implicite entre l'autorité qui l'émet et les agents économiques qui l'acceptent par confiance faite à ladite autorité. C'est en cela que la monnaie se voit doter d'une dimension institutionnelle et peut à tout égard, être assimilée aux institutions sociales qui servent l'intérêt public.

De ce qui précède, l'on peut reconnaître avec Guitton[197] les quatre caractères que le droit confère à la monnaie et qui en fondent la définition institutionnelle. Il s'agit de : moyen obligatoire ; universel, indéterminé, non affecté ; relatif à un espace ; et d'effet immédiat, instantané. Ainsi, la monnaie est un moyen de paiement, de liquidation et d'extinction de la dette ayant un pouvoir libératoire instantané universellement reconnu dans un espace donné.

Si l'imagerie populaire perçoit la monnaie aujourd'hui comme ce bien dont la seule détention confère un pouvoir d'acquisition ou d'échange des biens et services sur les marchés, il importe toutefois de savoir qu'avant d'arriver aux formes de monnaie ayant cours de nos jours, l'humanité est passée consécutivement de l'économie de troc à la monnaie marchandise, la monnaie métallique et la monnaie papier – figure prodromique ou de préfiguration de la monnaie fiduciaire actuelle – et le passage d'une forme à une autre exprime une évolution des préférences et chaque nouvelle forme apparaît toujours comme

[197] Henri Guitton, *La monnaie*, *op. cit.*, p. 12-15.

mieux adaptée au contexte et répondant plus industrieusement aux besoins de l'heure exprimés par les usagers. C'est pourquoi toutes ces formes de monnaie sus-évoquées sont déjà révolues pour ne plus faire place qu'aux monnaies fiduciaires et cryptographiques.

La monnaie fiduciaire[198] regroupe ce que l'on appelle la monnaie manuelle ou dans le langage courant « l'argent liquide », c'est-à-dire les pièces et les billets de banque. Il s'agit de la monnaie de l'État. Avec cette forme de monnaie, il est question d'un simple papier ou objet sans ou avec peu de valeur d'usage, mais en lequel les agents économiques ont mis leur confiance du fait qu'elle est garantie par l'État incarné par l'institution émettrice. En d'autres termes, c'est la confiance que chaque agent économique a de voir ces billets et pièces acceptés par les autres dans le règlement des transactions qui en fonde la valeur étant donné que la valeur faciale inscrite sur la monnaie est de beaucoup supérieure à la valeur intrinsèque des pièces et billets.

Suite à l'analyse de l'évolution des formes de monnaie sus-évoquées, l'on peut remarquer que la tendance est à la dématérialisation de la monnaie puis à la démonétisation de la monnaie manuelle au profit de la monnaie scripturale dans les pays développés tandis que dans ceux en voie de développement, en raison de la faible bancarisation, le taux d'utilisation de la monnaie manuelle reste encore élevé. Ce constat appelle à des efforts supplémentaires des institutions bancaires dans ces pays afin de rendre les services bancaires plus accessibles à la grande majorité des populations qui, pour se faire financer, font recours à des modes de financement alternatifs ou des circuits financiers parallèles.

---

[198] Le mot fiduciaire vient latin *fidus* qui signifie confiance.

La monnaie scripturale quant à elle est constituée des dépôts bancaires à vue, c'est-à-dire des sommes dont disposent les titulaires des comptes courants bancaires et qu'ils peuvent dépenser à la demande, à n'importe quel moment et pour n'importe quel achat, simplement en utilisant leur carte de paiement, en signant un chèque ou en effectuant des virements[199]. Cette monnaie est dite scripturale (du latin *scriptura* : l'écriture), car elle circule par un simple « jeu d'écriture » : lors d'un achat, le solde du compte bancaire de l'acheteur est simplement diminué du montant de l'achat et le solde du compte bancaire du vendeur est augmenté du même montant. Cette circulation passe par l'usage d'instruments de paiement que sont les chèques, les cartes de paiements, les virements, etc.

Pour ce qui est de la monnaie électronique, elle n'est qu'un instrument de mobilisation de la monnaie fiduciaire ou, mieux, un instrument de paiement au même titre que les chèques et ne saurait en aucun cas être assimilée à la monnaie en elle-même si ce n'est par abus de langage.

S'agissant de la monnaie virtuelle, elle est « un type de monnaie numérique non réglementée qui est émise et généralement contrôlée par ses développeurs, et qui est utilisée et acceptée parmi les membres d'une communauté virtuelle spécifique » [200]. Elle est fondée sur un

---

[199] La monnaie fiduciaire se présente comme tout instrument de paiement ayant cours légal, défini et émis par une autorité centrale, et que les gens sont prêts à accepter en échange de biens et de services, car il repose sur une réglementation et sur la confiance placée dans l'autorité centrale. Voir CGAP, *Annual Report*, 2014.

[200] CGAP. « Bitcoin contre monnaie électronique », Washington (DC), janvier 2014, p. 1, <https://www.cgap.org/sites/default/files/Brief-Bitcoin-versus-Electronic-Money-Jan-2014-French.pdf>.

protocole de communication, c'est-à-dire un ensemble de règles que des utilisateurs acceptent de suivre afin d'envoyer et de recevoir des données à l'intérieur d'un réseau dont la gestion n'est assurée par aucune autorité légale ou banque centrale[201]. En d'autres termes, c'est un système de paiement privé basé sur Internet ou, encore, une monnaie virtuelle qu'un utilisateur détient dans un portefeuille virtuel spécifique à Bitcoin[202]. Elle est basée sur des interactions purement volontaires sur Internet entre les utilisateurs dudit réseau. De ce fait, elle a tout l'air d'une monnaie complémentaire ou parallèle à l'exception de son caractère virtuel et en dépit du rejet de sa classification parmi les monnaies dans beaucoup de littérature en sciences économiques sous le fallacieux prétexte qu'il s'agit d'un crypto actif et non d'une monnaie.

S'inscrivant dans une conception purement libertarienne visant à soustraire la monnaie au pouvoir de l'État, les cryptomonnaies « promettent de remplacer la confiance dans des institutions établies de longue date, comme les banques commerciales et les banques centrales, par un nouveau système, entièrement décentralisé, fondé sur la chaîne de blocs et la technologie de registre distribué qui lui est liée »[203]. Au regard de la dilection populaire qu'elles suscitent aussi bien des entreprises et des particuliers voire des banques Centrales ou des États et de la révolution qu'elles engendrent, les cryptomonnaies font objet

---

201 Philippe Herlin, *La fin des banques*, Paris, Eyrolles, 2015, p. 70.

202 François Velde, « Bitcoin pour remplacer les devises ? », *Revue d'Économie Financière*, n° 150, 2015, p. 105.

203 BRI. « Implications des évolutions de la technologie financière pour les banques et les autorités de contrôle bancaire », 10 Décembre 2018, p. 109, <https://www.bis.org/bcbs/publ/d431_fr. https://www.bis.org/bcbs/publ/d431_fr.pdfpdf>, dernière consultation dimanche 20 novembre 2022.

de vives controverses et sont au cœur des préoccupations des banques centrales. Il se pose alors la question de savoir quel rapport établir entre les cryptomonnaies et la monnaie fiduciaire. Si le contexte actuel prête à un duel entre les deux formes de monnaies, quelles peuvent être les issues possibles de cette bataille ?

Pour répondre à ces interrogations, il conviendrait de présenter préalablement les cryptomonnaies dans leur fondement tantôt comme une simple réponse à l'évolution des préférences des agents économiques ou comme un univers de défiance de la hiérarchie séculaire du système monétaire actuel avant d'établir si cette bataille des monnaies que nous qualifions de « batailles numismatiques » est à la faveur d'une forme de monnaie au péril de l'autre ou plutôt à la coexistence pacifique entre les deux formes de monnaie.

1. LES CRYPTOMONNAIES : UNE REPONSE SOCIALE

La monnaie en tant que phénomène social émane toujours du contexte social dans lequel celle-ci est appelée à exercer ses fonctions. Elle ne surgit pas spontanément au sein des collectivités humaines dans la mesure où elle est suscitée en réponse à l'existence d'un besoin, celui « d'organiser et de sécuriser les transactions économiques entre les membres d'une société donnée »[204]. Ainsi, comme nous l'avons vu précédemment, les différentes formes de monnaie qui se sont succédé au fil de l'histoire ont toujours eu pour finalité la simplification des échanges ou transactions entre les agents économiques. De l'économie

[204] Frédéric Allemand, « La monnaie : institution sociale et « bien public », *op. cit.*

de troc à l'avènement de la monnaie fiduciaire, la tendance centrale de cette succession de formes de monnaie demeure à la dématérialisation progressive et c'est ce processus de dématérialisation qui se poursuit de nos jours avec l'assomption des cryptomonnaies qui est une monnaie immatérielle ou virtuelle par excellence.

Encore appelée monnaie virtuelle ou devise numérique et monnaie digitale, la cryptomonnaie est une monnaie d'origine privée[205] qui s'appuie sur l'utilisation des innovations technologiques de manière générale et plus singulièrement la *blockchain* ou chaîne de blocs dont le protocole sera expliqué à la suite. Parmi la multitude de cryptomonnaies qui existe, le premier, le plus grand, le plus connu et plus valeureux actuellement est le bitcoin[206]. Il s'agit d'un système privé de paiement basé uniquement sur Internet et donc virtuel par essence et gardé dans un portefeuille virtuel spécifique à bitcoin. L'adhésion ou mieux la dilection qu'elles suscitent auprès de la myriade d'agents économiques montre à suffisance que cette forme de monnaie est bien une réponse sociale qui atteste soit de l'évolution des préférences des agents économiques soit de la volonté manifeste des libertins à défier l'ordre hiérarchique monétaire séculaire qui répond peu ou mal voire pas du tout leurs attentes.

---

[205] C'est-à-dire que sa gestion n'est assurée par aucune autorité par conséquent, on la désigne aussi par l'expression « monnaie décentralisée ».

[206] « Le bitcoin c'est une monnaie cryptographique lancée depuis 2009. Il s'agit d'un système privé de paiement basé sur Internet. En d'autres termes, le bitcoin c'est une monnaie virtuelle qu'un utilisateur détient dans un portefeuille virtuel spécifique à bitcoin ».

1.1 La cryptomonnaie : réponse à l'évolution des préférences des agents économiques

Le domaine des moyens de paiement duquel relèvent les cryptomonnaies est sujet à des cycles de transformation parfois longues et profondes. En témoignent les transmutations que ces instruments ont subies depuis l'institution de l'économie monétaire jusqu'à nos jours. Depuis lors, les moyens de paiement évoluent au gré des usagers qui sont eux-mêmes fonction des changements de la société. Ainsi, les innovations constituent l'un des principaux facteurs de mutation faisant du secteur des moyens de paiement, « une industrie vivante, dynamique »[207]. Aussi, peut-on constater que le marché des paiements est l'un des segments le plus affectés par les technologies financières au point où il ne se passe pratiquement pas de jour sans qu'une banque ou une fintech ait annoncé de nouveaux produits dans ce domaine[208].

Dans le contexte actuel, les cryptomonnaies se greffent sur des limites des monnaies fiduciaires ou aux besoins non assouvis des usagers de ladite monnaie. Au rang des limites de la monnaie fiduciaire ou étatique, figure en bonne place sa haute capacité, ses coûts de transferts voire de transactions relativement élevées et surtout l'hyper centralisation de ses mécanismes. Au regard de ces limites ou insuffisances des monnaies fiduciaires, les cryptomonnaies apparaissent comme des solutions ou réponses alternatives dans la mesure où elles sont reconnues par leur insensibilité à l'inflation, le

---

[207] Jean-Yves Forel « Les moyens de paiement, quelle innovation ?», *Revue d'économie financière,* n° 150, 2015/4, p. 93.

[208] Bertrand Lavayssière, « Les modèles économiques bouleversés par le digital », *Revue d'économie financière* n° 120, 2015/4, p. 58.

faible coût de transactions, la spontanéité ou la célérité dans les virements qu'elles offrent à leurs usagers[209].

Le caractère anti-inflationniste ou déflationniste des cryptomonnaies est la résultante de leurs mécanismes de création et de fonctionnement alors que la monnaie fiduciaire est essentiellement inflationniste comme le prix Nobel Milton Friedman l'avait relevé : l'inflation est partout un phénomène d'origine monétaire[210].

En effet, les mécanismes des cryptomonnaies sont dotés d'un dispositif anti-inflationniste qui consiste à maîtriser les deux facteurs clés de la production des unités monétaires, à savoir le temps et le nombre d'unités. De la sorte, le nombre d'unités ou des pièces de cryptomonnaies à produire dans une plage temporaire peut être prédit. Selon Lee[211] repris par CGAP[212], on comptait environ 12 millions de bitcoins en 2013 et on pouvait projeter qu'en 2017, 75 % de tous les bitcoins auront été créés et en 2140, le dernier bitcoin sera miné[213]. Il ne peut en être qu'ainsi, car jusqu'à nouvel ordre, dans le mécanisme actuel des cryptomonnaies, il n'existe pas d'organisme de réglementation qui pourrait prendre la décision exclusive d'augmenter ou de diminuer les émissions des cryptomonnaies.

---

[209]MINFI, *Cryptomonnaies*, Yaoundé, Document de travail, 2022.
[210] Friedman Milton, *Inflation et système monétaire*, 1968, trad. française 1969, rééd., Paris, Calmann-Lévy, 1994.
[211] Timothy Lee, "12 Questions about Bitcoin You Were Too Embarrassed to Ask", The Switch, *Washington Post*, 19 November 2013, <http://www.washingtonpost.com/blogs/the-switch/wp/2013/11/19/12-questions-you-were-too-embarrassedto-ask-about-bitcoin/> , consulté le 30 décembre 2022.
[212] CGAP, « Bitcoin contre monnaie électronique », *op. cit.,* p. 2.
[213] Alex Hern, "Is Bitcoin about to Change the World ?", *The Guardian*, 25 November 2013, <http://www.theguardian.com/technology/2013/nov/25/is-bitcoin-about-to-changethe-world-peer-to-peer cryptocurrency-virtual-wallet? > , consulté le 28 décembre 2022.

S'agissant de la limitation du nombre d'unités de cryptomonnaies, il importe de signaler que l'émission de ces derniers et du bitcoin en particulier est plafonnée à un seuil immuable de 21 millions d'unités[214], ce qui ne saurait guère être une source d'inflation. Alors que le pouvoir de création de la monnaie fiduciaire se trouve partagé entre plusieurs entités dédiées ou agréées, à savoir la Banque Centrale, les banques secondaires et le trésor public par un simple jeu d'écriture et dans les limites des normes et mesures prudentielles de gestion prescrites par l'organe en charge de la supervision des activités financières et bancaires.

Pour ce qui est de la maîtrise du facteur temps dans le mécanisme de production des cryptomonnaies, elle consiste à ne créer de nouvelles unités de cryptomonnaies que toutes les 10 secondes et à diviser par deux, tous les quatre ans, l'émission des unités monétaires[215].

Sur un autre plan, les transactions en cryptomonnaies allient à la fois efficience et célérité. En effet, les transactions avec les systèmes de monnaies cryptographiques sont effectuées suivant le principe de P2P, avec des frais de transfert considérablement réduits et à des vitesses exponentielles de traitement. Ceci s'explique par la décentralisation du système de cryptomonnaie et la réduction des coûts de maintenance du réseau en même temps que par l'absence de procédure administrative de contrôle.

L'anonymat des transactions garanti par les cryptomonnaies quant à lui consiste à donner la possibilité aux utilisateurs de détenir

---

[214] Pierre Antoine Gailly, *Nouvelles monnaies : les enjeux macro-économiques, financiers et sociétaux,* Paris, *Journal officiel de la République française*, 28 avril 2015.
[215] CGAP, « Bitcoin contre monnaie électronique », *op. cit.*

plusieurs adresses publiques, sans que celles-ci ne soient liées à un nom, à une adresse physique ou à toute autre donnée d'identification. Cependant, cet anonymat n'occulte en aucun cas le principe de la transparence cher aux cryptomonnaies. C'est ainsi que tous les membres du réseau peuvent voir combien d'unité de cryptomonnaies est stockée dans chaque adresse publique, même s'ils ne peuvent pas identifier facilement le propriétaire de l'adresse.

En résumé, en tant que réponse à l'évolution des préférences des agents économiques, les cryptomonnaies engendrent pour leurs usagers, un nouveau rapport au monde devenu un réel village planétaire, une nouvelle façon de penser le temps et l'espace de par l'instantanéité des transactions, l'information, les connaissances et l'autonomie d'action qui sont des facteurs très déterminants dans la satisfaction des agents économiques.

1.2 La cryptomonnaie : univers de défiance vis-à-vis de la hiérarchie séculaire du système monétaire mondial

Afin d'établir que les cryptomonnaies constituent un univers de défiance de l'ordre monétaire séculaire, il convient de présenter d'une part, la technologie de *blockchain* sur laquelle cette innovation se fonde et d'en décliner les implications d'autre part.

- La technologie de *blockchain* et l'idéologie sous-jacente

La technologie de *blockchain* peut être entendue comme une base de données où les informations envoyées par les utilisateurs sont vérifiées et certifiées à intervalle régulier[216]. De manière allégorique, la *blockchain* peut être assimilé à une technologie de registres partagés, accessibles et consultables par tous ceux qui se connectent à son réseau[217]. Le registre étant une sorte de grand livre de compte électronique stockant l'ensemble des données relatives aux transactions effectuées par les utilisateurs du réseau depuis la création de la chaîne.

Le mécanisme de *blockchain* n'est ni fondé sur une organisation de type pyramidal ou hiérarchique avec un organe central de contrôle et de supervision encore moins sur un serveur unique devant héberger toutes les données[218]. Mais tout au contraire, les données sont mises à la disposition des utilisateurs qui ont tous un même rang : aucun ne disposant d'un pouvoir sur les autres. De ce fait, la décentralisation demeure un principe fondamental de ladite technologie. Seulement, il existe une catégorie d'utilisateurs, appelés « nœuds » ou encore des mineurs qui, en raison de la puissance de calcul de leurs ordinateurs, sont capables de « miner », c'est-à-dire de certifier de la validité de chaque transaction d'une part et de valider les blocs avant de les rattacher les uns aux autres afin d'en faire une chaîne ; le bloc étant l'agglomération de plusieurs transactions valides. Le travail des mineurs est purement mathématique et requiert une puissance de calcul que d'aucuns estiment excessivement énergivore et « égale à celle de la Hongrie en une année » pour ce qui est de la cryptomonnaie bitcoin[219].

---

[216] Thibaut Gress, « La Blockchain, une philosophie crypto-anarchiste », jeudi 29 décembre 2022,
< https://bitcoin.fr/la-blockchain-une-philosophie-crypto-anarchiste/ >

[217] Mathieu Trinnou, *Les crypto-monnaies : quels enjeux pour les banques centrales*, Dakar, Les précis du COFE, 2021.

[218] Thibaut Gress, « La Blockchain, une philosophie crypto-anarchiste », *op. cit.*

[219] *Ibidem.*

Toutefois, les nouvelles versions de cryptomonnaies intègrent déjà ce reproche d'être énergivore.

De par ce procédé de vérification et de certification des données à incorporer dans un bloc et de validation des blocs eux-mêmes, la technologie de *blockchain* constitue un mécanisme transparent et sécurisé de transmission et de sauvegarde des informations tout en se dispensant de la confiance dans le cadre des transactions. C'est ainsi que Gress qualifie la *blockchain* de technologie « trustless », c'est-à-dire « sans confiance requise »[220], par conséquent, cette technologie apparaît comme une sorte de parade, d'une part, à la précarité structurelle inhérente à la confiance et, d'autre part, en vue de la supplémentation de l'autorité des organes centraux ou étatiques.221.

- **Les implications de l'utilisation de la *blockchain***

Plus qu'une simple technologie, de par son caractère dit « trustless » si on se réfère à Gress (2019), la *blockchain* s'avère être un rapport de confrontation politique sinon idéologique du monde de manière générale, mais plus spécifiquement vis-à-vis de l'autorité. Son application dans le cadre des cryptomonnaies en particulier manifeste la confrontation de l'autorité monétaire à travers la négation sinon la contestation voire la désapprobation de toute autorité monétaire centrale et la subrogation totale de celle-ci par l'anonymat du nombre.

[220] Pour *Gress* (2019), « Toute procédure fondée sur la confiance est faillible, précaire, incertaine. Parler de confiance, c'est aussitôt envisager la possibilité de la rupture de confiance, prendre en compte l'éventualité d'une faillite de ce en quoi avait été placée la confiance ».
[221] Thibaut Gress, « La Blockchain, une philosophie crypto-anarchiste », *op. cit.*

La désapprobation de l'autorité monétaire centrale par les cryptomonnaies s'opère à travers le renversement de l'ordre monétaire hiérarchique fondé sur une organisation de type pyramidale ayant à sa tête l'oligarchie qui dispose de l'essentiel du pouvoir de décision sur les autres acteurs du système. Avec la cryptomonnaie, désormais, à l'organisation verticale de la société d'autrefois, se substitue une organisation de type horizontal dans laquelle aucune autorité/hiérarchie n'est admise et tous les acteurs/membres ont désormais un même statut à l'exception des mineurs reconnaissables à leurs ordinateurs qui sont dotés d'une puissance de calcul prodigieux. En d'autres termes, les cryptomonnaies, par le biais de la technologie de *blockchain*, promeuvent un univers horizontal dans lequel seules les différences de puissance de calcul en matière de chiffrement/déchiffrement valent et où aucun membre du réseau ne dispose de plus de légitimité que d'autres en matière de certification ou validation des transactions si ce n'est par la puissance de calcul de son ordinateur.

C'est pourquoi Gress (2019) trouve qu'au fond de la cryptomonnaie, « se joue une volonté de liquider l'*auctoritas* en son sens classique et de liquider un monde verticalisé au sein duquel des différences de compétences légitimeraient un système hiérarchique de pouvoir, de contrôle et d'organisation »[222].

Par ailleurs, s'il faut interroger l'idéologie qui est derrière la technologie de *blockchain*, on peut aisément comprendre que celle-ci relève de la *cyberpunk* ou du crypto-anarchisme. Pour Tandt[223], la

---

[222] *Ibidem.*

[223] Christophe Den Tandt, *Cyberpunk,* Academia.edu, 2014, <https://www.academia.edu/26245923/Cyberpunk>

cyberpunk est la résultante de la mutation sociale engendrée depuis l'infiltration de la vie de l'homme par les technologies de l'information et de la communication tandis que pour d'autres auteurs, il s'agit plutôt d'une communauté dont l'espoir est à travers le bitcoin qu'elle promeut, « [...] de préserver la vie privée et l'anonymat en réduisant le contrôle des gouvernements et des firmes sur l'information et les canaux de sa circulation »[224]. L'écrivain William Gibson estime pour sa part que le *cyberpunk* est « l'hallucination électronique consensuelle »[225] générée par la totalité des réseaux d'information.

Dans cette perspective, le bitcoin et par extension, les cryptomonnaies en général, peuvent être considérés comme « [...] la réalisation voire le dépassement des ambitions de Von Mises (1912) et Hayek (1990) visant à mettre fin au monopole des États et des banques centrales dans l'émission et la circulation de la monnaie » [226].

De tout ce qui précède, l'on peut être tenté de ranger les cryptomonnaies dans l'idéologie philosophique libertine qui est un courant de pensée économique qui défend un libéralisme radical, soit un État minimal et une gestion par le marché non seulement des biens collectifs et des externalités, mais aussi des fonctions régaliennes de l'État[227]. Par conséquent, les cryptomonnaies sont par essence un

---

[224] Maël Rolland et Assen Slim, « Économie politique du Bitcoin : l'institutionnalisation d'une monnaie sans institutions », *Économie et institutions,* 2017, p. 1, <http://journals.openedition.org/ei/6023>

[225] Christophe Den Tandt, *Cyberpunk*, 2014, *op. cit.*

[226] Maël Rolland et *al.*, « Économie politique du Bitcoin : l'institutionnalisation d'une monnaie sans institutions », *op. cit.*

[227] Alain Beitone, *Dictionnaire de science économique*, Paris, Armand Colin, 2013.

univers de défiance, vis-à-vis de la hiérarchie séculaire du système monétaire et financier mondial.

2. LA BATAILLE CRYPTOMONNAIES CONTRE MONNAIE FIDUCIAIRE : LES ISSUES POSSIBLES

L'avènement de la cryptomonnaie marque un tournant décisif dans le processus de dématérialisation de la monnaie enclenché depuis l'apparition de la première forme de monnaie. L'innovation technologique sur laquelle cette nouvelle forme de monnaie se fonde est aussi bien disruptive qu'elle engendre une révolution et une avalanche de réactions aussi bien laudatives que péjoratives au point où il apparaît extrêmement complexe de prévoir l'issue de cette confrontation entre la monnaie fiduciaire millénaire et les monnaies locales des communautés virtuelles encore appelées cryptomonnaies nouvel entrant dans l'arène. Toutefois, nous pouvons supputer que l'issue de cette confrontation ou, mieux, l'avenir de ces monnaies privées (cryptomonnaies) est à déduire à l'issue de l'analyse de leurs forces (gage de leur suprématie ou de leur survie auprès des monnaies ayant cours légal) et de l'illustration de leurs limites comparativement aux monnaies étatiques.

2.1 Les forces et faiblesses de la cryptomonnaie

Les cryptomonnaies présentent quelques forces et faiblesses qui sont très déterminantes pour leur avenir.

S'agissant de leurs forces, on peut principalement évoquer leur fortes assomption et pénétration de l'économie réelle observables à travers leur irruption, tant dans les économies développées que dans celles en voie de développement, ainsi que leur forte capitalisation et certains avantages courants liés à leur utilisation.

En effet, les cryptomonnaies sont devenues un effet de mode tel qu'il s'en crée de nouveaux pratiquement chaque jour. Les utilisateurs de leur côté, férus des technologies et grisés par la nouveauté de la chose, sont traînés par cette mode séduisante et se recrutent aussi bien parmi les particuliers et les entreprises que les États. Ces utilisateurs, chacun en fonction de ses aspirations ne voudrait guère faillir devant cette opportunité de gain. Du coup, plus d'investisseurs optent de nos jours pour les cryptomonnaies dans le souci d'optimiser leur portefeuille.

Les États de leur côté ne sont pas en reste : les pays aussi bien développés que ceux en voie de développement se sont lancés dans les projets d'adoption voire de création de cryptomonnaies de banque centrale. C'est ainsi que le Salvador a adopté le bitcoin comme une monnaie officielle depuis le 22 avril 2022, les autorités centrafricaines ont promulgué une loi régissant la cryptomonnaie en RCA faisant du Bitcoin la monnaie officielle en dépit de son appartenance à la zone franc CFA.

Par ailleurs, les études menées par le Boston Consulting Group, Bitge et Foresight Venture, reprises par Cryptosatat en 2023[228], projettent qu'en 2030, le nombre d'utilisateurs de cryptomonnaies sera d'un milliard alors que les Nations unies ont estimé qu'en 2030, le nombre de populations sur terre avoisinerait les 8,5 milliards. Ainsi, en

---

[228] Cryptoast, <https://cryptoast.fr/milliard-utilisateurs-cryptomonnaies-2030/>, consulté le 10 février 2023.

2030, 11,76 % de la population mondiale utiliseraient les cryptomonnaies.

La même étude a établi un parallèle entre la courbe d'adoption d'Internet entre 1992 et 2005 et celle des cryptomonnaies comme l'indique la figure ci-dessous. Ces courbes montrent que l'Internet et les cryptomonnaies connaîtront des trajectoires similaires. D'où l'estimation optimiste de Cryptoast, selon laquelle l'adoption de l'écosystème et ses actifs liés est loin d'avoir atteint sa limite haute. Du coup, il ne serait pas étonnant que les « cryptomonnaies reposant sur la technologie *blockchain*, donnent lieu à de véritables systèmes monétaires indépendants et parallèles par rapport aux systèmes monétaires étatiques et bancaires[229].

Figure 1. Courbe de comparaison de l'itinéraire de l'Internet et l'adoption des cryptomonnaies

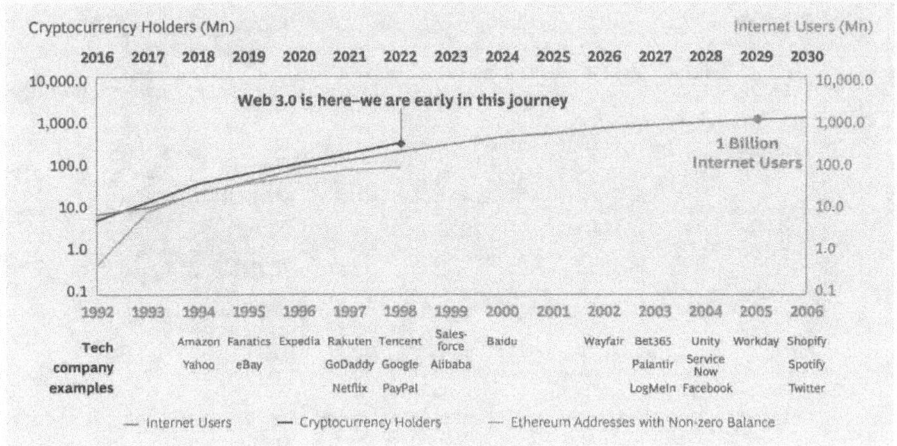

Source : https://cryptoast.fr/milliard-utilisateurs-cryptomonnaies-2030/

229 MINFI, *Cryptomonnaies,* 2022, *op. cit.*

Pour ce qui est de la capitalisation des cryptomonnaies, les séries statistiques relevées de 2014 à 2022 par Statista Digital Economy Compass et résumées dans le tableau ci-dessous révèlent que celle-ci connaît une hausse vertigineuse. Cela corrobore le présage selon lequel les cryptomonnaies pourraient connaître un avenir beaucoup plus radieux que ne nous le laissent croire les multiples crises et scandales de *crypto krach* qui les entourent. Toutefois, selon une étude de 2022 du Haut Conseil de la Stabilité Financière (HCSF), le marché des cryptoactifs « [...] reste largement dominé par le bitcoin et l'Ether, représentant à eux seuls plus de 60 % de la valorisation totale »[230].

Figure 2. Courbe de l'évolution de la capitalisation des cryptomonnaies

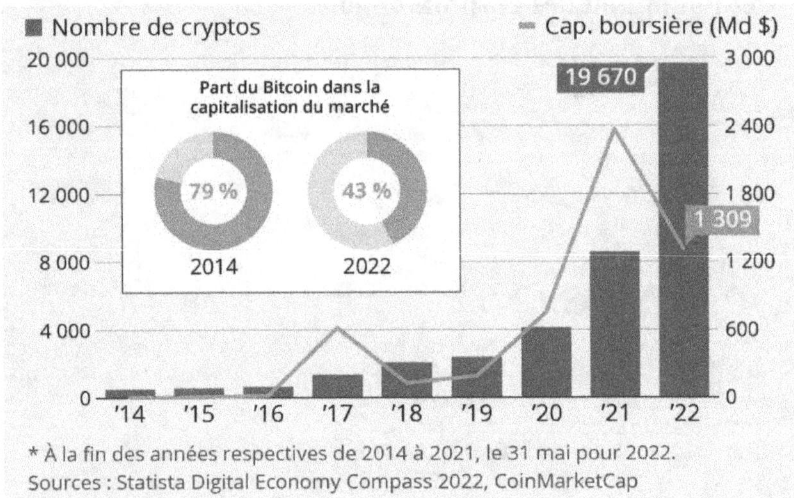

Source : Statista Digital Economy Compass, 2022

[230] HCSF, *Rapport annuel*, 2022, p. 52, <https://www.vie-publique.fr/rapport/287096-haut-conseil-de-stabilite-financiere-rapport-annuel-2022>.

Pour compléter l'énumération des forces des cryptomonnaies, il importe de citer certains de leurs avantages spécifiques. En effet, de plus en plus, les cryptomonnaies offrent à leurs usagers, des fonctionnalités similaires à celles des monnaies fiduciaires (facilité de conversion en devises ou en monnaie locale, admission comme moyens de paiement par les marchands physiques, service par téléphone portable, ordinateur et carte de crédit[231], etc.), les plus grandes cryptomonnaies à l'instar des bitcoins s'apparentent désormais à de véritables devises internationales sans frontières dans la mesure où depuis 2015, plus de 100 000 commerces acceptaient déjà les règlements de leurs transactions en bitcoins et la carte américaine de paiement en bitcoins SHIFT était déjà utilisable dans tous les commerces du monde acceptant les cartes Visa[232]. Par ailleurs, d'autres cartes de ce type à l'instar de prypto et *coinbase* sont en développement pour pouvoir respectivement englober d'autres cryptomonnaies et faciliter la conversion des cryptomonnaies entre elles[233]. Tout cela augmente le taux de pénétration des monnaies virtuelles décentralisées dans l'économie réelle et réhabilite davantage la thèse de leur durabilité.

Un autre avantage et non le moindre que les cryptomonnaies offrent aux investisseurs est celui de la facilité des transferts internationaux rapides et moins onéreux comparativement aux services

---

[231] À titre d'illustration nous pouvons citer Shift, la première carte de paiement en bitcoin en Américain.
[232] Tichit, Ariane, Pascal Lafourcade et Vincent Mazenod. « Les monnaies virtuelles décentralisées sont-elles des dispositifs d'avenir ?» *Interventions Économiques : Papers in Political Economy*, 2018, p. 7, <https://hal.archives-ouvertes.fr/hal-01995938>, Consulté le mercredi 7 décembre 2022.
[233] *Ibidem.*

bancaires classiques. Ceci fait des cryptomonnaies, des actifs portables par excellence, plus ouverts au monde, sans limites géographiques et accessibles 24 heures sur 24. Ainsi, fort de leur caractère décentralisé, les cryptomonnaies constituent un système financier alternatif, offrant à leurs détenteurs la certitude de ne jamais voir leurs avoirs saisis ou confisqués par une quelconque autorité.

De tout ce qui précède, on comprend que les cryptomonnaies ne sont plus des objets de simple spéculation comme l'ont prétendu beaucoup de banquiers centraux. Mais, elles ont su percer la sphère réelle pour devenir de plus en plus de véritables moyens de placement de long terme et cela « […] semble inquiéter les hautes sphères financières telles que les banques centrales et les multinationales »[234]. Fort de ce constat, l'option qui semble la plus avantageuse pour les pays serait de récupérer ce moyen par la création de leurs propres cryptomonnaies de banque centrale en dépit des faiblesses que ce système recèle. C'est déjà le cas avec certains pays comme l'Estonie, le Kazakhstan, la Tunisie et la Suède qui a lancé depuis 2018, la première cryptomonnaie d'État nommée le « Petro ».

2.2 Les faiblesses, les limites et les risques des cryptomonnaies par rapport aux monnaies scripturales

Si les cryptomonnaies présentent beaucoup d'avantages pour ses utilisateurs comme nous l'avons souligné ci-dessus, il n'en demeure pas moins qu'elles regorgent d'énormes limites ou inconvénients qui compromettraient leur avenir dans la conquête de l'univers de la

[234] MINFI, *Cryptomonnaies*, 2022, *op. cit.*, p. 7.

monnaie jusqu'alors considéré comme la chasse gardée des monnaies fiduciaires ou monnaies étatiques. Au rang des limites des cryptomonnaies, figurent principalement les inconvénients qui relèvent des caractéristiques de toutes les monnaies privées ou complémentaires. À ces limites s'ajoute l'adéquation partielle aux critères de détermination monétaires ainsi que les risques intrinsèques qui y sont associés. A cela s'ajoute son caractère élitiste.

Les cryptomonnaies à l'instar de toutes les autres monnaies privées ou complémentaires souffrent intrinsèquement d'un certain nombre de limites. Il s'agit de leur manque de pouvoir légal. En effet, les « [...] monnaies privées demeurent enfermées dans leur origine conventionnelle et ne font la loi qu'entre les parties les ayant acceptées. Elles ne permettent pas une pleine libération des échanges » [235]. Ainsi la seule monnaie publique ou étatique qui le peut ne trouve la garantie de son pouvoir que dans la loi qui revêt la monnaie de ses propriétés de norme générale et impersonnelle, elle lui permet d'être juridiquement la mesure de toute chose ; c'est pourquoi Platon appelait par le vocable de *nomisma*, la monnaie. Ce qui veut dire qu'elle tient, non pas à la nature, mais à la loi [*nomos*][236]. Ainsi, seule la nature légale de la monnaie généralise et rend obligatoire ce qui pouvait être au départ un simple usage privé. Malheureusement, les cryptomonnaies sont privées de tels attributs juridiques qui font la force des monnaies fiduciaires.

---

[235] Frédéric Allemand, « La monnaie : institution sociale et « bien public » », CVCE/Dossier thématique, <http://www.cvce.eu/obj/la_monnaie_institution_sociale_et_bien_public-fr.8cd1c529-9bb5-4607-8653-97de41d524bd.html>, 2013, p. 3.

[236] *Ibidem.*

S'agissant de la satisfaction insuffisante des critères monétaires par les cryptomonnaies, cette limite sera mise en exergue après avoir évoqué les trois principales fonctions économiques de la monnaie. Il s'agit des fonctions d'instrument d'échange, unité de compte et réserve de valeur. Un actif de quelque forme que ce soit et qui recevrait une telle dénomination devrait satisfaire à toutes ces trois conditions cumulatives d'astreintes propres à la monnaie. Les cryptosactifs communément désignés par le vocable cryptomonnaie ne doivent pas en principe déroger à ces attributs caractéristiques de la monnaie. Il sera question dans cette section de vérifier si ces cryptoactifs satisfont à ces exigences.

Par sa fonction de moyen de paiement, la monnaie apparaît comme un bien intermédiaire permettant de dissocier les opérations d'achat et de vente qui se confondent dans le troc. Cette fonction, parfaitement assurée jusqu'à nos jours par la monnaie fiduciaire, est soutenue par le cours légal que les institutions étatiques lui confèrent. Cela implique que la monnaie (fiduciaire) ne saurait guère être refusée dans les paiements. Clower, en 1967, a résumé cette réalité par le célèbre dicton : « La monnaie achète les biens et les biens achètent la monnaie, mais les biens n'achètent pas les biens »[237]. Cela suppose que la monnaie doit avoir cours légal pour être universellement acceptée et dotée du pouvoir libératoire.

---

[237] Citation reprise par Thierry Baudassé et Patrick Villieu, « Monnaie et prospection » *Revue d'économie politique,* vol. 111, 2001/3, p. 339 ; Francis Taurand, « Approche néo-robertsonienne simple des fondements microéconomiques de la théorie monétaire » *Revue d'analyse économique*, vol. 61, nº 4, décembre 1985, p. 476, < https://www.erudit.org/fr/revues/ae/1985-v61-n4-ae2709/601348ar/>

Au regard du fonctionnement actuel des cryptomonnaies, il y a lieu de relever que ces dernières n'assument que partiellement cette fonction d'instrument de paiement dans la mesure où elles n'ont ni cours légal, encore moins, cours forcé dans les espaces économiques (à l'exception de quelques rares pays qui les ont adoptées) et ne sont reconnues comme moyen de paiement qu'entre les membres d'un même réseau. Ainsi, les cryptomonnaies « [...] n'ont de valeur que pour ceux qui ont choisi d'en faire usage »[238]. Par conséquent, aucune entreprise ou administration ou tout autre agent économique n'est obligé d'accepter ou d'imposer le règlement de ses transactions en crypto monnaie.

La fonction d'unité de compte est celle qui permet à la monnaie d'exprimer les prix, voire la valeur marchande des autres biens économiques. Cette fonction est reconnue par les constitutionnalistes comme étant la caractéristique fondamentale de la monnaie[239]. Le préalable pour une monnaie de servir est son acceptation par les agents économiques pour exprimer et comparer les prix des biens et services et son utilisation dans les calculs économiques et dans les comptabilités[240]. Étant donné la forte volatilité des cryptomonnaies et la grande disparité/divergence des prix du bitcoin à un moment donné sur différentes plateformes de marché, l'utilisation des cryptomonnaies

---

[238] François Velde, « Bitcoin pour remplacer les devises ? », *op. cit.,* p. 109.

[239] Geoffrey Ingham, « The nature of money », *Economic Sociology: European Electronic Newsletter Max Planck Institute for the Study of Societies (MPIfG), Cologne*, Vol. 5, 2004 p. 18-28.

[240] Meixing Dai et Moïse Sidiropoulos, Le *bitcoin est-il une monnaie ?,* 2017, p. 9, <https://opee.unistra.fr/Le-bitcoin-est-il-une-monnaie>. Consulté le 20/02/2023.

comme numéraire serait source de confusions sur les marchés qui constitueraient une violation flagrante de la loi de l'unicité des prix[241].

La fonction de réserve de valeur que joue la monnaie se rapporte à ceci qu'elle permet aux agents économiques de constituer une réserve de pouvoir d'achat dans la mesure où les recettes et dépenses sont souvent asynchrones. Au sein de l'économie, cette fonction de la monnaie peut être assumée par beaucoup d'actifs qui prennent l'attribut de valeur refuge. Seulement, un actif servant de valeur refuge doit être stable, facilement convertible en espèces, conservable en sécurité, notamment contre le vol ou la perte. C'est le cas, par exemple, de l'or et de certains biens de luxe comme les bijoux.

Pour ce qui est des cryptomonnaies, outre la marginalité de leur utilisation comme moyen de paiement sus-évoquée, leur demande est pour l'essentiel à visée spéculative. Il s'ensuit que leur valeur d'échange contre les monnaies officielles (dollar, euro) fluctue considérablement. En raison de cette instabilité de la valeur des cryptomonnaies, il est très difficile que les agents économiques lui fassent confiance au point de s'en servir comme instrument de réserve de valeur. Par ailleurs, les attaques informatiques et les vols, voire les pertes des clés de sécurités, constituent des défis énormes pour les cryptomonnaies pour être érigés en véritables réserves de valeurs.

En somme, les cryptomonnaies prises comme moyen de paiement sont limitées et imparfaites, en tant qu'unité de compte, elles sont inutilisées et incertaines et enfin comme réserves de valeur, elles sont

---

241 *Ibidem.*

très peu usitées et sont source d'énormes risques[242]qui seront présentés dans les paragraphes qui suivent. Du coup, cette nouvelle forme de monnaie répond mal ou peu aux critères monétaires. Ce constat fait dire aux banques centrales, qu'il s'agit plutôt des actifs digitaux ou des cryptoactifs que des monnaies à part entière et si on les appelait « cryptomonnaies », ce ne serait que par abus de langage.

En ce qui concerne les risques liés aux cryptomonnaies, il est sans conteste que ces dernières sont inductrices de vertigineux risques qui peuvent constituer un défi incontestable pour la stabilité du système monétaire et financier mondial. Ces risques sont principalement le risque d'abus, de prolifération/soutien des activités criminelles ainsi que la forte volatilité et le risque de piraterie.

Comme nous l'avons souligné précédemment, contrairement aux transactions en monnaie fiduciaire, qui sont conditionnées par les principes et normes d'éthiques et de déontologie en matière d'identification et de vérification des clients, dont le *Know your costumer* (KYC) qui impose au banquier de disposer préalablement des coordonnées d'identification exactes et complètes du client avant toute opération bancaire, les transactions dans les cryptomonnaies sont caractérisées par la garantie de l'anonymat qui à première vue n'occulterait en rien la transparence des transactions. Cependant, un tel anonymat peut *in fine,* se révéler pervers et peut être pernicieusement utilisé par les criminels qui trouveraient en cela une réelle opportunité et feraient des cryptomonnaies, le moyen ou l'intermédiaire privilégié dans les transactions de l'économie souterraine et illégale : trafics

[242] Jean Paul Pons, *Les cryptomonnaies : impasse ou révolution ?* Concours des plumes, UFUTA, 2019, p. 149.

d'armes et de drogue, le terrorisme prises d'otage, avec demande de rançon et blanchiment d'argent, etc.

L'exemple qui illustre la prolifération et le soutien des activités criminelles par les cryptomonnaies est celui du marché noir en ligne Silk Road, qui a été lancé en janvier 2011 et qui n'acceptait que les bitcoins pour l'achat de biens et services illicites. Ce marché fut fermé par le Bureau Fédéral d'Investigation (FBI) en 2013[243]. Dans la même veine, le service de change de devises numériques en ligne sur le site Web Liberty Reserve basé au Canada a servi aux activités criminelles et a été démantelé puis fermé par la Gendarmerie royale du Canada pour avoir blanchi 6 milliards de dollars au moyen de 55 millions de transactions illégales impliquant 17 pays, dont le Canada[244]. Ces deux exemples sus-évoqués ne sont que la partie visible de l'iceberg.

Le risque de volatilité quant à lui est accentué d'une part par le caractère purement virtuel des cryptomonnaies et d'autre part par le fait que les cryptomonnaies nourrissent une forte activité spéculative. Du coup, elles deviennent très volatiles. Le rapport du Ministère français de l'Économie et des Finances (2018) révèle à cet effet que la volatilité des cours des cryptomonnaies est « en moyenne vingt-cinq fois plus que

---

[243] Sarah Rotman, « Bitcoin contre monnaie électronique », Making Finance Work for Africa, 31 janvier 2014, <https://www.mfw4a.org/fr/publication/bitcoin-contre-monnaie-electronique>, consulté le jeudi 25 août 2022 ; Irving Gerstein « Les crypto-monnaies : pile ou face ? » *Rapport du comité sénatorial permanent des banques et du commerce,* juin *2015*, p. 46, <https://publications.gc.ca/site/fra/9.801702/publication.html>, consulté le jeudi 25 août 2022.

[244] *Ibidem, p.* 47.

les actions américaines, cinq fois plus que les matières premières et douze fois plus que la devise japonaise, le yen »[245].

S'agissant du risque de piraterie, il est fort observable que les plateformes digitales sont les lieux des fraudes par excellence. C'est ainsi que depuis 2011,19 incidents graves ont été recensés pour un montant estimé à 1,2 milliard de dollars. Parmi les causes les plus courantes de ces fraudes, la falsification des clés privées[246] et l'introduction de logiciels malveillants sont les plus abondamment citées.

Les statistiques de Cryptovantage, South China Post, publiées par Statista en 2022, résumées dans le graphique ci-dessous, illustrent l'énormité des pertes enregistrées par les utilisateurs des cryptomonnaies. Il en ressort que les plus grosses pertes en 2022 sont celles de Changpeng Zhao qui, avec Binance aurait perdu 82,0 milliards de dollars, Sam Bankman Fried via FTX qui a perdu 23 milliards de dollars, Brian Armstrong via Coinbase, 4, 7 milliards de dollars.

---

[245] Jean-Pierre Landau, « Les *crypto-monnaies »,* 4 juillet 2018, p. 12, <https://www.vie-publique.fr/rapport/37499-les-crypto-monnaies>, consulté le lundi 6 février 2023.

[246] Certains utilisateurs confient aux plateformes leurs clés privées qui sont stockées soient dans un fichier accessible sur Internet « hot storage », soit sur un périphérique isolé « cold storage ».

Figure 3. Distribution des plus grosses pertes en cryptomonnaie

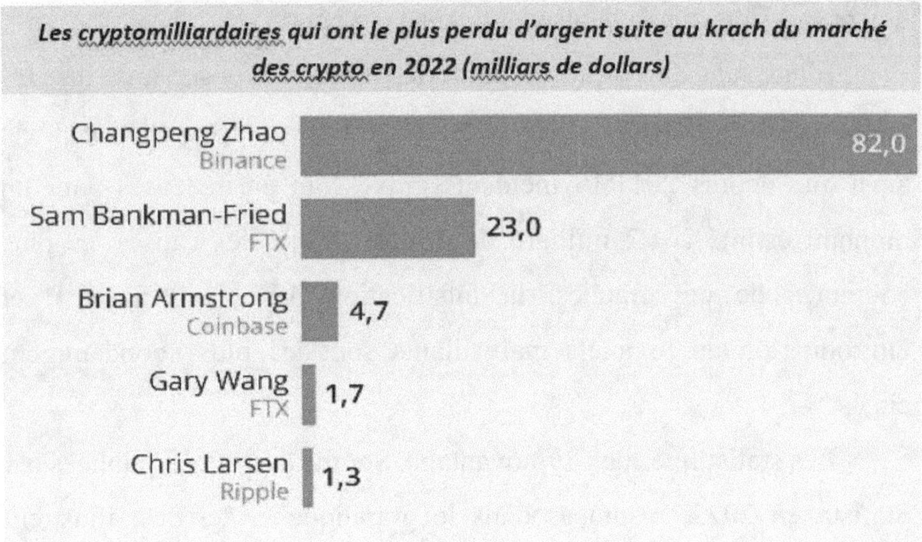

Source : Statista.com

Étant donné l'absence de législation dans ledit secteur et son caractère décentralisé, aucune possibilité de recours n'est offerte aux utilisateurs qui auraient été victimes d'actes de piraterie.

Enfin, les cryptomonnaies bien qu'elles donnent l'allure d'un système plus proche des populations, charrient un gros inconvénient à savoir leur caractère trop élitiste. En effet, l'utilisation des cryptomonnaies n'est possible que pour les populations ayant notamment un certain niveau d'instruction, et un accès permanent à l'énergie et à l'internet. Du coup, une bonne frange des populations africaines, voire des autres pays sous-développés sont exclues de cette nouvelle offre de services financiers. Cet inconvénient freinerait l'expansion sinon la vitesse des cryptomonnaies et rendrait l'issue et les perspectives du duel entre les cryptomonnaies et la monnaie fiduciaire difficilement perceptibles.

3. LES ISSUES DU DUEL NUMISMATIQUE ET PERSPECTIVES

Les parties précédentes nous ont permis de comprendre la forte montée des cryptomonnaies en raison des avantages qu'elles proposent à leurs usagers. Dans ce contexte, la crainte des institutionnalistes et des banques centrales est d'assister impuissamment à la fin de règne de la monnaie fiduciaire à cause de la révolution conduite par cette technologie des cryptomonnaies.

Plus qu'un simple bien économique, la monnaie fiduciaire est « […] étroitement insérée dans les systèmes politiques, sociaux et culturels dans lesquels elle existe » et elle est légitime, car elle est « […] une convention socialement construite » et, en elle, « […] se joue, l'unanimité du groupe polarisé sur une même croyance »[247], voire la représentation d'un ordre social idéal[248]. Prise comme telle, si d'aventure, une révolution technologique advenait et détrônait la monnaie fiduciaire, cela mettrait en cause le principe de la souveraineté des États et il y a fort à parier que les États voudront se mettre à la pointe du progrès[249].

---

[247] André Orléan, *L'approche institutionnalise de la monnaie : une introduction,* 2007, p. 7, <http://www.parisschoolofeconomics.com/orlean-andre/depot/publi/Sudbury0704.pdf>, consulté le lundi 5 décembre 2022.

[248] Maël Rolland et Assen Slim, « Économie politique du Bitcoin : l'institutionnalisation d'une monnaie sans institutions », *op. cit.*, p. 1.

[249] François Velde, « Bitcoin pour remplacer les devises ? », *op. cit.,* p. 11.

Seulement, suivant la conjoncture et surtout pendant les périodes de crise, les monnaies alternatives ont toujours émergé avec pour finalité de redéfinir les nouvelles relations de pouvoir et d'établir de nouveaux liens sociaux entre acteurs[250]. On peut citer quelques monnaies complémentaires apparues après la crise de 1929. Il s'agit notamment de :

- le « WIR » qui a été créé en 1934 en Suisse ;
- en Allemagne le « wara » a été créé en 1931 ;
- le « wörglr » en Autriche afin de combattre la thésaurisation et la dépression de 1930-1933 ;
- au Japon, certaines monnaies complémentaires sont apparues après l'éclatement de la bulle spéculative immobilière et boursière des années 1990 ;
- au Brésil, le Banco Palmas a été créé en 1998 ;
- en Argentine, au plus fort de la crise qui a secoué le pays entre 2000 et 2002, une monnaie complémentaire, à savoir le « trueque » a été créé en 2000.

C'est dans la même dynamique que les cryptomonnaies, dont le prototype est le Bitcoin (BTC), ont été lancées en 2009 après l'éclatement de la crise financière de 2008 qui a ébranlé le système financier mondial. L'on peut donc très aisément comprendre que les cryptomonnaies sont des réelles monnaies complémentaires, mais virtuelles. En tant que telles, elles sont utilisées en complément de la monnaie officielle ou fiduciaire et n'ont aucunement la vocation de la remplacer ; au contraire, elles sont appelées à trouver leur place en

---

250 Maël Rolland et Assen Slim, « Économie politique du Bitcoin : l'institutionnalisation d'une monnaie sans institutions », *op. cit.*

complément de la monnaie étatique en jouant un rôle contracyclique : augmenter de volume lorsque l'économie tombe en récession et diminuer lorsque celle-ci est en période de croissance comme l'a prouvé Stodder[251], en 2009, en étudiant les transactions en « WIR ». « C'est-à-dire de manière contraire à la variation du Produit Intérieur Brut, en permettant aux petites et moyennes entreprises de mieux survivre aux crises économiques »[252].

Dès lors, les cryptomonnaies au même titre que les autres monnaies complémentaires « constituent – en partie – une réponse aux risques bancaires (faillite) et monétaires (inflation) et se manifestent ainsi comme une réponse concrète, « qui vient d'en bas », face aux errements des dirigeants et de la haute finance »[253]. Dans le même sens, Gailly dira que les

> [...] monnaies complémentaires, qu'elles soient numériques ou locales, n'ont pas pour vocation de se substituer aux monnaies souveraines. Elles sont créées en réponse à des besoins spécifiques par des individus qui considèrent les monnaies souveraines comme inadaptées, ou encore incomplètes face à certaines situations [254].

Compris comme tel, l'existence des cryptomonnaies dans la scène monétaire a encore de beaux jours et la monnaie fiduciaire qui est la monnaie étatique gardera toujours sa prééminence ou son *leadership* avec en conscience qu'elle n'est plus en situation de monopole.

---

[251] James Stodder, "Complementary credit networks and macroeconomic stability: Switzerland's Wirtschaftsring", *Journal of Economic Behavior & Organization*, 72(1) 2009, p. 79-95.

[252] Valentine Fays, « La WIR Bank et ses effets contracycliques », Mémoire de Master en Sciences économiques, Université de Louvain, 2017, p. 9.

[253] Philippe Herlin, *La fin des banques,* Paris, Eyrolles, 2015, p. 50.

[254] Pierre Gailly, *Nouvelles monnaies : les enjeux macro-économiques, financiers et sociétaux,* Paris, Journal Officiel de la République Française, 28 avril 2015. p. 24, <https://www.vie-publique.fr/files/rapport/pdf/154000302.pdf>

Autrement dit, les monnaies officielles resteront prédominantes, mais elles seront de moins en moins exclusives et seront comparées, mises en concurrence, et le résultat ne tournera pas toujours en leur faveur[255]. De toute les manières, la situation actuelle interpelle les autorités monétaires et celles en charge de la régulation du système monétaire et financier mondial à soit revoir certains de leurs principes de fonctionnement et à s'impliquer fortement dans le contrôle et la régulation des émissions des cryptomonnaies afin de non seulement sauvegarder leur souveraineté, mais davantage de rendre moins vulnérables, ces nouveaux signaux monétaires qui sont complémentaires et non rivaux à la légale. Ceci passerait par des actions telles que l'encouragement des banques centrales à explorer les possibilités de la technologie afin de répondre aux défis que représentent les projets de cryptomonnaies notamment en améliorant les systèmes de paiement internationaux et l'accélération de l'inclusion financière d'une part, et d'autre part, la conception et la réalisation du projet de cryptomonnaie banque centrale ainsi que l'encadrement juridique et réglementaire des cryptomonnaies.

CONCLUSION

Les différentes formes de monnaie qui se sont succédé au fil de l'histoire ont toujours eu pour finalité la simplification des échanges entre les agents économiques. Les cryptomonnaies, désormais *continuum* des formes monétaires ne dérogent pas à ce principe. Ici,

[255] Philippe Herlin, *La fin des banques*, *op. cit*, p. 75.

elles ont été analysées d'une part comme une réponse à l'évolution des préférences des agents économiques et d'autre part comme une défiance vis-à-vis de la hiérarchie séculaire du système monétaire et financier.

En tant que réponse à l'évolution des préférences des agents économiques, les cryptomonnaies se greffent sur les limites des monnaies fiduciaires fustigées pour ses mécanismes l'hyper centralisés, opaques et inflationnistes. Leurs coûts de transferts, voire de transactions relativement élevées, sont sources d'insatisfaction des usagers et, en réponse aux besoins non assouvis, voire créés par les monnaies fiduciaires, les cryptomonnaies proposent des solutions alternatives : décentralisation du mécanisme d'émission, dotation d'un dispositif anti inflationniste, faible coût de transactions, spontanéité ou célérité des virements et surtout la garantie de l'anonymat des utilisateurs. Ces solutions alternatives engendrent pour ses utilisateurs, un nouveau rapport au monde, une nouvelle façon de penser le temps et l'espace.

Considérant la technologie de *blockchain* à leur base, et surtout l'enthousiasme qu'elle suscite au sein des différentes catégories d'acteurs économiques, les cryptomonnaies sont scrutées avec un air de défiance par l'ordre monétaire séculaire qui les considère comme une menace sécuritaire, voire de son hégémonie. Cette menace est d'autant plus accentuée que la technologie de *blockchain* relève du cyberpunk ou de l'idéologie philosophique libertine dont l'ambition est de mettre un terme au monopole des États et des banques centrales dans l'émission et la circulation de la monnaie ou la subrogation totale de l'autorité centrale par l'anonymat du nombre. Du coup, les cryptomonnaies s'inscrivent dans une perspective de duel avec les monnaies fiduciaires qui sont intrinsèquement liées aux systèmes politiques, sociaux et culturels et bénéficient de la couverture des États qui en garantissent le cours légal et le pouvoir libératoire.

En dépit de tous les atouts et forces dont disposent les monnaies fiduciaires, l'issue du duel numismatique n'est pas toujours en leur faveur. Car, si l'on s'en tient aux expériences historiques des monnaies complémentaires de la catégorie de laquelle se réclament des cryptomonnaies, l'on peut comprendre que suivant les conjonctures et surtout pendant les périodes de crise, des monnaies alternatives ont toujours émergé dans l'optique de redéfinir les nouvelles relations de pouvoir et d'établir de nouveaux liens sociaux entre acteurs. C'est dans cette même dynamique que les cryptomonnaies (n'ayant pas cours légal et ne satisfaisant qu'imparfaitement aux critères monétaires), dont le prototype est le Bitcoin, ont été lancées en 2009 après l'éclatement de la crise financière de 2008 qui a ébranlé le système financier mondial.

Il est par conséquent aisé de comprendre que les monnaies alternatives sont utilisées en complément des monnaies officielles ou fiduciaires et n'ont aucunement la vocation de les remplacer. Tout au contraire, elles sont appelées à trouver leur place en complément de la monnaie étatique en jouant un rôle contracyclique : augmenter de volume lorsque l'économie tombe en récession et diminuer lorsque celle-ci est en période d'expansion.

C'est dire que les cryptomonnaies sont en partie une réponse populaire sinon communautaire concrète en temps de crise et autres scandales du système monétaire et financier (faillite, inflation, risques systémiques, récessions). En d'autres termes, en temps ordinaire, l'hégémonie des monnaies officielles est sans conteste dans le duel numismatique tandis qu'en périodes de crise et de dysfonctionnement, les monnaies fiduciaires seront mises sur la sellette et les monnaies alternatives dont les cryptomonnaies prendront la revanche. Dès lors, le duel numismatique interpelle l'ordre monétaire et financier actuel à revoir certains de ses principes de fonctionnement afin de prévenir efficacement les crises et les situations d'impasse. À défaut de quoi, l'issue du duel pourrait être fatale à un moment donné pour les monnaies étatiques voire pour la souveraineté des États eux-mêmes. Alors, les États gagneraient à encadrer la création des cryptomonnaies afin de les rendre moins vulnérables et plus complémentaires et non rivales des monnaies légales. Ceci passerait notamment par l'accélération de l'inclusion financière, l'amélioration des systèmes de paiement internationaux, la normalisation de l'univers des cryptomonnaies et l'encouragement des initiatives de création des cryptomonnaies de banque centrale.

Références

Allemand Frédéric, *La monnaie : institution sociale et « bien public »,* CVCE/Dossier Thématique, 2013, < https://www.cvce.eu/education/unit-content/-/unit/7124614a-42f3-4ced-add8-a5fb3428f21c/a0d4995d-ef5c-45c5-a55d-7d9ad7a79abb >, consulté le 28 décembre 2023.

Baudassé Thierry, Villieu Patrick, « Monnaie et prospection », *Revue d'économie politique*, Vol. 111, 2001/3/, p. 333-346, <https://www.cairn.info/revue-d-economie- politique-2001-3-page-333.htm>, consulté le 28 décembre 2023.

Beitone Alain *et al.*, *Dictionnaire de sciences économiques,* Paris, Armand Colin, 2013, 704 p.

Castex Patrick, « Introduction à une théorie générale de la monnaie et du capital », *Cahiers d'économie de l'innovation,* n° 17, 2003, p. 29-50.

CGAP, « Bitcoin contre monnaie électronique », janvier 2014,

<https://www.cgap.org/sites/default/files/Brief-Bitcoin-versus-Electronic-Money-Jan-2014-French.pdf>, consulté le 22 décembre 2023.

Combe François, Tacheix Thierry, *L'essentiel de la monnaie,* Paris, Gualino, 2001, 118 p.

Comité de Bâle, « Implications des évolutions de la technologie financière pour les banques et les autorités de contrôle bancaire », février 2018, <www.bis.org>, consulté le 12 août 2022.

Dai Meixing, Sidiropoulos Moïse, « Le bitcoin est-il une monnaie ? », *Bulletin de l'Observatoire des Politiques Économiques en Europe*, <https://opee.unistra.fr/Le-bitcoin-est-il-une-monnaie>, 28 août 2017.

Den Tandt Christophe, *Cyberpunk,* Academia.edu, 2014, <https://www.academia.edu/26245923/Cyberpunk>, consulté le 27 août 2022.

Fays Valentine, *La WIR Bank et ses effets contracyclique,* Université Catholique de Louvain, Mémoire Master en sciences économiques, 2017.

Forel Jean-Yves, « Les moyens de paiement, quelle innovation ? », *Revue d'économie financière,* n° 120, 2015, p. 93-104.

Gailly Pierre Antoine, *Nouvelles monnaies : les enjeux macro-économiques, financiers et sociétaux,* Paris, Édition des journaux officiels, 2015,

<https://www.vie-publique.fr/rapport/34821nouvelles-monnaies-les-enjeux-macro-economiques-financiers-et-societa>, consulté le 26 août 2022.

Gerstein Irving R, « Les crypto-monnaies : pile ou face ?» *Rapport du comité sénatorial permanent des banques et du commerce*, 2015, <https://fr.readkong.com/page/les-crypto-monnaies-pile-ou-face-rapport-du-comit-8590278>, consulté le jeudi 25 août 2022.

Gress Thibaut, « La Blockchain, une philosophie crypto-anarchiste », 13 mars 2019, <https://bitcoin.fr/la-blockchain-une-philosophie-crypto-anarchiste/>, consulté le 25 août 2022.

Guitton Henri, *La monnaie,* Paris, Dalloz, 1969, 738 p.

HCSF, *Rapport annuel* 2022, < https://www.vie-publique.fr/rapport/287096-haut-conseil-de-stabilite-financiere-rapport-annuel-2022 >, consulté le 25 août 2022.

Herlin Philippe, *La fin des banques,* Paris, Eyrolles, 2015, 184 p.

Klein Olivier, « Banque et nouvelles technologies : la nouvelle donne », *Revue d'Économie Financière,* décembre 2015, p. 17-22.

Landau Jean-Pierre, *Les cryptomonnaies,* Rapport au Ministre de l'Économie et des Finances, 2018, <https://www.economie.gouv.fr/rapport-landau-crypto-actifs>, consulté le 25 août 2022.

Lavayssière Bertrand, « Les modèles économiques bouleversés par le digitale », *Revue d'économie financière,* n° 120, 2015, p. 57-66.

Maël Rolland et Assen Slim, « Économie politique du Bitcoin : l'institutionnalisation d'une monnaie sans institutions », *Économie et institutions,* n° 26, 2017, <http://journals.openedition.org/ei/6023>, consulté le 26 août 2022.

MINFI, *Cryptomonnaies,* Yaoundé, Document de travail, 2022.

Orléan André, « L'approche institutionnaliste de la monnaie : une introduction », 2007, <http://www.parisschoolofeconomics.com/orlean-andre/depot/publi/Sudbury0704.pdf>, consulté le 5 décembre 2022.

Perrot Étienne, « Les cryptomonnaies », *Études,* 2018/6 juin, p. 41-52, « https://www.cairn.info/revue-etudes-2018-6-page-41.htm>, consulté le 08 novembre 2023.

Pons Jean Paul, « Les cryptomonnaies : impasse ou révolution ? » Concours des plumes 2019, <https://utl34.fr/wp-content/uploads/2020/08/Les-cryptomonnaies.pdf>, consulté le 29 décembre 2022.

Rotman Sarah, « Bitcoin contre monnaie électronique », 2014, <https://www.cgap.org/sites/default/files/Brief-Bitcoin-versus-Electronic-Money-Jan-2014-French.pdf>, consulté le 23 décembre 2023.

Saïdane Dhafer, Le Noir Alain (dir.), « Banque et finance en Afrique - les acteurs », in Saïdane Dhafer et Alain Le Noir, *Banque et finance en Afrique ; Les acteurs de l'émergence,* Paris, RB Editions, 2016, p. 25-38.

Stodder James, "Reciprocal Exchange Networks: Implications for Macroeconomic Stability", in Conference Proceedings of the 2000 IEEE Engineering Management Society. EMS-2000, (Cat. No.00CH37139), consulté le 29 décembre 2022.

Taurand Francis, « Approche néo-robertsonienne simple des fondements microéconomiques de la théorie monétaire », *Revue d'analyse économique,* vol. 61 n° 4 décembre 1985, p. 472-488,

Tichit Ariane, Lafourcade Pascal, Mazenod Vincent, « Les monnaies virtuelles décentralisées sont-elles des dispositifs d'avenir ? », *Interventions Economiques : Papers in Political Economy*, 2018, <https://hal.archives-ouvertes.fr/hal-01995938>, consulté le mercredi 7 décembre 2022.

Touna Mama, « Qu'est-ce que la mondialisation », *Revue africaine des sciences économiques et de Gestion*, juillet 1999, p. 5-27.

Trinnou Gbêmèho Mathieu, « Les cryptomonnaies : quels enjeux pour les banques centrales », *Les Précis du CFOB*, n° 20, novembre 2021, <https://cofeb.bceao.int/sites/default/files/inline-files/COFEB-Precis_LES-CRYPTO-MONNAIES.pdf>

Velde François, « Bitcoin pour remplacer les devises ? », *Revue d'Économie Financière,* n° 150, 2015/4, p. 105-112.

CRYPTOMONNAIES, DROIT BANCAIRE ET INCLUSION FINANCIÈRE EN AFRIQUE SUBSAHARIENNE

Girès SOFACK BOPDA
Doctorant en Droit des Affaires et Sciences Criminelles
Université de Dschang

Résumé

De nos jours les banques de l'Afrique subsaharienne sont en état de surliquidité, alors que les entreprises et les particuliers n'ont pas accès au crédit. L'on constate de ce fait, chaque année, une nette évolution des personnes exclues de la sphère financière, car n'ayant pas les moyens d'accéder aux services financiers et bancaires de base qui, pour le moment, présentent un coût très élevé dans ces pays. À l'analyse, la réglementation y a été définie comme l'instrument privilégié pour optimiser l'inclusion des personnes évoluant en marge du circuit bancaire traditionnel. Mais ce choix semble produire l'effet inverse. Ce paradoxe est flagrant dans des sous-régions comme la CEMAC et L'UEMOA pour ne citer que ces deux communautés économiques. L'ampleur du dispositif réglementaire y représente le principal obstacle auquel sont confrontés les établissements de crédit dans le cadre de l'offre des services financiers. Dans la CEMAC, les exigences en termes de capital social minimum, de *ratio* prudentiel et de documentation ont un impact direct sur le renchérissement des coûts des services financiers. Ceci contribue inéluctablement à amplifier l'exclusion des personnes défavorisées du circuit bancaire, très peu ayant la capacité de satisfaire lesdites exigences. À ce sujet, l'avènement des cryptomonnaies, sous-tendues par la *blockchain,* est perçu comme une opportunité saisissable par les pays de l'Afrique subsaharienne, en vue de palier les fébrilités de la régulation et de rendre ainsi plus réaliste leur politique en matière de lutte contre l'exclusion financière. Les cryptomonnaies apparaissent comme un mécanisme plus simplifié permettant à toute personne connectée à un réseau Internet, d'accéder à des plateformes financières et d'y effectuer des opérations financières plus facilement, plus rapidement et à coût très réduit par rapport au système financier classique. Leur mise en circulation par les banques en Afrique subsaharienne et leur réglementation permettraient ainsi de réduire significativement le phénomène d'exclusion financière, dont les conséquences ne sont pas des moindres sur la viabilité des micros entreprises, et donc sur l'économie de ces pays.

Mots-clés : Cryptomonnaie, *blockchain*, inclusion financière, monnaie digitale de banque centrale, *bitcoin*

INTRODUCTION

Le secteur de la finance est l'un des plus dynamiques dans le monde, mais également l'un des plus risqués. Il suscite de ce fait une attention particulière de la part des autorités locales et internationales, au regard du rôle central qu'il est susceptible de jouer dans le processus de développement socio-économique. Mais ce rôle ne peut être pleinement joué qu'à travers un processus de démocratisation de ce secteur, ce qui aurait pour conséquence de favoriser l'inclusion financière. On entend par inclusion financière « [...] la possibilité pour les individus et les entreprises d'accéder à moindre coût à toute une gamme de produit et de service financiers utiles et adaptés à leurs besoins (transactions, paiements, épargne, crédit et assurance), proposés par des prestataires fiables et responsables »[256]. L'inclusion financière favoriserait ainsi le développement économique en donnant la possibilité à de nombreux ménages et micro- entreprises d'accéder à des services financiers à coût réduit. Si les pays développés ont pu réaliser cet exploit du fait de leur développement technologique, les pays africains et particulièrement ceux de l'Afrique subsaharienne[257] font figure de mauvais élève en la matière.

Malgré le taux de bancarisation relativement à la hausse ces dernières années, la tranche de la population ayant accès au circuit

[256] Diane Madjou Tatsing, Luc Nembot Ndeffo, Robert Tangakou Soh, « L'inclusion financière dans la CEMAC : une explication par la bancarisation », *in European Scientific Journal*, vol. 16, n° 19, 2020, p. 57.

[257] Car le secteur financier de l'Afrique subsaharienne est le moins développé à l'échelle internationale. Voir Beck Thorsten, « Évolution du secteur bancaire africain : nouveaux acteurs, nouveaux modèles ? », *Revue de Proparco*, n° 16, mai 2013, p. 7.

bancaire classique demeure très faible[258]. L'existence d'une panoplie de textes juridiques visant la facilitation de l'accès de toutes les couches de la société au circuit bancaire semble ne pas produire l'effet escompté. En effet, le pourcentage des personnes inclues demeure très faible par rapport à celui observé dans les pays occidentaux[259].

L'avènement de la finance numérique dans cette partie de l'Afrique a constitué une lueur d'espoir pour la réalisation effective d'une inclusion financière globale[260]. D'où la forte réglementation du *mobile banking* et de la monnaie électronique. Toutefois, ces dernières années ont été marquées par l'arrivée d'une autre forme de monnaies appelée communément cryptomonnaie. Il s'agit d'une monnaie décentralisée, qui n'est émise ni par une banque centrale ni par un organisme gouvernemental, et qui fonctionne au moyen d'un système de sécurité cryptographique appelé *blockchain*[261]. Ces monnaies dites virtuelles, grâce à leur indépendance du circuit bancaire classique, sont un instrument révolutionnaire susceptible de résoudre la problématique de l'exclusion financière en Afrique subsaharienne.

On en vient dès lors à se poser la question à savoir si l'expansion des cryptomonnaies est de nature à subjuguer le droit dans la garantie

---

[258] André Tiburce Agbidinoukoun, « Le management de la mutation digitale dans l'écosystème financier ouest africain », Thèse de Doctorat, Université de Bretagne occidentale, 2021, p. 36.

[259] Robert Tangakou Soh, « L'inclusion financière et le paiement mobile en zone CEMAC », *in European scientific journal*, Vol. 15, No 7, March 2019, p. 103. Selon cet auteur, le taux de bancarisation dans la CEMAC est de 12 %. Il est pourtant de près de 97 % en occident.

[260] Ceci est une réalité à travers le développement du *mobile banking*. Voir Beck Thorsten, « Évolution du secteur bancaire africain : nouveaux acteurs, nouveaux modèles ? », *op. cit.*, p. 9.

[261] Jean Calvin Abéla, « Blockchain, bitcoin et crypto-monnaies : l'essentiel à savoir », in *Lettre de recherche de la BEAC*, 2ème Semestre 2018, p. 11.

de l'inclusion financière en Afrique subsaharienne ? Nous répondrons à cette problématique en nous appuyant sur deux sous-régions de l'Afrique subsaharienne que sont la Communauté de États de l'Afrique Centrale (CEMAC) et L'Union Économique et Monétaire Ouest Africain (L'UEMOA).

Ce sujet revêt un intérêt théorique dans la mesure où il soulève la problématique de l'encadrement de la monnaie digitale, pour la protection des utilisateurs d'une part, et pour résorber la problématique d'inclusion financière d'autre part. Il revêt également un intérêt pratique et scientifique dans la mesure où il suscite l'évaluation de la réglementation existante et table sur sa pertinence pour la garantie de l'inclusion financière d'une part, et sur les mesures adéquates à adopter le cas échéant.

Nous émettons l'hypothèse selon laquelle le Droit bancaire et les cryptomonnaies constituent deux moyens complémentaires pour la facilitation de l'inclusion financière en Afrique subsaharienne. Sur cette base, l'analyse portera d'une part sur la relativisation de l'appréhension du droit comme instrument d'inclusion financière, d'autre part sur l'opportunité que présentent les cryptomonnaies pour la facilitation de l'inclusion financière.

1. LA RELATIVISATION DU ROLE DE LA RÉGLEMENTATION BANCAIRE DANS LA GARANTIE DE L'INCLUSION FINANCIÈRE

S'il ne fait aujourd'hui aucun doute que l'inclusion financière en Europe a été parachevée grâce à la législation bancaire, la suspicion persiste lorsqu'on se tourne vers les pays de l'Afrique subsaharienne. Les mesures réglementaires mises en œuvre dans l'optique de faciliter l'inclusion financière dans cette partie de l'Afrique produisent l'effet inverse. Pour s'en convaincre, nous mettrons en exergue les failles de la règlementation bancaire sur le plan institutionnel et sur le plan matériel.

1.1 La fébrilité de la règlementation bancaire sur le plan institutionnel

Pour faire face au phénomène d'exclusion des masses défavorisées du circuit bancaire en Afrique subsaharienne, une approche institutionnelle a été adoptée et généralisée. Il s'agit de la création et de la réglementation des institutions de nature à favoriser l'inclusion financière. Ceci a été fait au sein de la Communauté Économique et Monétaire des États de l'Afrique Centrale (CEMAC), à travers la création des institutions de microfinance et des établissements de paiement. Ainsi fut adoptée dans la CEMAC, dans un premier temps, une réglementation propre aux institutions de microfinance[262] et dans

[262] Il s'agit du Règlement n°01/02/CEMAC/UMAC/COBAC du 13 avril 2002 relatif aux conditions d'exercice et de contrôle de l'activité de microfinance dans la CEMAC, abrogé par le Règlement n° 01/17/CEMAC/UMAC/COBAC du 27 septembre 2017 ayant le même objet.

un second temps une réglementation propre aux établissements de paiement[263], donc l'objectif premier est l'inclusion des personnes défavorisées ou en manque de financement dans le circuit bancaire. Si ces deux institutions ont certes contribué à l'élargissement du paysage financier en Afrique subsaharienne[264], leur contribution à la réduction de l'exclusion financière y demeure limitée. On note à cet effet la portée limitée des institutions de microfinance et la relativisation du rôle des établissements de paiement dans la facilitation de l'inclusion financière en Afrique subsaharienne.

- **La portée limitée des institutions de microfinance**

La microfinance est définie comme « une activité exercée par des entités agréées n'ayant pas le statut de banque ou d'établissement financier tel que défini à l'annexe portant harmonisation de la réglementation bancaire dans les États de l'Afrique centrale et qui pratiquent à titre habituel des opérations de crédit ou de collecte de l'épargne et offrent des services financiers spécifiques au profit des populations évoluant pour l'essentiel en marge du circuit bancaire traditionnel »[265]. Contrairement à d'autres définitions ayant une forte dimension économique et qui mettent en avant la dimension de lutte

---

[263] Règlement n°4/18/CEMAC/UMAC/COBAC du 21 décembre 2018 relatif aux services de paiement dans la CEMAC.

[264] Stève Méli Douanla, Benjamin Fomba Kamga, « Réglementation du système bancaire et exclusion financière au Cameroun », *Revue de gestion et d'économie*, Vol. 7, n° 1 et 2, 2019, p. 31.

[265] Art. 1er du Règlement n°01/17/CEMAC/ UMAC/COBAC du 27 septembre 2017 relatif aux conditions d'exercice et de contrôle de l'activité de microfinance dans la CEMAC.

contre la pauvreté, le législateur CEMAC semble bien s'être attelé à promouvoir l'inclusion financière.

L'encadrement de l'activité des microfinances dans la CEMAC en particulier et dans l'Afrique subsaharienne en général a donc eu pour objectif premier l'inclusion des masses défavorisées[266] dans le circuit bancaire traditionnel. S'il ne fait l'ombre d'aucun doute que l'adoption des établissements de microfinance a considérablement réduit le nombre de personnes non bancarisées en Afrique subsaharienne, la régulation qui l'accompagne suscite des interrogations. Pour s'en convaincre, on peut mettre en exergue la recrudescence des crises qui frappent ce secteur[267]. Au Cameroun, par exemple, on enregistre, malgré l'existence d'un cadre règlementaire, de nombreuses faillites des institutions de microfinance[268], espoir d'une inclusion financière effective.

Selon les statistiques du ministère des Finances camerounais, le nombre d'institutions de microfinance baisse significativement au fil du temps[269]. Ceci est dû à plusieurs facteurs tels que le laxisme réglementaire, l'octroi des prêts fallacieux et surtout la mauvaise gestion. Pour cette raison, le nombre de personnes détenant un compte

---

[266] Faustin Djoufouet, « La micro finance en zone rurale : quel bilan en Afrique centrale ? », *Journal of Academic Finance*, Vol. 10, n° 2, 2019, p. 40. Voir également Elias Ayuk, Georges Kobou, (dir.), *Réglementation et supervision des institutions de microfinance en Afrique Centrale*, Ottawa, Centre de Recherche pour le Développement International, 2016, p. 1.

[267] Faustin Djoufouet, « La micro finance en zone rurale : quel bilan en Afrique centrale ? », *op. cit.*

[268] C'est le cas de la First Investment for Financial Assistance en 2012, de la Caisse Populaire Coopérative du Littoral en 2012, de la Compagnie Équatoriale pour l'Épargne et du Crédit d'Investissement en 2016, du Crédit Mutuel et de la Tontinière Nationale en 2017 etc.

[269] Selon ces statistiques, le Cameroun comptait 500 établissements de microfinance en 2015, contre 412 en 2017.

au sein des institutions de microfinance a fortement baissé[270]. Cette incapacité du régulateur quant à la garantie de la stabilité de ces institutions suscite des doutes quant à leur capacité à promouvoir une véritable inclusion financière.

L'avènement de la finance numérique, à travers la généralisation de la monnaie électronique, a amené les pays de l'Afrique subsaharienne à créer des établissements de paiement. À l'image des établissements de microfinance, ils ont pour objectif la facilitation de l'inclusion financière. Mais à ce sujet, l'espoir semble côtoyer le doute.

- **La relativisation du rôle des établissements de paiement et des établissements de monnaie électronique**

Les établissements de paiement ou prestataires de service de paiement[271] et les établissements de monnaie électronique sont les deux principales institutions émettrices et distributrices de monnaie électronique au sein de la CEMAC et de l'UEMOA. Il s'agit selon leurs textes fondateurs, de deux institutions dont l'un des objectifs principaux est la facilitation de l'inclusion financière au sein de la communauté.

---

270 Faustin Djoufouet, « La micro finance en zone rurale : quel bilan en Afrique centrale ? », *op. cit.*

271 À la lecture du Règlement n°04/18/CEMAC/UMAC/COBAC du 21 décembre 2018 relatif aux services de paiement dans la Communauté Économique et Monétaire de l'Afrique Centrale, On entend par Prestataire de Service de Paiement, tout Établissements agréé, qui fournit à titre de profession habituelle des services de paiement. Quant aux Établissements de monnaie électronique, ils sont définis par l'instruction N° 008-05-2015 du 21 mai 2015 régissant les conditions et modalités d'exercice des activités des émetteurs de monnaies électroniques dans les pays membres de l'Union Économique et Monétaire Ouest Africaine, comme toute personne morale, autre que les banques, les établissements financiers de paiement et les systèmes financiers décentralisés, habilités à émettre des moyens de paiement sous forme de monnaie électronique, et donc les activités se limitent à l'émission de monnaie électronique et à la distribution de ladite monnaie.

Mais au regard de leur régulation, l'espoir semble encore côtoyer le doute quant à leur contribution effective à une inclusion financière durable au sein des États qui composent ces deux ensembles.

Ce doute tient essentiellement à deux choses. Premièrement la limitation du domaine de ces institutions. À la lecture de l'article 6 du Règlement CEMAC instituant les Établissements de paiement, il en ressort que ces derniers ne peuvent fournir qu'exclusivement des services de paiement et des services connexes[272]. Ils tiennent des comptes qui ne peuvent être utilisés que pour des opérations de paiement[273]. Les dispositions des articles 8 et 9 du texte précédemment évoqué fixent, de façon très prolixe, les activités qui ressortent *in extenso* du domaine des établissements de paiement. Mais la restriction la plus importante en rapport direct avec l'exclusion financière ressort de l'article 9, qui précise que les prestataires de services de paiement ne sont pas autorisés à consentir sous quelque forme que ce soit, des services de crédit dans le cadre de l'émission et de la gestion de la monnaie électronique. Des restrictions similaires ont été prévues en Afrique de l'Ouest par la BCEAO, notamment dans son instruction du 21 mai 2015, fixant les conditions et modalités d'exercice des activités des émetteurs de monnaie électronique dans les États membres de l'Union Ouest Africaine[274].

Si la création des établissements de paiement dans la CEMAC et des établissements de monnaie électronique dans l'UEMOA a eu le mérite d'accroître le nombre de personnes détenant un compte

[272] Art. 6 du Règlement CEMAC.
[273] Art. 7, alinéa 2 du règlement CEMAC.
[274] Art. 5 de l'Instruction *op. cit.*

bancaire[275], on est encore très loin d'une inclusion financière de nature à améliorer les conditions de vie des populations défavorisées[276] et à assurer le financement des micro-entreprises, ceci pour la simple raison que, ces populations exclues du circuit bancaire traditionnel, sont en grande proportion celles qui sont privées de l'accès au crédit ou micro-crédit[277]. L'inclusion financière ne devrait donc pas être entendue comme la simple possibilité offerte aux personnes d'ouvrir un compte bancaire et d'effectuer des dépôts, des retraits ou des transferts d'argent domestiques[278]. Une telle conception, qui est pourtant sous-jacente à ces différentes législations, demeure très limitée. Bref, l'impossibilité pour ces institutions d'accorder des crédits, et même de procéder à des transferts d'argent à l'étranger[279] rend douteux la perception des établissements de paiement et ceux de monnaie électronique comme moteurs d'une véritable inclusion financière en Afrique subsaharienne.

La seconde tient à la subsistance de certains frais lors des opérations financières mobiles. Si les opérations de dépôt d'argent dans

[275] Le rapport de la BEAC de 2020 relatif aux services de paiement par monnaie électronique, p. 1-2.

[276] À la lecture du rapport de la BEAC de 2020, il en ressort que l'inclusion financière est juste une notion utilisée pour masquer le véritable objectif de la création des Établissements de Paiement dans la CEMAC. Il y ressort en effet que « la création des Établissements de Paiement vise à responsabiliser les opérateurs de télécommunication en les excitant à créer des filiales dédiées aux services de paiement et opérer par-là, une scission entre leurs activités de télécommunication et celles financières ».

[277] Les micro-crédits demeurent pourtant les grandes absentes dans l'offre des services via le mobile money. Si le dispositif réglementaire actuel de la CEMAC autorise les opérateurs de monnaie électronique à consentir un crédit n'excédant pas 100 mille francs CFA, il demeure imprécis et par conséquent devrait être clarifié.

[278] Cette conception est pourtant celle que laisse sou entendre le rapport de la BEAC de 2020 relatif aux services de paiement par monnaie électronique.

[279] Art. 7, 8 et 9 du Règlement CEMAC n°04/18/CEMAC/UMAC/COBAC du 21 décembre 2018, *op. cit.*

un compte *mobile money* demeurent relativement tarifiées, il n'en est pas de même pour les opérations de retrait ou de transfert d'argent d'un compte mobile à un autre. En réalité, l'absence d'une réglementation[280] sur la tarification des opérations *mobile money* laisse la liberté aux opérateurs du domaine[281] que sont les établissements de paiement ou encore les établissements de monnaie électronique, de fixer eux-mêmes le montant des frais à débiter. Ainsi, une grande majorité des populations défavorisées exclues du système bancaire traditionnel, considère les opérations *mobiles money* comme étant du « vol ». De ce fait, elles s'abstiennent soit à ouvrir un compte tout simplement, soit à y effectuer des opérations mobiles sus évoquées. Ceci constitue un frein non négligeable à la réalisation d'une inclusion financière effective en Afrique subsaharienne.

1.2 La fébrilité de la règlementation bancaire sur le plan matériel

La nécessité pour les institutions financières de s'arrimer à la réglementation bancaire en vigueur en Afrique subsaharienne constitue incontestablement un frein pour une inclusion financière effective. Elle engendre dans certains cas l'exclusion des masses défavorisées, et dans

[280] Si l'initiative de la BEAC d'inviter les fournisseurs de services de paiement à baisser les coûts des transactions de monnaie électronique a été soutenue par le Comité de politique monétaire en date du 27 mars 2020 du fait de la pandémie de covid 19, il n'en reste que l'on soit encore très loin d'une véritable réglementation contraignante de nature à rassurer les utilisateurs de finance mobile.

[281] Le Régulateur de la CEMAC semble avoir opté pour une approche sans intervention sur le marché. V. le Rapport spécial de L'Alliance pour l'inclusion financière en Afrique (AFI) d'octobre 2021 portant sur « les approches réglementaires relatives aux coûts des transactions de paiement numériques pour favoriser l'inclusion financière en Afrique », p. 3.

d'autres cas l'amplifie tout simplement[282]. Cette neutralisation s'exprime premièrement par le renforcement des difficultés de pénétration géographique des institutions financières et deuxièmement par le renforcement des difficultés d'accès aux services financiers de base.

- **Le renforcement des difficultés de pénétration géographique des institutions bancaires**

Les contraintes réglementaires imposées aux institutions financières par les régulateurs en Afrique subsaharienne ont eu un effet significatif sur la répartition géographique des dites institutions. En effet le respect de cette réglementation imposée s'est traduit par une forte concentration des institutions bancaires dans les zones urbaines et plus précisément dans les grandes villes, au détriment des campagnes[283]. Jadis, la régulation des Établissements financiers était assurée par les gouvernements, qui exerçaient leur pouvoir discrétionnaire, pour ce qui était de leur répartition géographique[284]. Cette stratégie, selon certains auteurs, a eu le mérite « de réduire l'exclusion géographique et de

[282] Désiré Avom, Amadou Bobbo, « Réglementation de l'industrie bancaire et exclusion financière dans la communauté économique et monétaire de l'Afrique centrale », *Afrique contemporaine*, n° 266, 2018/2, p. 176.

[283] Stève Méli Douanla, Benjamin Fomba Kamga, « Réglementation du système bancaire et exclusion financière au Cameroun », *Revue de Gestion et d'Économie*, n° 1 et 2, vol. 7, 2019, p. 36.

[284] Désiré Avom, Amadou Bobbo, « Réglementation de l'industrie bancaire et exclusion financière dans la Communauté Économique et Monétaire de l'Afrique Centrale », *op. cit.*, p. 182. Voir également Stève Méli Douanla, Benjamin Fomba Kamga, « Réglementation du système bancaire et exclusion financière au Cameroun », *op. cit.*, p. 36.

favoriser le développement de la culture financière d'une certaine catégorie de la population »[285].

Cependant, l'avènement de la Commission Bancaire de l'Afrique Centrale (COBAC), en tant que principal organe régulateur du secteur bancaire en Afrique centrale, a fortement modifié les politiques d'inclusion financière des populations défavorisées, jadis entreprises par les gouvernements nationaux. En effet, l'exclusion de l'État au profit de cette institution et de ses règles contraignantes[286], a amené les institutions financières à déserter les campagnes au profit des zones urbaines. Ce désintérêt des campagnes est dû au fait que les institutions financières, qui avant la création de la COBAC n'étaient pas soumises à une véritable réglementation contraignante, le sont désormais. En réalité la mise en œuvre de cette réglementation les a amenées à effectuer des dépenses supplémentaires en termes de capital social, de satisfaction aux exigences de liquidité et de solvabilité. Dès lors, elles ne pouvaient espérer un retour sur investissement qu'en se cantonnant dans les milieux urbains où la clientèle bancaire est plus dense.

---

[285] Désiré Avom, Amadou Bobbo, « Réglementation de l'industrie bancaire et exclusion financière dans la Communauté Économique et Monétaire de l'Afrique Centrale », *op. cit.*, p. 183.

[286] La COBAC, dès sa création en 1993 s'est attelé à arrimer le secteur bancaire de la CEMAC aux normes internationales édictées par le Comité de Bâle. C'est ainsi qu'ont vu le jour :

- le Règlement COBAC R-93/06 du 19 avril 1993 relatif à la liquidité des établissements de crédit,
- le Règlement COBAC R-93/01 du 22 janvier 1993 relatif au plan comptable des banques et des établissements financiers,
- le Règlement COBAC R-93/10 du 19 avril 1993 fixant les règles de présentation du capital minimum des établissements de crédit,
- le Règlement COBAC R-93/12 du 19 avril 1993 relatif à l'exercice d'activités autres que celles visées aux articles 4 à 7 de l'annexe de la convention du 17 janvier 1992.

- **Le renforcement des difficultés d'accès aux services financiers**

La réglementation en vigueur dans les pays de l'Afrique subsaharienne a un impact direct sur l'accès des populations à faible revenu au circuit bancaire traditionnel. Cet impact s'observe à deux niveaux ; le premier est relatif aux difficultés d'accès au circuit financier pour les clients, et le second à l'accès aux différents services bancaires.

Suite à la crise financière de 2008, la réglementation bancaire a été substantiellement renforcée à travers le monde, et en Afrique particulièrement. Cette réglementation a substantiellement renforcé les difficultés pour une certaine catégorie de la population d'accéder aux institutions bancaires. Dans les pays de la CEMAC par exemple, la COBAC a, en réponse à la crise financière, défini un ensemble d'exigences, auxquelles sont assujetties les institutions financières. Il s'agit en effet des exigences en matière de documentation et d'informations à fournir par la clientèle[287], et des exigences en matière de montant minimum à disposer pour ouvrir un compte. Dans la pratique, ces exigences ont un impact direct sur l'alourdissement des

[287] Le chapitre II du Règlement n° 01/CEMAC/UMAC/COBAC du 11 avril 2016 portant prévention et répression du blanchiment de capitaux et du financement du terrorisme et de la prolifération en Afrique centrale, qui prévoit une obligation de vigilance permanente à l'égard de la clientèle. Voir également le Règlement n° 04/CEMAC/UMAC/COBAC du 21 décembre 2018 relatif aux services de paiement dans la CEMAC, qui en ses articles 38 et 57 prévoit une obligation de diligence en termes de connaissance de la clientèle. Les Articles 16 et 17 du Règlement n° 01/20/CEMAC/UMAC/COBAC du 3 juillet 2020 relatif à la protection des consommateurs des produits et services bancaires dans la CEMAC vont dans le même sens.

conditions que les banques imposent à leur clientèle. Ceci limite ainsi l'accès aux services financiers à une catégorie de personnes[288].

Les exigences en matière de domicile, par exemple, contribuent à l'exclusion d'une grande partie de la population villageoise du circuit bancaire traditionnel. Le domicile est défini par l'article 102 du Code civil[289] comme étant le lieu du principal établissement d'une personne. En réalité, toute personne est sensée avoir un domicile, ne serait-ce qu'un domicile légal, notamment celui des parents. Toutefois, en Afrique subsaharienne, pour une grande partie de la population rurale, le domicile reste parfois difficile à déterminer[290]. C'est ce qui explique qu'une personne a du mal à être accepté en tant que client par les institutions bancaires. En réalité ces populations, pour la plupart villageoises, ne disposent pas toujours des informations ou encore des documents exigés par les banques.

L'exigence d'un montant minimum à verser à l'ouverture d'un compte bancaire par la règlementation constitue indéniablement un autre frein à l'inclusion financière des populations à faible revenu[291]. Certains auteurs pensent que cette exigence est susceptible d'engendrer ou d'accentuer l'exclusion financière, du fait de la prédominance de

---

[288] Désiré Avom, Amadou Bobbo, « Réglementation de l'industrie bancaire et exclusion financière dans la communauté économique et monétaire de l'Afrique centrale », *op. cit.*, p. 186.

[289] Il s'agit du code civil de 1804 applicable au Cameroun.

[290] Philippe Keubou, « Réflexion sur le caractère exceptionnel de la détention provisoire au Cameroun », *Juridis Périodique*, n° 117, janvier-février-mars 2019, p. 180.

[291] Désiré Avom, Amadou Bobbo, « Réglementation de l'industrie bancaire et exclusion financière dans la communauté économique et monétaire de l'Afrique centrale », *op. cit.*

l'économie informelle[292]. Ces derniers font état du coût de l'ouverture d'un compte bancaire au Cameroun, qui s'élèverait à environ 700 dollars[293].

Une fois ces difficultés d'accès aux institutions bancaires surmontées, les populations à faibles revenus sont exposées aux difficultés d'accès au crédit, qui est une autre conséquence de la réglementation en vigueur. Avant la libéralisation financière, les coûts du crédit dans le secteur bancaire camerounais, par exemple, étaient encadrés par les pouvoirs publics, qui les considéraient comme des instruments de développement[294] ; mais, la libéralisation de 1994, ayant entraîné l'adoption d'un taux débiteur minimum imposable aux différentes banques éligibles, a contribué à alourdir encore plus les charges du crédit[295]. Sa suppression, suivie de l'adoption d'un taux effectif global et d'un taux usuraire dans la CEMAC[296], a certes significativement réduit les coûts de crédit, qui demeurent encore relativement élevés. À ces coûts du crédit encore élevés, s'ajoutent les exigences en termes de garanties, qui généralement vont au-delà de la capacité financière des populations à faible revenu en Afrique subsaharienne.

---

[292] Beck Thorsten, Ashli Demirguc-Kunt, Maria Martinez-Peria, "Banking services for everyone? Barriers to bank access and use around the world", *World Bank Economic Review*, Vol. XXII, No 3, p. 397.

[293] Beck Thorsten, Ashli Demirguc-Kunt, Maria Martinez-Peria, "Banking services for everyone? Barriers to bank access and use around the world", *op. cit.*

[294] Stève Méli Douanla, Benjamin Fomba Kamga, « Réglementation du système bancaire et exclusion financière au Cameroun », *op. cit.*, p. 40.

[295] *Idem.*

[296] Le Règlement n° 4/CEMAC/UMAC/CM du 10 aout 2020 relatif au taux effectif global, a la répression de l'usure et à la publication des conditions de banque dans la CEMAC.

L'arrivée des cryptomonnaies en Afrique subsaharienne semble constituer un moyen susceptible de remédier aux défaillances de la régulation bancaire.

2. LES CRYPTOMONNAIES, UNE OPPORTUNITE SAISISSABLE POUR UNE INCLUSION FINANCIERE EFFECTIVE EN AFRIQUE SUBSAHARIENNE

La persistance de l'exclusion financière en Afrique subsaharienne est la preuve de ce que la réglementation de l'activité bancaire dans cette zone a une visée essentiellement mercantiliste[297]. L'aspect social, à savoir l'inclusion des masses défavorisées, bien que mentionné par certains textes règlementaires[298], n'est presque pas pris en compte. L'utilisation des cryptomonnaies apparaît comme un moyen audacieux, susceptible de combler les insuffisances législatives en matière d'inclusion financière, même si cette prouesse demeure à relativiser du fait de la subsistance de certaines contraintes.

[297] La réglementation bancaire en Afrique subsaharienne est beaucoup plus tournée vers la garantie de la résilience dans le secteur financier et la protection de la clientèle.

[298] Règlement n° 4/18/CEMAC/UMAC/COBAC du 21 décembre 2018 relatif aux services de paiement dans la CEMAC. Voir également le Règlement n° 01/02/CEMAC/UMAC/COBAC du 13 avril 2002 relatif aux conditions d'exercice et de contrôle de l'activité de microfinance dans la CEMAC, abrogé par le Règlement n° 01/17/CEMAC/UMAC/COBAC du 27 septembre 2017 ayant le même objet.

2.1 Le rôle des cryptomonnaies dans la facilitation de l'inclusion financière

Les cryptomonnaies, bien que n'ayant pas encore un cadre légal dans la plupart des pays de l'Afrique subsaharienne[299], ont montré leur efficacité quant à la garantie de l'inclusion des populations exclues du circuit bancaire classique. Cette efficacité résulte essentiellement de sa contribution à la sécurisation des consommateurs et à la facilitation de l'accès au secteur de la finance.

- **La sécurisation des consommateurs**

L'intérêt suscité par les cryptomonnaies en Afrique Subsaharienne n'est plus à démontrer. Ces dernières, à travers la technologie *blockchain,* constituent un gage de sécurité d'abord pour les fonds de la clientèle, ensuite pour les données à caractère personnel.

Le système bancaire traditionnel a à plusieurs reprises fait montre de ses failles et de ses faiblesses. Les crises financières qui se sont succédé à travers le monde depuis les années 80 ont amené les consommateurs à douter de la résilience de ce secteur d'activité, et donc

---

[299] En Afrique Centrale, le régulateur tergiverse encore quant à la régulation de la circulation des cryptomonnaies. C'est ce qui ressort de la Décision COBAC D-2022/071 du 06 mai 2022 relatif à la détention, l'utilisation, l'échange et la conversion des cryptomonnaies ou cryptos actifs par les établissements assujettis à la COBAC. En Afrique de l'Ouest, la pensée va presque dans le même sens. En effet, le gouverneur de la banque des États de l'Afrique de l'Ouest (BCEAO) a clairement affirmé que le bitcoin et les cryptomonnaies en général n'étaient pas les bienvenus dans cet espace, même si l'on a observé ces dernières années l'émergence de tentatives (cas du Sénégal) et des projets nationaux (cas du Togo) de faire recours à la cryptomonnaie. Voir notamment :
« Lancement de la première cryptomonnaie « halal » du Sénégal », 22 novembre 2019, <https://www.financialafrik.com/2019/11/22/lancement-de-la-premiere-cryptomonnaie-halal-du-senegal>, consulté le 10 décembre 2022.

de la sécurisation de leurs avoirs[300]. La crise financière de 2007 qui est survenue malgré l'existence des règles de Bâle I et de Bâle II, a de nouveau amplifié cette crise de confiance, qui s'est manifestée en Afrique subsaharienne par un retrait massif des personnes du circuit bancaire et par une abstention massive quant à l'ouverture de comptes auprès des institutions bancaires traditionnelles. La régulation bancaire a ainsi montré sa fébrilité quant à la garantie d'une véritable inclusion financière dans cette région.

Les cryptomonnaies, à travers la *blockchain,* pourraient constituer une solution au bout de la chaîne quant à la résolution de la crise de confiance qui gangrène le secteur de la finance en Afrique subsaharienne. En effet, le caractère décentralisé des cryptomonnaies entraîne une quasi-exclusion des intermédiaires financiers[301]. Ceci a pour conséquence le développement d'un système *peer to peer,* qui met le consommateur et le professionnel dans une relation directe[302]. Ce système pourrait contribuer à mieux sécuriser les fonds de la clientèle dans la mesure où il ne peut être affecté par la survenance des crises financières, et même par la faillite des institutions bancaires et de microfinance, qui constitue aujourd'hui l'une des causes premières de la méfiance des populations à l'égard des institutions financières en Afrique subsaharienne.

---

300 Théo Malacari, « Évaluation des risques d'argent lié aux cryptomonnaies », Bachelor en Banque et Finance, Mémoire de Master, Haute École de Genève, 2019, p. 20.
301 Naomie Bakary, « Blockchain et secteur bancaire. La blockchain est-elle une opportunité ou une menace pour l'industrie bancaire ? », Mémoire de Master, Graduate School of Management, Grenoble, 2020, p. 27-28.
302 Stéphane Goncalves Borge, « L'intégration de la blockchain au sein du système bancaire et dans les fintechs », Mémoire de master, Haute École de Gestion de Genève, 2019, p. 27.

La réglementation bancaire relative à la protection des données à caractère personnel de la clientèle est désormais très visible en Afrique subsaharienne[303]. Pourtant, la problématique de la protection de ces données continue à se poser avec acuité dans le secteur bancaire. Ceci a été amplifié avec le développement des *Bigs Data*, qui constituent une énorme source de revenus pour les institutions bancaires. La réglementation bancaire a visiblement un impact mineur sur la protection des données à caractère personnel. Ceci s'explique par le fait que les institutions bancaires, notamment celles utilisant des plateformes numériques parviennent toujours à contourner la réglementation mise en place. Elles font en réalité de ces informations leur propriété au détriment de la clientèle. La *blockchain* en tant que support des cryptomonnaies permet de mieux protéger les données de la clientèle. Pour s'en convaincre, les informations de la clientèle inscrites dans une *blockchain*, qu'elle soit publique ou privée, sont protégées par un algorithme cryptographique[304]. Dans une *blockchain* publique par exemple, les utilisateurs sont enregistrés sous forme de pseudonyme qui correspond à leur adresse[305].Il est donc impossible de les pirater ou même de les utiliser sans le consentement du propriétaire, étant donné qu'elles sont couvertes par l'anonymat. Elles sont par ailleurs infalsifiables.

---

[303] C'est le cas dans les pays de la CEMAC, à travers Le Règlement N° 03/16-CEMAC-UMAC-CM du 21 décembre 2016, relatif aux systèmes, moyens et incidents de paiement, mais également à travers le Règlement n° 01/20/CEMAC/COBAC relatif à la protection des consommateurs des produits et services bancaires dans la CEMAC.

[304] Jean-Pierre Landou, *Les cryptomonnaies*, Rapport au ministre de l'Économie et des Finances français, 2018, p. 28-29.

[305] Théo Malacari, *Évaluation des risques d'argent liés aux cryptomonnaies, op. cit.*, p. 27.

- **La facilitation de l'accès au secteur de la finance**

Les cryptomonnaies pourraient largement contribuer à l'inclusion financière à travers la simplification des mécanismes d'accès au secteur financier. Ce qui n'est pas le cas de la réglementation bancaire actuelle, qui pour l'heure est très contraignante[306]. Ceci peut être possible, d'une part à travers la levée des contraintes juridiques limitant l'accès au secteur financier, et d'autre part à travers la facilitation des opérations financières.

Comme nous l'avons souligné dans la première partie de notre travail, une grande partie des populations, et même des micro-entreprises, demeurent exclues du circuit bancaire traditionnel du fait des barrières réglementaires, érigées à l'entrée par les législateurs bancaires[307]. Si la bancarisation numérique, favorisée par l'utilisation de la téléphonie mobile et d'Internet, a contribué à réduire la marge de personnes exclues du circuit financier formel et informel[308], il est à noter que les cryptomonnaies pourraient la réduire davantage. L'usage massif des cryptomonnaies permettrait d'endiguer ces contraintes. Ceci est possible à travers la désintermédiation du secteur financier et par l'inapplicabilité de la réglementation bancaire. L'exclusion des intermédiaires que sont les banques et les autres institutions financières

---

[306] Elle est contraignante dans la mesure où elle a renforcé les conditions d'exercices de l'activité bancaire, mais également les règles prudentielles auxquelles sont assujetties les institutions financières. Voir Naomie Bakary, *Blockchain et secteur bancaire. La blockchain est-elle une opportunité ou une menace pour l'industrie bancaire* ?, *op. cit.*, p. 9.

[307] Il s'agit d'une part des barrières relatives à l'exercice de l'activité bancaire, et d'autre part des barrières relatives à l'accès aux institutions financières et aux services financiers. Voir Désiré Avom, Amadou Bobbo, « Réglementation de l'industrie bancaire et exclusion financière dans la Communauté Économique et Monétaire de l'Afrique Centrale », *op. cit.*, p.178-188.

[308] *Ibidem,* p. 177.

permet en effet de libéraliser l'accès aux plateformes financières numériques pour les personnes physiques et morales.

Par ailleurs, les exigences réglementaires relatives à la documentation et aux informations à fournir par les potentiels clients n'ont pas de place dans un système crypto monétique. On sait pertinemment que ces exigences ne peuvent être satisfaites par la majeure partie des populations et par une grande partie des micro-entreprises en Afrique subsaharienne. D'où le maintien et le renforcement de l'exclusion financière. L'occultation de ces exigences par le système de la *blockchain* laisse profiler à l'horizon l'espoir d'une inclusion véritable des masses défavorisées ainsi que des entreprises en quête de financement dans le circuit financier, qu'il soit traditionnel ou non.

L'une des prouesses de l'utilisation des cryptomonnaies en Afrique subsaharienne est la facilitation des opérations financières, aussi bien domestiques que transfrontalières[309]. En effet l'utilisation des cryptomonnaies constitue un avantage majeur pour les personnes éprouvant des difficultés d'accès aux services bancaires traditionnel. Elle leur ouvre l'accès au financement[310]. Selon Stéphane Borge Goncalves, elles permettront « aux propriétaires/vendeurs d'avoir « de multiples propositions d'investissement et donc une facilité à accéder à de nouvelles sources de financement ». Ceci s'explique en réalité par le fait que les transactions en cryptomonnaie sont moins coûteuses,

309 Jean Calvin. Abela, « Blockchain, bitcoin et cryptomonnaies : l'essentiel à savoir », *op. cit.*, p. 15.

310 Stéphane Goncalves Borge, *L'intégration de la blockchain au sein du système bancaire et dans les fintechs*, *op.cit.*, p. 27.

comparées à celles effectuées dans les institutions bancaires traditionnelles[311].

L'usage des cryptomonnaies facilite également le développement des opérations financières transfrontières[312]. Aujourd'hui, les opérations financières transfrontalières empruntent des circuits complexes, faisant intervenir de nombreux intermédiaires et contreparties[313]. La réglementation y est encore peu fournie, et donc sans impact considérable en Afrique subsaharienne. Cette complexité a un impact direct sur l'accroissement des coûts et des risques inhérents aux paiements transfrontaliers, comparé à ceux des paiements domestiques. Le système *peer to peer,* caractéristique fondamentale des cryptomonnaies, permettrait de pallier les insuffisances de la réglementation. Les cryptomonnaies, fonctionnant sans intermédiaires, réduisent considérablement les coûts[314], le temps, ainsi que les risques auxquels sont exposées les opérations transfrontières[315].

---

311 Naomie Bakary, *Blockchain et secteur bancaire : La blockchain est-elle une opportunité ou une menace pour l'industrie bancaire ?, op. cit.*, p. 27-28.
312 Jean-Pierre Landou, *Les crypto-monnaies, op. cit.*, p. 27.
313 *Ibidem.*
314 Philippe Herlin, *La révolution du bitcoin et les monnaies complémentaires : une solution pour échapper au système bancaire et à l'euro ?*, Paris, Eyrolles, 2013, p. 207.
315 Henri-Louis Vedie, « L'émergence des cryptomonnaies en Afrique : réalité ou surévaluation ? », *Research Paper*, No 10/22, Policy Center for the New South, décembre 2022, p. 12.

2.2 La relativisation de l'appréhension des cryptomonnaies comme opportunité soutenable pour une inclusion financière effective

Malgré les prouesses dont font montrent les cryptomonnaies dans le paysage socio-économique des pays de l'Afrique subsaharienne, leur usage présente encore de nombreuses difficultés qui impactent leur contribution effective à la garantie de l'inclusion financière. L'existence de ces difficultés occasionne des doutes quant à la capacité des cryptomonnaies à concurrencer la régulation bancaire dans la garantie de l'inclusion financière en Afrique subsaharienne. Au rang de ces difficultés, l'on note la subsistance de la problématique de la circulation des cryptomonnaies et leur sécurisation.

- **La problématique de la circulation des cryptomonnaies**

En Afrique subsaharienne comme dans d'autres pays du monde, la circulation des cryptomonnaies est confrontée à un obstacle majeur qu'est le droit[316]. Si certains pays les ont adoptés comme monnaies officielles[317], utilisées pour l'effectuation des opérations financières et l'acquisition des biens, les cryptomonnaies demeurent exclues des systèmes financiers, notamment communautaires. En effet les régulateurs demeurent sceptiques quant à l'encadrement de leur circulation.

Au sein de la CEMAC, par exemple, le régulateur qu'est la COBAC a formellement déconseillé aux citoyens l'usage des cryptomonnaies, mais a surtout interdit sa circulation au sein des

---

[316] Amaury Perrin, « Le bitcoin et le Droit : problématique de qualification, enjeux de régulation », *Gestion et Finances Publiques*, n° 1, 2019/1, p. 86-87.

[317] Art. 1 de la Loi n° 22.004 du 22 avril 2022 régissant la cryptomonnaie en République Centrafricaine.

institutions bancaires[318]. En Afrique de l'Ouest, le régulateur de l'UEMOA s'est attelé à relever les effets potentiellement néfastes des cryptomonnaies, et donc à déconseiller leur usage[319]. Dans cette région du monde, et ailleurs, la préférence semble être portée vers l'adoption des monnaies numériques de banque centrale (MNBC) qui, selon une certaine doctrine, « serait une façon plus avertie d'émettre et de gérer les cryptomonnaies »[320] . Dans la CEMAC, le régulateur a annoncé l'éventuelle adoption d'une monnaie numérique placée sous le contrôle et la gestion de la banque des États de l'Afrique Centrale (BEAC). En Afrique de l'Ouest l'heure ne semble pas être à l'adoption d'une MNBC sur le plan communautaire. Chaque État membre semble faire valoir ses préférences. L'on note par exemple l'adoption par le Nigeria de sa monnaie numérique qu'est l'e-naira[321]. Pour tout dire, le choix porté vers l'adoption de monnaies numériques en Afrique subsaharienne vise

[318] Décision COBAC D-2022/071 du 06 mai 2022, relative à la détention, l'utilisation, l'échange et la conversion des cryptomonnaies ou crypto actif par les établissements assujettis à la COBAC.
[319] Le gouverneur de la Banque des États de l'Afrique de l'Ouest (BCEAO), Monsieur Meyliet Tiemoko Koné, semble avoir pris position lorsque, s'exprimant à propos des cryptomonnaies, il précise que : « Une monnaie a obligatoirement, à un moment, une contrepartie et, cette contrepartie, il y'a quelqu'un qui la garantit. Si ce n'est pas le cas, ce n'est pas quelque chose de contrôlable et nous ne pouvons donc pas le conseiller à nos populations ». Voir Adama Wade, Tiemoko Meyliet Koné, gouverneur de la BCEAO : « le Bitcoin ? Non merci », *Financial Afrik*, 1er mars 2018, <https://www.financialafrik.com/2018/03/01/tiemoko-meyliet-kone-gouverneur-de-la-bceao-le-bitcoin-non-merci/>, consulté le 15 janvier 2023.
[320] Pétronille Boudjeka Mafoho, « De la nécessaire réglementation des cryptomonnaies dans la CEMAC », *Revue du Droit des Affaires en Afrique (RDAA)*, avril 2020, p. 7-8, <https://rdaa-ohada.com/wp-content/uploads/2023/11/DE-LA-NECESSAIRE-REGLEMENTATION-DE-LA-CRYPTOMONNAIE-DANS-LA-ZONE-CEMAC.pdf >, consulté le 3 janvier 2023.
[321] L'e-naira est réglementé par la Banque Centrale du Nigeria, qui contrôle en même temps sa valeur.

essentiellement à empêcher l'adoption, et donc l'encadrement des cryptomonnaies décentralisées[322].

Cette réticence dans l'encadrement des cryptomonnaies, et ce scepticisme des régulateurs quant à leur usage est non seulement source de confusion, mais aussi, est source de grandes difficultés pour celles ou ceux qui entendent les développer davantage[323]. Ceci pousse une grande majorité des consommateurs à la prudence. En réalité, les cryptomonnaies, ainsi que les activités connexes, sont confrontées à la problématique plus générale de qualification juridique[324]. Ceci contribue inexorablement à ralentir la dynamique d'inclusion financière impulsée par les cryptomonnaies depuis leur naissance en 2009.

- **La problématique de la sécurisation des cryptomonnaies**

L'usage des cryptomonnaies présente un ensemble de risques pour les consommateurs. L'acquisition des bitcoins se fait en réalité par deux processus. Soit par le procédé de minage, soit par leur achat sur des plateformes virtuelles d'échange[325]. En Afrique en général et en Afrique subsaharienne en particulier, il existe une pléthore de

---

322 Jacques Ndeme Eloundou, « Les monnaies numériques de banque centrale sont-elles une réponse face aux cryptomonnaies ? », *Lettre de la recherche de la BEAC*, 2ème semestre 2021, p. 6, <https://www.beac.int/wp-content/uploads/2022/03/Lettre-de-la-Recherche-N11_2.pdf>

323 Henri-Louis Vedie, « L'émergence des cryptomonnaies en Afrique : réalité ou surévaluation ? », *op. cit.*, p. 13.

324 Élisabeth Omes, Hervé Hansen, « Éclairage sur l'obscure des monnaies virtuelles », *Bulletin Droit et Banque*, n° 54, décembre 2014, p. 9-10.

325 Agnès Connat, « Les enjeux juridiques liés à l'usage des cryptomonnaies : Bitcoin, une opportunité d'affaire pour les entrepreneurs québécois ? », Mémoire de Master, Université du Québec Montréal, juin 2015, p.13.

plateformes d'échange[326]. Il se pose donc au quotidien la question de leur sécurité, et donc de leur fiabilité[327].

La création et l'émission de la monnaie dans le cadre de la finance traditionnelle sont strictement encadrées dans tous les pays du monde[328]. Par ricochet, la création des institutions financières, dont le rôle est d'assurer leur circulation et la stabilisation du système financier est minutieusement réglementée[329]. Ceci n'est pas le cas avec les cryptomonnaies[330], et encore moins des plateformes impliquées dans leur circulation. Marquées par l'absence d'un cadre juridique en Afrique subsaharienne, les plateformes virtuelles d'échange de cryptomonnaies constitueraient un véritable danger pour les consommateurs au regard de l'insécurité qui y règne[331]. Les consommateurs y sont en effet exposés d'abord à un risque financier de volatilité[332], car aucun intermédiaire de confiance n'assure sa stabilité comme c'est le cas avec les monnaies traditionnelles, dont la valeur est

---

[326] C'est le cas entre autres de Binance, Paxful, Chankura Crypto Exchange, Luno, NairaEx et BitPesa.

[327] Agnès Connat, « Les enjeux juridiques liés à l'usage des cryptomonnaies : Bitcoin, une opportunité d'affaire pour les entrepreneurs québécois ? », *op. cit.,* p.14.

[328] En Afrique subsaharienne, notamment dans la CEMAC, la convention régissant l'UMAC, en son article 3, confie le privilège exclusif de l'émission monétaire sur le territoire de chaque État membre de l'union à la Banque des États de l'Afrique Centrale.

[329] En Afrique de l'Ouest, la BCEAO qui est l'équivalent de la BEAC en Afrique centrale est régie par ses statuts. Les institutions financières y sont également créées et fonctionnent conformément à la législation bancaire. Voir Laurence Tiana, *La blockchain pour les nuls*, Paris, Éditions First, 2018, p. 401-402.

[330] Les cryptomonnaies, contrairement à la monnaie traditionnelle, sont créées par le processus de minage, entièrement contrôlé par un groupuscule d'internautes appelés mineurs.

[331] Etienne Perrot, « Les cryptomonnaies », *Études*, n° 4250, juin 2018, p. 42.

[332] Agnès Connat, « Les enjeux juridiques liés à l'usage des cryptomonnaies : Bitcoin, une opportunité d'affaire pour les entrepreneurs québécois ? », *op. cit.*, p. 15.

assurée par les banques centrales[333]. De ce fait, la valeur des cryptomonnaies est fluctuante en fonction de l'offre et de la demande. Ce qui n'est pas très rassurant pour les consommateurs qui s'abstiennent dans la plupart des cas à intégrer ces plateformes, plateformes qui auraient pourtant pu constituer un vecteur essentiel de l'inclusion financière des personnes en manque de financement en Afrique subsaharienne.

Les monnaies virtuelles présentent également un risque technologique et opérationnel, causés par leur exposition au piratage informatique et au vol[334]. Aucun mécanisme de sécurisation des portefeuilles électroniques et de transaction de monnaies virtuelles n'est prévu en l'état actuel du Droit. Selon Laurence Tiana, « si vous êtes compensés en cryptomonnaie, et que vous avez été piratés, il serait impossible de récupérer vos fonds. Il n'y a pas de centre de règlement des différends. Il n'y a pas de service à la clientèle pour se plaindre de la perte de ces fonds »[335].

Les consommateurs des monnaies virtuelles en Afrique subsaharienne sont également exposés à ces risques, au regard du caractère transnational des cryptomonnaies. L'existence de ces difficultés contribue inéluctablement à ralentir la contribution des cryptomonnaies à la facilitation d'une inclusion financière effective dans cette partie de l'Afrique.

---

[333] Etienne Perrot, « Les cryptomonnaies », *op. cit.*, p. 47.
[334] Laurence Tiana, *La blockchain pour les nuls, op. cit.,* p. 424.
[335] *Ibidem*, p. 425.

CONCLUSION

La problématique de l'exclusion financière en Afrique subsaharienne apparaît comme étant une préoccupation majeure des autorités nationales et sous régionales. Si la réglementation bancaire mise en place dans cet espace géographique y joue un rôle non négligeable, elle fait montre cependant de nombreuses failles qui assombrissent l'espoir d'une inclusion financière réelle en Afrique noire. De ce fait, les cryptomonnaies ayant fait leur entrée dans le monde de la finance dès 2009, apparaissent comme une possibilité saisissable, à côté du droit bancaire, pour la garantie d'une inclusion financière effective dans les pays de l'Afrique du Sud du Sahara. Seulement, une intervention du législateur est nécessaire, notamment dans les pays de la CEMAC et de L'UEMOA, pour que cette monnaie digitale puisse avoir un cadre légal. Ceci optimiserait leur utilisation dans le cadre des échanges et garantirait leur sécurité juridique, principaux freins à leur appréhension comme instruments d'inclusion financière. À la préoccupation de savoir si la réglementation bancaire, en l'état actuel est pertinente pour assurer une inclusion financière effective à l'ère de la digitalisation financière, le doute demeure bien profond.

Références

ABéla Jean Calvin, « Blockchain, bitcoin et cryptomonnaies : l'essentiel à savoir », *in Lettre de Recherche de la BEAC*, 2ème Semestre 2018, 22 p.

Agbidinoukoun André Tiburce, *Le management de la mutation digitale dans l'écosystème financier ouest africain,* Thèse de Doctorat, Université de Bretagne Occidentale, 2021, 335 p.

Alliance pour l'inclusion financière en Afrique (AFI), Rapport spécial portant sur « les approches réglementaires relatives aux coûts des transactions de paiement numériques pour favoriser l'inclusion financière en Afrique », octobre 2021, 22 p.

Autorité des Marchés Financiers (AMF), « Bitcoin-les monnaies virtuelles », disponible en ligne sur : <lautorité.qc.ca/fr/bitcoin-fr-conso.html>, consulté le 8 janvier 2023.

Avom Désiré, Bobbo Amadou, « Réglementation de l'industrie bancaire et exclusion financière dans la Communauté Economique et Monétaire de l'Afrique Centrale », *Afrique contemporaine*, n° 266, 2018/2, p. 175-190.

Ayuk Elias, Kobou Georges, (dir.), *Réglementation et supervision des institutions de microfinance en Afrique Centrale*, Ottawa, Centre de Recherche pour le Développement International, 2016, 184 p.

Bakary Naomi, *Blockchain et secteur bancaire. La blockchain est-elle une opportunité ou une menace pour l'industrie bancaire* ?, Mémoire de Master, Graduate School of Management, Grenoble, 2020, 68 p.

BEAC, Rapport relatif aux services de paiement par money électronique, 2020, 26 p.

Beck Thorsten, Demirguc-kunt Asli, Martinez-peria Maria, "banking services for everyone? Barriers to bank acces and use around the world", *World Bank Economic Review*, Vol. XXII, No 3, p. 397-430.

Borge Goncalves Stéphane, *L'intégration de la blockchain au sein du système bancaire et dans les fintechs,* Mémoire de master, Haute École de Gestion de Genève, 2019, 58 p.

COBAC D-2022/071 du 06 mai 2022 relative à la détention, l'utilisation, l'échange et la conversion des cryptomonnaies ou cryptoactifs par les établissements assujettis à la COBAC.

COBAC R-93/01 du 22 janvier 1993 relatif au plan comptable des banques et des établissements financiers.

COBAC R-93/06 du 19 avril 1993 relatif à la liquidité des établissements de crédit.

COBAC R-93/10 du 19 avril 1993 fixant les règles de présentation du capital minimum des établissements de crédit.

COBAC R-93/12 du 19 avril 1993 relatif à l'exercice d'activités autres que celles visées aux articles 4 à 7 de l'annexe de la convention du 17 janvier 1992.

Connat Agnès, *Les enjeux juridiques liés à l'usage des cryptomonnaies : Bitcoin, une opportunité d'affaire pour les entrepreneurs québécois* ?, Mémoire de Master, Université du Québec Montréal, juin 2015, 30 p.

Djoufouet Faustin, « La microfinance en zone rurale : quel bilan en Afrique Centrale ? », *Journal of Academic Finance*, Vol. 10, No 2, 2019, p. 30-48.

Douanla Méli Stève, Kamga Fomba Benjamin, « Réglementation du système bancaire et exclusion financière au Cameroun », *Revue de gestion et d'économie*, vol. 7, n° 1 et 2, 2019, p. 30-43.

Eloundou Ndeme Jacques, « Les monnaies numériques de banque centrale sont-elles une réponse face aux cryptomonnaies ? », *Lettre de la recherche de la BEAC*, 2ème semestre 2021, 22 p.

Herlin Philippe, *La révolution du bitcoin et les monnaies complémentaires : une solution pour échapper au système bancaire et à l'euro ?*, Paris, Eyrolles, 2013, 253 p.

Instruction n° 008-05-2015 du 21 mai 2015 régissant les conditions et modalités d'exercice des activités des émetteurs de monnaies électroniques dans les pays membres de l'Union Monétaire Ouest Africaine.

Keubou Philippe, « Réflexion sur le caractère exceptionnel de la détention provisoire au Cameroun », *Juridis Périodique*, n° 117, janvier-février-mars 2019, p. 176-184.

Landou Jean-Pierre, « Les crypto-monnaies », Rapport au ministre de l'économie et des finances français, 4 juillet 2018, 107 p.

Laurence Tiana, *La blockchain pour les nuls,* Paris, Éditions First, 2018, 669 p.

Loi n° 22.004 du 22 avril 2022 régissant la cryptomonnaie en République Centrafricaine.

Madjou Tatsing Diane, Nembot Ndeffo Luc, Tangakou Soh Robert, « L'inclusion financière dans la CEMAC : une explication par la bancarisation », *European Scientific Journal*, Vol 16, No 19, juillet 2020, p. 56-76.

Mafoho Boudjeka Pétronille, « De la nécessaire réglementation des cryptomonnaies dans la CEMAC », Revue du Droit des Affaires en Afrique (RDAA), avril 2020, 10 p. <https://rdaa-ohada.com/wp-content/uploads/2023/11/DE-LA-NECESSAIRE-REGLEMENTATION-DE-LA-CRYPTOMONNAIE-DANS-LA-ZONE-CEMAC.pdf>, consulté le 3 janvier 2023.

Malacari Théo, Évaluation des risques de blanchiment d'argent lié aux cryptomonnaies, Bachelor en Banque et Finance, Haute École de Genève, 2019, 73 p.

Omes Élisabeth, Hansen Hervé, « Éclairage sur l'obscure des monnaies virtuelles », *Bulletin Droit et Banque*, n° 54, décembre 2014, p. 7-11.

Perrot Etienne, « Les cryptomonnaies », *Études*, n° 4250, juin 2018, p. 41-52.

Règlement n° 4/CEMAC/UMAC/CM du 10 aout 2020 relatif au taux effectif global, à la répression de l'usure et à la publication des conditions de banque dans la CEMAC.

Règlement n° 01/20/CEMAC/UMAC/COBAC du 3 juillet 2020 relatif à la protection des consommateurs des produits et services bancaires dans la CEMAC.

Règlement n° 4/18/CEMAC/UMAC/COBAC du 21 décembre 2018 relatif aux services de paiement dans la CEMAC.

Règlement n° 01/17/CEMAC/ UMAC/COBAC du 27 septembre 2017 relatif aux conditions d'exercice et de contrôle de l'activité de microfinance dans la CEMAC.

Règlement n° 01/CEMAC/UMAC/COBAC du 11 avril 2016 portant prévention et répression du blanchiment de capitaux et du financement du terrorisme et de la prolifération en Afrique Centrale.

Règlement n° 01/02/CEMAC/UMAC/COBAC du 13 avril 2002 relatif aux conditions d'exercice et de contrôle de l'activité de micro finance dans la CEMAC, abrogé par le Règlement n° 01/17/CEMAC/UMAC/COBAC du 27 septembre 2017.

Règlement n° 01/CEMAC/UMAC/COBAC du 11 avril 2016 portant prévention et répression du blanchiment de capitaux et du financement du terrorisme et de la prolifération en Afrique Centrale.

Règlement n° 01/17/CEMAC/ UMAC/COBAC du 27 septembre 2017 relatif aux conditions d'exercice et de contrôle de l'activité de microfinance dans la CEMAC.

Règlement n° 4/18/CEMAC/UMAC/COBAC du 21 décembre 2018 relatif aux services de paiement dans la CEMAC.

Règlement n° 01/20/CEMAC/UMAC/COBAC du 3 juillet 2020 relatif à la protection des consommateurs des produits et services bancaires dans la CEMAC.

Règlement n° 4/CEMAC/UMAC/CM du 10 aout 2020 relatif au taux effectif global, à la répression de l'usure et à la publication des conditions de banque dans la CEMAC.

Thorsten Beck, « Évolution du secteur bancaire africain : nouveaux acteurs, nouveaux modèles ? », *Revue de Proparco*, n° 16, mai 2013, p. 18-21.

Vedie Henri-Louis, « L'émergence des cryptomonnaies en Afrique : réalité ou surévaluation ? », *Policy Center for the new South*, n°10/22, décembre 2022, p. 1-24.

GLOSSAIRE DES CRYPTOMONNAIES

Claire CHOUKEM
Institut Universitaire de la Côte, Douala, Cameroun

Gabin KENKO
Institut Universitaire de la Côte, Douala, Cameroun

Résumé
Si tôt qu'on s'intéresse à la galaxie des monnaies cryptographiques, on achoppe à la terminologie en usage. Il en est de même quand, en profane non professionnel, l'on fait ses premiers pas dans un champ de recherche. En l'absence d'un dictionnaire spécialisé qui puisse servir de levier pour s'approprier les notions de base, le chercheur néophyte et même l'investisseur souvent enthousiaste au point de départ tâtonnent, avancent sans assurance, ce qui suscite des appréhensions qui finissent par saper peu ou prou l'engouement à défaut de l'anéantir définitivement. Cette difficulté lexicale liée à l'absence de dictionnaire spécialisé des cryptomonnaies, du moins en dehors de ceux qu'offrent les échangeurs comme Binance et Coin Market Cap, et plus globalement à la minceur du volume bibliographique traitant expressément de cette question, apparaît clairement de nature à rebuter et à décourager même les plus optimistes de ceux qui ambitionnent d'entreprendre et d'investir dans ce domaine relativement récent. En ce sens, elle mérite, cette difficulté en question, d'être reconnue et jugulée à travers un décryptage sémantique des termes principaux du jargon en vogue dans le domaine. Le présent article se propose d'ouvrir une porte d'entrée au monde des cryptomonnaies à travers quinze concepts majeurs. Le mode d'exposition envisager à cet effet est l'explication analytique, assortie d'exemples quand cela s'avèrera nécessaire. Le *telos* expressément visé est de contribuer non seulement à démystifier l'environnement déjà trop suspicieux des actifs cryptographiques, mais également de contribuer sinon à leur prise en compte au plan intellectuel, au moins à la prise de conscience de la nécessité d'une démocratisation de l'expertise en la matière, laquelle, on le sait, se dégénère très souvent en force de manipulation et de lobbying lorsqu'elle est cantonnée au registre et domaine du privé.

Mots-clés : glossaire, cryptomonnaies, actif numérique, argent, dématérialisation

Adresse (même définition pour l'entrée « clé » que nous ne définirons plus)

Une adresse est une suite de lettres alphabétiques et numériques, en majuscules et minuscules, qui sert de portefeuille sur lequel on dépose des actifs numériques. Les adresses sont visibles sur un grand registre numérique public qu'on désigne par le concept de *blockchain*, littéralement « chaîne de bloc ». Que ce registre numérique soit public, cela revient à dire que la nature de chaque transaction en termes de transfert ou de réception d'actifs est visible à tous, quoiqu'on ne sache réellement l'ordonnateur du transfert et le destinataire. En effet, « si nous vous envoyons 0,01 BTC, n'importe qui dans le monde peut suivre le transfert de l'adresse du portefeuille A à celle du portefeuille B. Bien entendu, personne ne sait à qui appartiennent ces adresses, mais la transaction elle-même peut être connue de tous »[336].

Les adresses existent de deux sortes : il en existe des publiques et des privées. Les adresses publiques servent à la réception des actifs numériques ; en suivant leur mouvement, l'on peut en déduire la quantité réelle d'actif déposée sur un portefeuille. Chaque actif numérique possède son adresse publique propre, lequel est généré automatiquement par le *wallet* utilisé (voir *wallet*). C'est ainsi à tort que l'on estime que les transactions en actif numérique se font sous le sceau de l'anonymat total ; en réalité, l'anonymat n'y est que relatif, car il suffit de connaître l'adresse publique pour filer, à partir d'internet, la totalité des mouvements de transfert ou de réception qui y sont associés. Par contre, parce qu'il est impossible de savoir qui en est le détenteur

---

[336] *Bitcoin pour les nuls* (collectif), Paris, Éditions First, 2017.

réel, il convient plutôt de parler de pseudonymat. C'est du moins ce que font remarquer les auteurs de *Bitcoin et Blockchain* lorsqu'ils considèrent qu' : « en effet, toutes les transactions sont inscrites et non chiffrées, elles sont donc visibles mais à travers une adresse qui constitue, en quelque sorte, un pseudonyme »[337].

Par ailleurs, chaque coin possède son *public address* qui est bien différent des autres. C'est dire que l'adresse publique qui me permet de recevoir le bitcoin n'est pas la même que celle qui me permet de recevoir des Ethereum ; et de même, il n'est pas possible de générer deux fois la même adresse publique pour recevoir des actifs. Énée Bussac l'explique clairement lorsqu'il écrit :

> Une adresse ne peut recevoir qu'un certain type de cryptomonnaie, donc il vous faudra générer autant d'adresses que de cryptomonnaies que vous voulez recevoir. [...] Par exemple, les adresses bitcoin pré-Segwit commencent par un 1, celles post-Segwit par un 3, les adresses dash commencent par un X, litecoin par un L, ether et tokens ERC-20 par un 0, Reddcoin par un R, etc.[338].

L'adresse privée quant à elle sert à la réception des actifs numériques ; elle sert aussi, on l'aura compris, à générer les adresses publiques. Comme son nom l'indique, l'adresse privée doit rester secrète, car c'est elle qui permet de contrôler les actifs d'un coin particulier logé sur un portefeuille. Si un tier utilisateur, par quelque moyen que ce soit entrait en possession de l'adresse privée d'un autre utilisateur, il pourrait disposer de tous les fonds liés à l'adresse privée correspondante. La sécurité des adresses privées est donc primordiale.

---

[337] Didier Geiben, Olivier Jean-Marie, Thibault Verbiest, Jean-François Vilotte, *Bitcoin et Blockchain. Vers un nouveau paradigme de la confiance numérique* ?, Paris, RB Edition, 2016. Voir aussi Bataille Adli Takkal et Jacques Favier, *Bitcoin, la monnaie acéphale*, Paris, CNRS éditions, 2017.

[338] Énée Bussac, *Bitcoin, Ether & Cie*, Paris, Dunod, 2018.

Il vaudrait mieux les conserver à froid, c'est-à-dire ailleurs que sur un dispositif connecté à internet : par exemple l'écrire sur un papier ou un bloc note qu'on tiendra secret. Pour le bitcoin, une adresse privée prendrait par exemple la forme suivante (suite de chiffre et de lettre, en majuscule et minuscule, pouvant aller jusqu'à 52 caractères) :

5Kb8kLf9zgWQnogidDA76MzPL6TsZZy36hWXMssSNydXYB9KF

Airdrop

Un *airdrop*, littéralement « largage » est une technique de distribution des actifs numériques qui ne sont pas *proof of stake* (preuve par l'enjeu qui consiste à gagner des revenus sur le blocage ou hébergement des actifs pour une période déterminer sur un exchange) afin d'intéresser de nouveau utilisateur ou de récompenser les utilisateurs habituels. Autrement dit, le *airdrop* est une stratégie de publication ou de promotion d'un actif cryptographique sous forme de cadeau. Schématiquement, trois objectifs majeurs sont associés aux largages des actifs numériques. D'abord un objectif marketing, car il s'agit toujours de gagner en visibilité, d'attirer de nouveaux utilisateurs et investisseurs, de faire connaître le produit ; s'en suit un objectif de répartition équitable des actifs, assorti à la conditionnalité restrictive de limiter les velléités des plus nantis à s'accaparer de la majorité des coins d'un actif numérique ; enfin, il y a un objectif lié à l'engagement et à la loyauté de la communauté des utilisateurs d'un actif, puisque le *airdrop* fonctionne comme un levier de motivation qui encourage à suivre les projets liés à un actif précis. Sur la base de ce triple objectif, le largage s'effectue selon au moins deux modalités spécifiques. Elle peut se faire automatiquement, et dans ce cas, les utilisateurs de l'actif numérique concerné reçoivent directement leur *token* sur leur adresse de portefeuille. Elle peut aussi se faire sous conditions, notamment en enjoignant les détenteurs d'un coin particulier à remplir certaines conditionnalités pour être éligible : détenir une certaine quantité de coins de l'actif numérique concerné, participer à des activités spécifiques telles que l'abonnement à des pages, le téléchargement d'application, la participation à des jeux divers en ligne, etc. Selon Énée Bussac,

> Les airdrops sont très tendance dans le monde des cryptomonnaies. [...] les largages les plus communs sont ceux qui exigent des utilisateurs de remplir diverses tâches sociales afin de pouvoir y participer. Les tâches sociales peuvent être de rejoindre le groupe Telegram, ou de suivre un projet *blockchain* sur Twitter ou un autre réseau social[339].

Altcoin

Altcoin, en anglais « alts », est le sigle de *alternative coin.* Sont désignés sous ce sigle tous les *coins* autres que le bitcoin[340]. En tant que monnaie alternative, les altcoins miment le protocole du bitcoin ; on peut à ce titre les considérer comme des copies, des clones du bitcoin. Cependant, dans le principe, les altcoins charrient le vœu de faire mieux que Bitcoin. C'est pourquoi ils ne se contentent pas d'être de simples clones : leur but est d'améliorer le protocole de bitcoin par l'adjonction de fonctionnalités qui n'y était pas encore. Même si le bitcoin est la première cryptomonnaie et reste aujourd'hui la plus connu et la plus valorisée, les altcoins se singularisent en offrant une diversité de fonctionnalité, l'accent y est mis sur des aspects inédits tels que la

---

339 *Ibidem.*
340 *Ibid.*

confidentialité, la décentralisation, les smart contacts et d'autres aspects dans lesquels le bitcoin n'excelle pas forcément. Sur près de 4000 altcoins qui existent à ce jour, de nombreux tiennent la route et permettent aux investisseurs de faire quelque profit ; c'est le cas notamment du litecoin, du Monero, de l'Ethereum, du Ripple, du Cardano, etc.[341].

En fonction de cet aspect d'innovation qu'ils apportent dans la galaxie des actifs numériques, on distingue plusieurs types d'altcoins. D'abord des altcoins qui sont basés sur un protocole alternatif, le cas notamment de l'Ethereum à qui l'on doit la possibilité d'exécuter des contrats intelligents sur la *blockchain*. Ensuite des altcoins qui sont basés sur la confidentialité et qui charrient le vœu sinon de gommer le pseudonymat, au moins de parvenir à l'anonymat : le cas notamment de Monero et de Zcash. Enfin, il y a des altcoins qui sont basés sur des secrets particuliers ; ce sont des altcoins destinés à des cas d'utilisation spécifiques tels que la finance décentralisée (DeFi), le stockage décentralisé, l'identité numérique, etc.

Les altcoins sont généralement plus volatiles que le Bitcoin en raison de leur plus faible capitalisation boursière et de leur sensibilité à l'évolution des tendances du marché. Investir dans les altcoins peut être très risqué, mais peut aussi être très rentable. Selon les auteurs de *Bitcoin, monnaie acéphale*, « Le bitcoin, malgré sa volatilité jugée excessive à l'extérieur de la communauté, est considéré comme plutôt stable en termes de prix par la majorité de ses utilisateurs et les altcoins

---

[341] *Bitcoin pour les nuls* (collectif), *op. cit.*

ont, elles, eu des volatilités complètement folles allant parfois jusqu'à 15 000 % »[342].

Bearish

Le terme *bearish* est utilisé pour désigner une tendance pessimiste concernant le marché en générale ou la valeur d'un actif à court ou à moyen terme. Il y est utilisé pour qualifier un actif donc la tendance est baissière, c'est-à-dire en train de décliner. Les investisseurs peuvent aussi être considérés comme ayant ou non une « attitude bearish », ce qui revient à dire qu'ils sont pessimistes. Qu'il qualifie les actifs ou les personnes, *bearish* renvoie indistinctement à ce qui décline, à ce qui baisse, à une attitude pessimiste.

Blockchain

La *blockchain* est une technologie qui a émergé avec l'avènement du Bitcoin en 2009 et qui sous-tend la plupart des cryptomonnaies existantes. Il s'agit d'un registre numérique décentralisé qui enregistre toutes les transactions effectuées avec une cryptomonnaie spécifique. En lieu et place d'un seul « gardien » qui contrôle le registre des transactions à l'instar du banquier dans la finance traditionnelle, la *blockchain* répartit les informations sur un réseau de nœuds (ordinateurs), ce qui élimine le besoin d'une autorité centrale pour valider les transactions[343].

En termes de fonctionnement, chaque transaction est regroupée dans un bloc cryptographique, et chaque bloc est lié à son prédécesseur

342 Adli Takkal Bataille et Jacques Favier, *Bitcoin, la monnaie acéphale*, *op. cit.*
343 Énée Bussac, *Bitcoin, Ether & Cie*, *op. cit.*

avec lequel il constitue une chaîne de blocs. Chaque bloc contient un hachage (une sorte d'empreinte numérique) du bloc précédent, ce qui rend la modification des données antérieures pratiquement impossible sans altérer toute la chaîne. En d'autres termes, les blocs sont disposés de manière à faire système, et c'est pourquoi il n'est pas possible de modifier un bloc sans impacter les autres blocs. Les auteurs du collectif *Bitcoin pour les nuls* expliquent bien le fonctionnement de la *blockchain* :

> Si nous envisageons la chaîne de blocs comme un livre d'opérations, le bloc d'origine en serait la première page. Chaque nouveau bloc apparaissant par la suite sur le réseau bitcoin contient une somme de contrôle (ou hash) provenant du bloc précédent. Ainsi, depuis l'apparition du premier bloc en 2009 – appelé Bloc genesis – il existe une chaîne d'opérations, toutes incluses dans différents blocs. Donc, à travers ces blocs, il est possible de suivre la traçabilité des transactions. Si nous reprenons l'analogie avec le livre d'opération (ou registre) chaque nouvelle page contient un résumé de la ou des pages précédentes. Il se passe exactement la même chose avec la chaîne de blocs au fur et à mesure que des données supplémentaires y sont stockées. La chaîne de blocs bitcoin est plus largement connue comme étant un livre ouvert contenant les enregistrements passés, présents, et futurs des transactions en bitcoins. La chaîne de blocs apparaît comme un outil comptable, mais aussi comme un écosystème financier totalement transparent[344].

La *blockchain* apporte plusieurs avantages clés aux cryptomonnaies. Elle apporte la transparence et l'invariabilité au sens où toutes les transactions sont visibles publiquement et une fois enregistrées, elles ne peuvent pas être modifiées, ce qui assure l'intégrité du réseau. La blockchain a par ailleurs introduit la décentralisation et la sécurité, puisqu'elle fonctionne sans la nécessité d'un tiers de confiance comme c'est le cas dans la finance traditionnelle ; en même temps, les protocoles cryptographiques utilisés dans la *blockchain* permettent de sécuriser les transactions, rendant la

---

[344] *Bitcoin pour les nuls* (collectif), *op. cit.*

falsification des données extrêmement difficile. Enfin, la blockchain induit un aspect d'innovation indéniable au sens où elle a ouvert la voie à de nouvelles formes de cryptomonnaies, de jetons numériques et de contrats intelligents.

La *blockchain* est également explorée pour des cas d'utilisation autres que les transactions financières. Des applications comme la traçabilité des produits, les contrats intelligents, le transfert électronique de propriété, la gestion des identités numériques et la gouvernance décentralisée sont alimentées par la technologie *blockchain*.

Bullish

Ce terme est l'antonyme de *bearish* défini ci-haut. Appliqué au marché financier, être *bullish* signifie être optimiste quant à l'évolution des prix d'un actif particulier. En d'autres termes, être *bullish* sur une cryptomonnaie signifie croire que son prix va augmenter à court ou à long terme. Plusieurs facteurs expliquent et/ou sous-tendent l'optimisme ici. Il peut s'agir d'une analyse technique subséquente : les traders et les analystes techniques pourraient avoir observé des signaux indiquant une possible hausse des prix, tels que des modèles graphiques, des niveaux de support ou de résistance, etc. L'optimisme peut aussi être l'effet d'une analyse fondamentale : il peut s'agir des nouvelles positives concernant une cryptomonnaie, comme des partenariats importants, des développements technologiques ou l'adoption croissante d'un actif, etc. L'optimisme peut enfin être l'effet de l'appréciation du sentiment du marché, dans ce cas, le comportement des investisseurs et des traders contribue à un sentiment *bullish*, car si la majorité des acteurs du marché sont optimistes, cela peut renforcer cette tendance à l'optimisme.

Burn

Burn est un verbe anglais qui signifie « brûler ». Selon Énée Bussac, ce terme est employé pour désigner le fait, pour un émetteur de coins, de détruire lui-même un certain nombre de ceux-ci afin de faire baisser le nombre de coins en circulation, ce qui augmente en principe mécaniquement la valeur de ceux qui restent[345].

Le *burn* se réalise à partir d'un certain nombre de mécanismes. Il peut se faire en brûlant directement des jetons. C'est le cas lorsqu'une entreprise qui émet une cryptomonnaie détruit délibérément un certain nombre de jetons de cette cryptomonnaie, ce qui a pour effet de réduire la quantité totale en circulation. Cela peut être réalisé en envoyant ces jetons à une adresse dont personne ne possède la clé privée, les rendant inaccessibles de manière permanente. Le *burn* peut aussi se faire à partir d'un usage ou plutôt d'un non-usage des frais de transaction. Dans l'opération de transfert de cryptomonnaies, les frais de transaction sont parfois collectés par le réseau et peuvent être soumis à un processus de *burn*, ce qui signifie que ces frais sont retirés de la circulation plutôt que d'être distribués aux mineurs ou validateurs du réseau.

[345] Enée Bussac, *Bitcoin, Ether & Cie*, *op. cit.*

***Coin* (voir la variante *token*)**

Le terme coin est très souvent employé comme un équivalent sémantique du terme cryptomonnaie ; nous ne contreviendrons pas à cet usage, c'est pourquoi par coin, nous suggérons d'entendre une unité spécifique de monnaie numérique. De manière générale, le coin en tant que cryptomonnaie fonctionne sur sa propre blockchain en offrant une gamme variée de services financiers comprenant transfert, réception, investissement, contrat intelligent, gouvernance décentralisée, etc. Énée Bussac le fait remarquer lorsqu'il écrit :

> Il est important de noter que toute cryptomonnaie est toujours liée à une plateforme ou un système qui porte un nom parfois différent, et où cette cryptomonnaie sert de moyen de paiement. Par exemple, le bitcoin est une cryptomonnaie et le Bitcoin un système de paiement. L'Ethereum (ou EVM, Ethereum Virtual Machine) est une plateforme de développement d'applications et de contrats intelligents, l'ether (ETH) est sa monnaie. Idem avec Tron (plateforme) et Tronix (monnaie)[346].

Dyor

DYOR est un acronyme anglais qui signifie « Do Your Own Research », ce qui se traduit en français par « faites vos propres recherches ». Cette expression est souvent utilisée pour encourager les investisseurs, les *traders* et les crypto-investisseurs à effectuer des recherches approfondies avant de prendre des décisions d'investissement ou de trading. DYOR encapsule une gamme variée d'idée dans le monde des actifs cryptographiques. Cet acronyme recouvre d'abord l'idée de responsabilité individuelle ; il souligne l'importance pour chaque individu de prendre la responsabilité de s'informer sur les actifs dans lesquels ils souhaitent investir. Cela

---

346 *Ibidem.*

implique de se renseigner sur les aspects techniques, les cas d'utilisation, l'équipe de développement, la situation du marché et d'autres facteurs pertinents. DYOR recouvre ensuite l'idée de gestion des risques, car en effectuant ses propres recherches, un investisseur ou un trader peut mieux comprendre les risques et les opportunités associés à un actif financier, ce qui peut aider à prendre des décisions plus éclairées. DYOR recouvre enfin l'évitement des pièges au sens où dans un marché complexe et volatil comme celui des cryptomonnaies, il est crucial de se méfier des informations trompeuses, des arnaques potentielles, etc. Faire ses propres recherches peut aider à filtrer les informations, les offres et la pression des experts dont les analyses sont bien souvent contradictoires quand elles ne sont pas fausses.

Exchange

Le terme *exchange* désigne un espace numérique où on fait le commerce des actifs cryptographiques ; il s'agit le plus souvent d'une plateforme en ligne où on acheter, vend et échange des cryptomonnaies. Ces plateformes fonctionnent sur un modèle similaire à celui des bourses traditionnelles, mais au lieu de négocier des actions ou des matières premières, les utilisateurs échangent des actifs numériques, tels que Bitcoin, Ethereum, Litecoin, etc. Les Exchanges jouent trois rôles majeurs. Ils permettent d'acheter et de vendre des actifs numériques. On peut y acheter des cryptomonnaies en payant soit par une monnaie fiduciaire soit par d'autres cryptomonnaies ; on peut aussi y vendre des actifs numériques contre d'autres actifs ou contre de la monnaie fiduciaire. L'*exchange* sert aussi à faire des permutations ; les utilisateurs peuvent échanger leur cryptomonnaie contre d'autres sans nécessairement s'inscrire dans le schéma de la vente et de l'achat, c'est-à-dire sans faire intervenir la négociation. Par exemple, ils pourraient échanger des Bitcoins contre des Ethereums. Les *exchanges* sont enfin un lieu de stockages des actifs numériques ; ce sont des lieux de stockage à chaud (voir *wallet*)

Il existe au moins deux types d'exchanges. Les exchanges centralisés sont des plates-formes gérées par des entités centrales où les utilisateurs déposent leurs fonds sur les comptes de l'*exchange* avant de pouvoir effectuer des transactions. C'est le cas notamment de Binance, Coinbase et Kraken. Les exchanges décentralisés, communément appelés DEX fonctionnent sans une autorité centrale, les transactions sont directes entre les utilisateurs via des contrats intelligents. C'est le cas notamment de Uniswap.

Seed phrase

La *seed phrase* ou phrase de récupération est généralement un ensemble de 12 à 24 mots aléatoires et incohérents générés lors de la création d'un *wallet* (voir *wallet*). Elle fonctionne comme un mot de passe unique d'accès à un portefeuille comprenant un certain nombre d'actifs numérique. La *seed phrase* est le premier verrou de sécurité des actifs stockés sur un portefeuille ; perdre sa *seed phrase* pour un portefeuille spécifique revient à perdre non pas un actif précis, mais l'ensemble des actifs stockés sur ce portefeuille. En tant que phrase de récupération, la *seed phrase* permet d'installer son portefeuille sur divers supports sans dommage pour les actifs qui y sont contenus. Imaginez un utilisateur d'actif numérique, qui aurait stocké une quantité de cryptomonnaie sur un *wallet* comme Trust ou Metamask, mais qui serait par infortune séparé du support de stockage où serait installé lesdits portefeuilles, il suffirait qu'il se souvienne de la *seed phrase* correspondante pour pouvoir récupérer tous les actifs associés. Bien évidemment, il est malaisé de prétendre retenir par cœur sa phrase de récupération ; non que cela ne soit pas possible, mais bien plutôt qu'il est difficile de le faire en raison de ce que, en tant que phrase, elle ne fait pas sens. Il est conseillé de conserver la *seed phrase* à froid sur un papier ou à tout autre endroit qui ne serait pas accessible au pirate, le principe étant que celui qui détient la *seed phrase* détient le contenu du portefeuille. Voici un exemple de *seed phrase* : *mange étude chien téléphone montre maman terrain stylo viande herbe limonade cheveux culotte marmite mouton examen futur cachet agrafe ordinateur souris plastique.*

Smart contract

Le projet de contrat intelligent est antérieur à celui de la *blockchain* ou des actifs numériques en général. C'est en 1993 que Nick Szabo, informaticien américain, a pensé et conçu ce qu'il désignait de ses vœux comme une pratique « hautement évoluée » qui s'appliquerait à tous les contrats de nature numérique. Autrement dit, Szabo avait pour projet de mettre sur pied un système de vérification automatique (en supprimant si possible l'intermédiaire humain) du respect des obligations liées aux différents signataires d'un contrat. On le sait, parce qu'il revêt un caractère synallagmatique, le contrat fait naître des obligations mutuelles de sorte que l'un des signataires ayant manqué à son obligation, l'autre ne soit plus obligé de tenir la sienne. Dans l'exécution ordinaire des contrats, le vérificateur est humain. Le contrat intelligent s'exécute de lui-même quand toutes les obligations sont tenues. En d'autres termes, selon les dispositions de fond du contrat, lorsqu'une des parties remplit son obligation, la récompense liée à cette obligation s'exécute aussi automatiquement sans l'intervention humaine. L'exemple de l'achat d'une voiture à crédit qu'indique Énée Bussac est évocateur à ce sujet :

> Si vous payez vos échéances en temps et en heure, vous gardez le contrôle de votre voiture via votre clé électronique ou une reconnaissance de vos empreintes digitales gérée électroniquement. Si vous interrompez votre paiement sans l'avoir annoncé, vous recevez un ou plusieurs avertissements. Au bout de plusieurs manquements à vos obligations de paiement, le programme qui gère votre contrat intelligent vous enlève le contrôle de la voiture au profit de l'émetteur du crédit, si bien que vous ne pouvez plus l'ouvrir. Si, à l'inverse, vous payez l'intégralité de votre crédit, le programme vous donne le contrôle de la voiture pour toujours et n'a plus lieu d'être. Tout cela est géré de manière automatique et numérique[347].

Token (variance de coin)

Le terme *token* est utilisé pour décrire une unité d'une valeur spécifique qui fonctionne sur une *blockchain* existante (contrairement au coin qui crée sa propre *blockchain*). Les *tokens* ne sont pas des monnaies autonomes comme le Bitcoin ou l'Ethereum (car comme nous l'avons indiqué ci-haut, coin est l'équivalent sémantique de cryptomonnaie), mais plutôt des actifs numériques qui représentent diverses formes de valeur et d'utilité, allant des jetons d'entreprise aux actifs numériques natifs de certains projets d'infrastructure blockchain. On voit ainsi qu'un *token* est une déclinaison unitaire d'un coin.

Les *tokens* existent de plusieurs sortent. Il existe des *tokens* de sécurité. Ils représentent la propriété d'actifs traditionnels, comme des actions ou des obligations, et sont sujets aux réglementations sur les

---

[347] Énée Bussac, *Bitcoin, Ether & Cie*, *op. cit.*

valeurs mobilières dans de nombreuses juridictions. Il existe aussi des *tokens* d'utilité qui sont conçus pour permettre l'accès à des services spécifique ou pour représenter un droit d'utilisation sur une plateforme donnée. Ils sont souvent utilisés dans des écosystèmes décentralisés pour payer des frais ou pour débloquer des fonctionnalités. Il y a enfin des *tokens* non fongibles ou NFT qui représentent des actifs uniques tels que des œuvres d'art numériques, des biens immobiliers virtuels ou d'autres objets de collection.

Stablecoin

Comme son nom l'indique, un *stablecoin* est un type de pièce numérique qui ne varie que très peu ou qui ne varie pas du tout. Pour comprendre les raisons de cette relative stabilité de ces coins, l'on peut se référer aux explications forts à propos qu'en donne Énée Bussac. En effet, fait-il remarquer, un *stablecoin* est un coin qui réplique la valeur d'un actif financier, comme une monnaie fiduciaire, en en faisant une valeur refuge pour les investisseurs qui veulent se protéger contre la forte volatilité du marché des cryptomonnaies sans en sortir[348]. Autrement dit, un *stablecoin* adossé à une monnaie ne varie qu'à la même cadence que la monnaie fiduciaire sur laquelle il s'adosse. De fait, un *stablecoin* adossé au dollar américain aura quasiment la même valeur que ledit dollar et ainsi de même pour les autres *stablecoins*. Le Tether, désigné par USDT, réplique la valeur du dollar américain. Il existe d'autres *stablecoins* qui n'ont pas cette fonction mimétique du Tether. C'est par exemple le cas du stablecoin (BUSD) de l'*exchange*

[348] Énée Bussac, *Bitcoin, Ether & Cie*, *op. cit.*

Binance dont la valeur, quoique stable, ne dépend pas de la variabilité ou de l'invariabilité d'une monnaie fiduciaire. Autres *stablecoins* : TUSD, USDC, etc.

Shitcoin

Un *shitcoin* est un type d'actif numérique dénué de « potentiel réel ». Littéralement, il désigne une « pièce de merde ». Les *shitcoins* sont des pièces numériques qui ne reposent pas sur un fondement solide. Les raisons de leurs vacuités peuvent être une absence d'innovation au plan technique et économique, une arnaque pure et simple, une absence d'objectifs et de missions clairement énoncés qui pourraient servir de levier de motivation des investisseurs, etc. Ceux des utilisateurs qui investissent sur ces types d'actifs ne doivent attendre aucun retour sur investissement, même quand le *shitcoin* est dit à « fort potentiel » ; à moins de croire sinon au miracle, au moins à l'alchimie, il ne faut rien en espérer.

Wallet

Littéralement, *wallet* désigne le portefeuille. Un *wallet* est un portefeuille numérique dans lequel les utilisateurs de devises virtuelles stockent leur actif numérique. Par-delà le foisonnement terminologique, on distingue deux sortes de *wallets* : des froids dit *cold wallets* et des chauds désignés par l'expression *hot wallets*. La grande différence entre les deux tient en deux points : l'usage d'internet et la gestion sans biais.

Un *cold wallet*, entendu « stockage à froid », désigne un type de stockage que l'utilisateur tient par-devers lui-même en tant qu'unique gestionnaire. On le voit aisément, le *cold wallet* fonctionne sans biais, car le détenteur d'un tel *wallet* tient son stockage de la même manière que chacun conserve des biens dans un coffre-fort chez soi, ou dans un porte-monnaie, etc. BitAddress ou WarpWallet sont les exemples de stockage à froid[349]. Par ailleurs, pour garantir l'aspect mono-accès au portefeuille et maximiser la sécurité des actifs, le *cold wallet* a la particularité de fonctionner sans l'usage du réseau internet. C'est pourquoi, font remarquer les auteurs du collectif *Bitcoin pour les nuls*, « Avec le stockage à froid, les portefeuilles sont gérés hors ligne, ce qui les protège des hackers qui entreraient dans une plateforme par infraction »[350].

On désigne aussi le stockage à froid par des expressions telles que *non-custodial wallet* ou *wallet* non-dépositaire et *hard wallet.* La première désignation est courante chez Jérôme Ajdenbaum [351], tandis que la seconde l'est chez Énée Bussac[352]. À en croire Ajdenbaum, il faut parler de *wallet non-custodial* quand « l'utilisateur est en charge » de ses actifs numériques. Énée Bussac fait remarquer qu'un *hardware wallet* est un objet physique pratiquement inviolable qu'on peut brancher sur un ordinateur pour disposer du contenu, à condition toutefois de disposer du code d'accès ou clé privée.

Les *hot wallets* quant à eux fonctionnent à partir du réseau internet sous le mode d'une délégation du pouvoir de conservation.

---

[349] Adli Takkal Bataille & Jacques Favier, *Bitcoin, la monnaie acéphale*, *op. cit.*
[350] *Bitcoin pour les nuls* (collectif), *op. cit.*
[351] Jérôme Ajdenbaum, *Qui va gagner la guerre des cryptomonnaies ?, Bitcoin, Diem... et les monnaies numériques de banque centrale*, Paris, Maxima, 2021, 188 p.
[352] Énée Bussac, *Bitcoin, Ether & Cie*, *op. cit.*

Contrairement au *cold wallet*, le hot *wallet* est un logiciel ou un site disponible 24 heures sur 24 heures, à condition de disposer d'un réseau internet donnant accès au site ou au logiciel. Par ailleurs, les *hot wallets* peuvent être considérés comme des banques à qui les détenteurs d'actifs numériques cèdent le pouvoir de conservation. Autrement dit, quand un investisseur opte pour ce type de *wallet*, il ne détient pas par-devers lui ses actifs numériques et ses clés d'accès, il ne dispose en tout et pour tout que d'un mot de passe d'accès au *wallet*. La garantie sécuritaire y est moins solide que dans les cas d'usage d'un *wallet* froid, même quand l'on emploie des mesures d'authentification supplémentaires telle que la double authentification.

En termes d'avantage, le *hot wallet* facilite l'accès au compte en même temps qu'il facilité la réalisation des transactions, l'utilisateur n'ayant plus à se soucier outre mesure de sa clé d'accès. La terminologie en usage chez les auteurs de *Bitcoin, monnaie acéphale,* est *web-wallet*, en raison du lien presque ontologique entre ces *wallets* et Internet. Les plus usuels de ces *web-wallets* sont : Binance, coinbase, Blockchain.info[353]. Bussac désigne ces derniers *wallets* par l'expression *exchange wallet*. En effet, remarque-t-il non sans pertinence, utiliser un *wallet* chaud c'est laisser ses *coins* sur un *exchange*, qui propose toujours des services de stockage, d'affichage des soldes, d'envoi et réception de coins, etc.

---

[353] *Ibidem*.

Références bibliographiques

Ajdenbaum Jérôme, *Qui va gagner la guerre des cryptomonnaies ?, Bitcoin, Diem… et les monnaies numériques de banque centrale,* Paris, Maxima, 2021, 188 p.

Antonopoulos Andreas, *Mastering Bitcoin. Programming the open Blockchain*, 2nd edition, Sébastopol, O'Reilly Media, 2017, 411 p.

Bataille Adli Takkal, Favier Jacques, *Bitcoin, la monnaie acéphale*, Paris, CNRS éditions, 2017, 398 p.

Bussac Énée, *Bitcoin, Ether & Cie*, Paris, Dunod, 2018, 256 p.

Garnier Richard, *De la Bourse au Bitcoin*, Paris, Eyrolles, 2022, 198 p.

Gayard Laurent, *Darknet, Gafa, Bitcoin. L'anonymat est un choix,* Paris, Slatkine & Cie, 2018, 204 p.

Geiben Didier *et alii*, *Bitcoin et Blockchain, vers un nouveau paradigme de la confiance numérique ?,* Paris, RB Edition, 2016, 126 p.

Herlin Philippe, *La révolution du Bitcoin et des monnaies complémentaires, une solution pour échapper au système bancaire et à l'euro*, Paris, Eyrolles, 2013, 42 p.

Leloup Laurent, *Blockchain, la révolution de la confiance*, Paris, Eyrolles, 2017, 224 p.

Loignon Stéphane, *Big bang Blockchain, la seconde révolution d'internet*, Paris, Tallandier, 2017, 275 p.

Maujean Guillaume, *Les seigneurs de l'argent, des Médicis au Bitcoin*, Paris, Tallandier, 2020, 288 p.

Rodriguez Philippe, *La révolution Blockchain. Algorithmes ou institutions, à qui donnerez-vous votre confiance* ?, Paris, Dunod, 2017, 224 p.

Thoorens François-Xavier, *Cryptomonnaie, la nouvelle guerre,* Paris, Les Éditions du Cerf, 2021, 189 p.

Structures éditoriales du groupe L'Harmattan

L'Harmattan Italie
Via degli Artisti, 15
10124 Torino
harmattan.italia@gmail.com

L'Harmattan Hongrie
Kossuth l. u. 14-16.
1053 Budapest
harmattan@harmattan.hu

L'Harmattan Sénégal
10 VDN en face Mermoz
BP 45034 Dakar-Fann
senharmattan@gmail.com

L'Harmattan Cameroun
TSINGA/FECAFOOT
BP 11486 Yaoundé
inkoukam@gmail.com

L'Harmattan Burkina Faso
Achille Somé – tengnule@hotmail.fr

L'Harmattan Guinée
Almamya, rue KA 028 OKB Agency
BP 3470 Conakry
harmattanguinee@yahoo.fr

L'Harmattan RDC
185, avenue Nyangwe
Commune de Lingwala – Kinshasa
matangilamusadila@yahoo.fr

L'Harmattan Congo
219, avenue Nelson Mandela
BP 2874 Brazzaville
harmattan.congo@yahoo.fr

L'Harmattan Mali
ACI 2000 - Immeuble Mgr Jean Marie Cisse
Bureau 10
BP 145 Bamako-Mali
mali@harmattan.fr

L'Harmattan Togo
Djidjole – Lomé
Maison Amela
face EPP BATOME
ddamela@aol.com

L'Harmattan Côte d'Ivoire
Résidence Karl – Cité des Arts
Abidjan-Cocody
03 BP 1588 Abidjan
espace_harmattan.ci@hotmail.fr

Nos librairies en France

Librairie internationale
16, rue des Écoles
75005 Paris
librairie.internationale@harmattan.fr
01 40 46 79 11
www.librairieharmattan.com

Librairie des savoirs
21, rue des Écoles
75005 Paris
librairie.sh@harmattan.fr
01 46 34 13 71
www.librairieharmattansh.com

Librairie Le Lucernaire
53, rue Notre-Dame-des-Champs
75006 Paris
librairie@lucernaire.fr
01 42 22 67 13

www.ingramcontent.com/pod-product-compliance
Lightning Source LLC
LaVergne TN
LVHW011304061026
849535LV00005B/1387
9782336460437